XINSHIDAI DE NI
RUHE GUIHUA WEILAI

新时代的你，如何规划未来？

编委会

主　编：林文聪

副主编：丁育诗　陈小红　陈燕美

撰稿人（按姓氏拼音顺序排列）：

陈小红　陈燕美　丁育诗　刘　佳

林文聪　王庆佳　郑亚梅

厦门大学出版社 XIAMEN UNIVERSITY PRESS 国家一级出版社 全国百佳图书出版单位

图书在版编目(CIP)数据

新时代的你，如何规划未来？/ 林文聪主编. -- 厦门 ：厦门大学出版社，2021.9(2023.8 重印)
ISBN 978-7-5615-8341-8

Ⅰ. ①新… Ⅱ. ①林… Ⅲ. ①大学生-职业选择-高等学校-教材 Ⅳ. ①G647.38

中国版本图书馆CIP数据核字(2021)第160234号

出 版 人	郑文礼
责任编辑	姚五民
美术编辑	李嘉彬
技术编辑	许克华

出版发行	厦门大学出版社
社　　址	厦门市软件园二期望海路 39 号
邮政编码	361008
总　　机	0592-2181111　0592-2181406(传真)
营销中心	0592-2184458　0592-2181365
网　　址	http://www.xmupress.com
邮　　箱	xmup@xmupress.com
印　　刷	厦门市明亮彩印有限公司

开本	787 mm×1 092 mm　1/16
印张	15.25
字数	354 千字
版次	2021 年 9 月第 1 版
印次	2023 年 8 月第 3 次印刷
定价	49.00 元

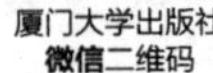

厦门大学出版社
微信二维码

厦门大学出版社
微博二维码

福建商学院职业生涯与就业指导课程建设丛书编委会

总顾问：徐晓丹

总主编：林文聪

编委会成员（按姓氏拼音顺序排列）：

陈小红　陈元津　陈燕美　丁育诗

胡瑞安　刘　佳　林文聪　王春花

王龙香　王庆佳　颜辉斌　郑亚梅

前　言

进入大学，学生们是充满兴奋、好奇又有些许彷徨的。在这个关键节点，要如何做好高中与大学、大学与职业的衔接？对于此阶段的大学生来说，学习和做好职业生涯规划是非常必要的。

作为新时代的大学生，会有这样的思考：我们怎么过好大学四年？我们所学专业的就业方向是什么？新时代的我们，如何规划未来？是留学深造、考研、考公务员，还是就业或者创业呢？

其实，刚步入大学的学生还在摸索，如何将小时候的理想、对大学的憧憬、对未来的想象与现实情况不断地碰撞，不断地磨合，不断地融合，形成自己的职业生涯规划。

作为一名高校教师，看到同学们在人生路口彷徨时，看到同学们大学生活碌碌无为时，看到同学们在毕业季焦虑无助时，总是想如何做才能帮助他们，如何为他们提出一些建议，帮助商科院校同学们更好地规划大学生活，并做好毕业时的就业创业工作规划。为此，由福建商学院职业生涯规划教研组主持，集中几位老师尝试利用自己的教学和学生工作经验，共同撰写本书，来与新时代的同学们共同探讨、学习，并思考、解决“新时代的你，如何规划未来?”的问题。

本书运用通俗的语言、丰富的案例，从职业生涯规划基本概述，自我探索，职业测评，职业的世界探索，商科专业与职业，职业决策与行动、反馈，职业规划书的撰写和修改，从学生到职业人的转变和成长管理八个章节系统地进行介绍职业生涯规划。帮助大学生了解、认识、运用职业生涯规划的基本理论，并且树立正确的职业生涯规划观念，制订清晰、合理、可行的职业生涯规划方案并实施。

本书结合商科院校特色，融合理论和案例，内容简单明了，在编写过程中参考了各种书目、文献、资料及网上信息；但在编写时仍有不足，亟盼使用本书的老师、同学们，不吝提出宝贵意见，使它更趋完善。同时本书的顺利出版，要感谢学校诸多领导、同事、朋友和编辑们的支持。

最后，衷心祝愿我们每一位新时代大学生都可以找准自己的定位，做好自己的职业生涯规划，把命运掌控在自己的手中，实现自己的梦想，拥有一个美好的明天！

◆目　录◆

第一章

职业生涯规划基本概述

职业生涯规划是个人在自我了解的基础上，通过对外部职业世界的探索与互动，综合考虑个人眼前的机遇及制约条件，为自己确立职业目标，选择职业道路，并分解阶段目标，确定发展计划，制订行动方案的持续发展过程。大学生正处于生涯发展的探索期和建立期，主要任务是在各种机会中去探索自我，逐渐树立职业理想。人生需要规划，大学阶段同样需要规划，大学阶段作为未来人生职业选择的重要知识和技能储备期，为将来职业选择和发展打下坚实基础。因此，初步了解职业生涯规划理论，掌握系统的职业生涯规划方法，能帮助大学生把握职业生涯发展的一般规律、阶段规律以及掌握职业决策的方法步骤，促进大学生探索自我、了解职业、树立科学的职业观、择业观、创业观，使大学生未来的职业活动最大限度地实现个人生命价值。

第一节　职业生涯的概念

一、职业与职业生涯

(一)职业及职业发展

1. 职业的内涵

职业是人类社会发展到一定阶段因社会分工而产生的，反映了某种社会需求。人们参与社会分工，利用专门的知识技能，为社会创造财富，获得合理回报作为物质生活来源和满足精神需求的社会劳动。职业是一种社会活动和生活方式，是经济状况、教育程度、行为模式和道德情操的综合反映。通过职业的含义可以发现职业具有时代性、专业性、多样性、技术性、经济性、稳定性。

2. 职业的特点

(1)时代性。职业是随着社会分工而产生的，也就是说随着社会的发展会产生新的产业和行业。当然随着社会的发展，有些职业也可能会消失。比如随着互联网和信息技术的发展，不仅出现了电子商务、互联网工程师，程序员等一些职业，还出现了电子竞技游戏职业玩家。而过去传统的打字员、电话接线员等职业已经或者部分消失。

(2)专业性。职业是人们在社会中所从事的，并以此为生的具有特定职责的专门性活动。一个人要从事某种职业就必须具备专门的知识。随着社会的发展和科技的进步，劳动的专业化程度越来越高，职业的专业性也越来越强。往往专业性越强的职业，对职业技能和专业知识要求就越高，相应地，获得的回报也就比较丰厚。

(3)多样性。随着社会的发展和科技的进步，社会分工越来越细，职业种类也越来越多，并呈现多样化的特点，随着科技的进步和社会的发展，许多新兴行业增加了许多新职业。每个领域在要求越来越专业的同时必然导致分工细化，从而出现了更多样化的职业。

(4)技术性。在当前信息化、数字化的社会，科学技术得以广泛应用。职业的科学技术含量越来越高，以至于人们在从事某一种专门职业之前必须经过特定的职业训练。对适应其专业性职业技术掌握得越全面、深刻或者说技术越娴熟，相应地，在其职业发展中就越容易处于主动地位，更加具有自主选择权。这正是需要对大学生加强职业教育的重要原因。

(5)经济性。对社会来讲，职业的分工是社会经济运行的主体。职业劳动所创造的社会财富成为社会发展和生存的物质基础。对个人而言，其所从事的职业是个人获得经济收入的重要来源，是维持个人和家庭生存和生活的重要手段。

(6)稳定性。通常一个职业从诞生到发展完善再到消亡，相对来说是需要一个漫长的过程。不管是产生还是消亡的过程都不是一蹴而就的，总是伴随着科技社会经济发展的需要，一般来说，构成职业生存的社会条件的变化是比较慢的，职业的生命周期具有相对的稳定性。

3. 职业的发展趋势

随着社会的发展，未来职业的发展呈现出智能化、专业化、精细化、复合型的趋势，未来科技社会开发的重点和前沿领域有人工智能、信息技术、航天技术、生物技术、新能源技术、新材料技术和海洋技术。往往较多前沿科学技术会在交叉学科中诞生，比如物理化学、生物化学、计算机医学，人文社科类有法务会计等，由过去的单一技能向专业化、复合型转化。同时，在未来的职业中，职业的智能化将使得体力劳动的比重减少，脑力劳动的比重增加，并且对单纯体力劳动者需求量明显减少。职业的精细化、复合型使得职业之间相互交叉重叠，对人员的技能知识经验、能力、素质等要求越来越高，越来越全面。职业的专业化将使职业分工越来越细，越来越专业，会对职业的专业技术水平要求也越来越高。各种岗位要有更多受过专门培训、专门教育，掌握新技术的人才。另外，劳动者的发展类型呈现出智能型、复合型、社会型和创业型的趋势。

(1)智能型劳动者是指掌握相当专业知识，具有熟练工作技能，从事以知识和智力为基础的劳动者。

(2)复合型劳动者就是拥有多种技能的劳动者。

(3)社会型劳动者是指除了掌握相当的专业知识，具有熟练的工作技能以外，还具有一定的组织能力、协调能力以及人际交往等社会活动能力的劳动者。

(4)创业型劳动者是指既有创意精神和意识又具有相应的创业能力的劳动者。作为新时代的创业者必须具有坚定的信念、成功的欲望、超常的胆量和魄力、坚强的毅力以及市场意识、竞争意识、信誉意识等。

二、职业生涯

1. 职业生涯的定义

职业生涯规划与职业和生涯的关系非常密切。生涯是指个人通过某种职业所创造出的一个有目的的、延续性的生活模式。生涯指一个人依据心中的长期目标所形成的一系列工作选择,包括与其相关的教育或培训活动,是一段有计划的职业发展历程。

国内学者将职业生涯分为广义和狭义两类。广义的职业生涯,是指从职业能力的获得、职业兴趣的培养,到选择职业、就职,直至最后完全退出职业劳动,这样一个完整的职业发展过程。由此可见,职业能力、职业兴趣的培养应该是从孩提时期开始,而不是从大学才开始。狭义上的职业生涯,是指从踏入社会、从事职业训练或职业学习开始直至职业劳动最终结束,离开职业岗位为止。

国内学者进一步依据职业生涯的构成因素,将职业生涯分为内职业生涯和外职业生涯。内职业生涯,是指从事一种职业时的知识、观念、经验、能力、心理素质、内心感受等因素的组合及变化过程。它是由个体自己探索、获得,无法为他人所习得的人生财富。外职业生涯,是指从事职业时的工作单位、工作时间、工作地点、工作内容、工作职务与职称、工作环境、工资待遇等因素的组合及变化过程。它通常由别人决定、给予,也容易被别人否定、剥夺。

由此可见,除了生涯所具备的三个特征(终身发展历程、多角色交互综合体、个人发展形态的独特性)外,职业生涯是以职业为核心的个体,在人生中的工作经历和与之相关的内心体验的经历。它以人的潜能开发(如心理、生理、智力、技能、伦理等)为基础,以工作内容的确定和变化,工作业绩的评价,工资待遇、职称、职务的变动为标准,以满足需求为目标的变化发展过程。

2. 生涯发展

生涯发展是终身发展的历程,伴随着个人生命周期的持续演进,个体的生涯会形成不同的生涯发展阶段。同时,不同的人具有不同的生涯历程,进而形成不同的生涯发展模式。

生涯发展是一个历程,是对职业的过程管理,绝不是一次性找工作。生涯发展的显著特点是将职业发展与每个人的生命周期发展线相融合。舒伯认为,生涯发展可以分为五个不同阶段,伴随着人的生命周期不断发展形成的五个生涯发展阶段,依次是:生涯成长阶段(0～14 岁)、生涯探索阶段(15～24 岁)、生涯建立阶段(25～44 岁)、生涯维持阶段(45～64 岁)、生涯衰退阶段(65 岁及以上)。不同阶段生涯发展重点、发展任务各不相同。

根据舒伯的生涯发展阶段理论,大学生处于生涯探索阶段(15～24 岁),主要发展任务是从多种实践机会中探索自我,逐渐确定职业偏好,并在选定的职业领域中起步。生涯探索阶段还可继续细分为三个子时期：

①尝试期(15～17岁)：综合认识和考虑自己的兴趣、能力、机会，开始尝试择业。

②过渡期(17～21岁)：进入劳动力市场，或者接受专门的职业培训。

③初步试验承诺期(21～24岁)：选定工作领域，开始从事某种职业。

3. 生涯发展的主要模式

由于每个人的兴趣、性格、技能、价值观都不同，且所处的内外环境都有差异，因此每个人的生涯发展模式各不相同。具体表现为生涯发展阶段特点、不同生涯发展阶段的准备与完成情况。舒伯提出男性生涯发展的四种模式：

①稳定型：未经尝试而直接进入某一职业，并持续工作很久。

②传统型：经过一段时间的尝试后，才在某一领域稳定下来。

③不稳定型：因各种因素导致不稳定，很晚才进入建立阶段。

④多重尝试型：不断尝试多种工作而很难进入建立阶段。

由于男女性别在生涯发展模式上会有一定差异，因此，舒伯还提出了女性生涯发展的七种模式：

①稳定家庭主妇型：毕业后很快结婚、婚后做全职主妇。

②传统型：毕业后有工作，婚后放弃工作，以家庭为重心。

③稳定职业妇女型：各阶段一直有工作，以事业为重心。

④双轨生涯型：各发展阶段兼顾工作和家庭双重角色。

⑤间断生涯型：曾经有工作，全心照料家庭一段时间后复工。

⑥不稳定型：家庭和工作不同时间分量不同，多次停复工作。

⑦多轨生涯型：有多种不同的工作，工作之间也不一定相关。

第二节　职业生涯规划的概念

职业生涯规划最早产生于20世纪初，是由西方国家的职业指导演化而来。它是经济发展、职业分化和经济周期产生一系列社会矛盾后，社会为解决就业问题的必然产物。1908年，美国著名的“职业指导之父”、波士顿大学教授弗兰克·帕森斯(Frank Parsons)针对当时大量年轻人失业的情况，成立了波士顿职业局，开创了职业指导活动的先河。最初的职业指导主要关注人与职业的匹配，内容以测评和提供职业咨询为主。

帕森斯在《选择一个职业》一书中指出，人们正确选择职业应遵循的人职匹配论(又称特质因素论)，该理论成为职业选择和职业指导的经典理论。1913年美国成立全国职业指导协会。这一时期，职业指导在英、法、德、日等许多国家和地区迅速建立并发展起来。得益于心理学、教育学、社会学等多学科的发展以及人力资源管理实践的推动，职业指导的相关理论不断得到深入发展和实践应用。美国于20世纪30年代初建立了明尼苏达就业稳定性研究所，研究有关的职业能力兴趣测试工具。到20世纪五六十年代，舒伯等人提出“生涯”概念，并提出生涯发展理论，使职业生涯指导与职业指导并驾齐驱。自此，职业指导跳出了简单静态的人与职业匹配模式，拓展到将“生涯”概念融入个体发展进程中，探究从出生到死亡的整个生涯发展过程中，个体动态的职业发展与获得职业满足领域。20 世纪 90 年代以来，“促进人的生涯发展”的思想，已经成为职业指导事业的主旨。

职业生涯涉及一个人从青少年时期到退休之后的时间范畴。欧洲的一些国家从幼儿园就开始进行职业角色教育，所以，从大一开展职业生涯规划还早的观点是错误的。同时，职业生涯规划也绝非单纯指求职找工作。职业生涯规划，是指个人结合自身情况、眼前的机遇及制约因素，为自己确立职业方向、职业目标，选择职业道路，确定教育计划、发展计划，为实现职业生涯目标而分解阶段发展目标，制订具体的行动方案，通过职业活动来最大限度地实现个人生命价值。

生涯规划不仅仅指职业规划，还包含人的生命历程中除职业之外的许多方面的规划，如家庭生涯规划、社会生涯规划、生活生涯规划、休闲生涯规划等。其中职业生涯规划是人生中最重要的规划，因为人花在工作上的时间几乎占到人生的一半。职业生涯规划是为了通过规划实现职业发展目标，并伴随着其他方面的生涯规划同步展开，共同推动个体的自我实现。

一、大学生职业生涯规划的意义

（一）形成积极向上的人生观、价值观

职业生涯规划的重要功能就是帮助你了解自己，自我觉知，并引导你了解外部世界。很多大学生在高中阶段把考上好的大学作为奋斗目标，至于到大学以后，对于自己的人生发展没有方向。职业生涯规划有助于学生自己以科学的方法来正确规划自己的学习、生活和未来要从事的事业。一旦确定了规划目标，就要积极努力地去实现这一目标。因此，职业生涯规划最大的意义在于帮助你找到奋斗的目标和意义，形成积极向上的人生观、价值观，并敦促自己为此付出行动。

（二）突破障碍、开发潜能与自我实现的需要

米歇尔罗兹（Michelozzi）指出，职业生涯规划具有突破障碍、开发潜能和自我实现三个积极作用。明确的职业目标和科学规划能帮助大学生在面临困难时，以积极心态汇聚战胜困难的动力，驱逐内心的焦虑、怯懦、迷茫等消极心态。在职业生涯规划的三个积极作用中，突破障碍与开发潜能是正反相对的关系，自我实现是最终实现的目标。三者关系首先是互为促进的，进而逐步递进实现自我实现的最终目标。因此，生涯规划所具备的突破障碍、开发潜能和自我实现的特征，将激励大学生在生涯发展道路上不断实现自我、超越自我。

(1)突破障碍。包括内在障碍和外在障碍：其中内在障碍包括恐惧不安、缺乏信心、缺少自觉、自视甚低、态度消极、缺少技能；外在障碍包括政局不安、市场趋势不明、经济衰

退、社会紊乱、刻板印象、体能要求。

(2)开发潜能。包括自我觉知、积极进取、建立自信、培养实力、增强勇气、沟通技巧等。

(3)自我实现。包括以己为荣、圆融、丰足、喜悦、智慧、创造力等。一个人最大的幸福，是能以自己选择的方式生活。适合自己的才是最好的。生涯规划的最终目的不在于你找到了多么完美的人生目标，而在于它带给你认识自己和了解社会的方法，你在此基础上更加理性地选择适合自己并在内心为之向往的职业发展道路。

(三)大学生立志成才，成为时代新人的需要

大学阶段的职业生涯规划教育对于大学生的成长成才至关重要。第一，职业生涯规划能帮助大学生明确目标、激活梦想。大学生职业生涯规划能够让大学生在探索职业世界的过程中，关注祖国需要、社会发展，使大学生自觉把个人利益同祖国利益、人民利益结合起来，将自己的职业理想同社会的共同理想结合起来，将小我融入大我，实现个人梦与国家梦、民族梦的同频共振。第二，通过职业生涯规划，引导大学生脚踏实地、付诸行动。当梦想被唤醒后，职业生涯规划能督促学生根据自己的条件制订实现梦想的行动计划，始终保持清醒的头脑和积极向上的风貌，学会规划、敢于行动，为理想信念打下坚实的基础。第三，帮助大学生激发潜能，培育个人实力。职业生涯规划是一个在持续的学习、行动、调整、反馈、优化中，不断帮助大学生更好地掌握专业技能，培育优秀的道德品质、大胆的创新精神、良好的沟通和团队协作等能力的过程，并让大学生在此过程中形成满足职业发展需要的核心竞争力。总之，通过职业生涯规划能帮助大学生逐步成为有崇高的职业理想、正确的职业价值观、合理的职业规划、良好的职业素养的社会主义建设者和接班人。

二、职业生涯规划基本内容

系统的职业生涯规划，可依次分为觉知与承诺、自我探索、外部职业世界探索、决策、行动、评估反馈与调整六个步骤。

(一)觉知与承诺

成功的职业生涯规划始于你对其必要性的觉醒。你首先要意识到职业生涯规划对你自己的意义，并发自内心地想为自己赢得理想人生而主动付出努力。你得愿意花时间来规划自己的职业生涯。同时，也要提醒自己：生涯规划是一个过程，不可能立竿见影。在此基础上，对自己做出一个承诺——对自己制定的职业生涯规划负责到底。

(二)知己：自我探索

自我实现的前提是知道“我是谁”。要回答这个问题，其实并不简单。很多初入大学的新生面对这个问题，都会感到有些困惑。在职业生涯规划中，自我探索主要从兴趣、性格、能力和价值观四个维度展开，即做什么能给你带来快乐，自己的性格适合做什么，目前

的知识、技术、能力决定自己能做什么以及什么职业让你觉得有意义等。在职业生涯规划中可以采用量化方法进行自我探索，如霍兰德职业兴趣测评量表以及MBTI性格测试量表等一系列心理学领域的测量工具。通过多维度的自我探索，得出几个适合自己的职业群，再进行职业群的同类合并，得出的交集就是与自己比较匹配的最佳职业库。

(三)知彼:职业世界探索

在自我探索的基础上所形成的职业库，还不能直接作为我们的目标职业方向。因为这是完全由个人主观探索出来的结果。

在现实中，我们能否从事某一项职业，还受到外部客观环境条件的制约。职业世界探索包括对职业世界宏观发展趋势的把握，了解职业的分类和内容、准入门槛、能力要求、福利待遇、教育培训等，就业创业相关政策、所学专业与职业的关联性等。大学生可以通过网络搜索职业分类、收集招聘信息和就业政策，也可以采用生涯人物访谈、实习实训、社会实践等直接或间接方式完成职业世界探索的任务，形成预期的职业库。

(四)决策

决策即做决定和找对策。在现实生活中，我们每时每刻都在做大大小小的选择。受个人特质、经验、客观条件等因素的影响，每个人的选择模式各不相同。为了每个人能够在自己的职业群中最大限度地做出理性、科学的职业选择，我们可以运用职业生涯规划理论中比较科学的决策模型(如CASVE决策理论)进行分析，并帮助自己选定目标。当然，单纯的选择不等同于决策。我们还需要在决定好目标职业的基础上，制定出实现职业目标的对策，如时间表和实施步骤等。

(五)行动

定好职业目标选择和实施对策之后，最重要的是采取行动、付诸实践。对大一新生而言，就是解决自己该如何适应大学专业课学习、提升思考分析能力、组织管理能力、人际交往能力等问题；对大学生高年级学生而言，解决“我怎样做才能成功就业”的问题，包括努力提升就业能力、训练求职能力、参加专业实践等。

(六)评估反馈与调整

当行动过程中碰到瓶颈，发现实际情况与规划偏离时，就需要对原有的规划进行检验，包括对人职匹配的准确度、能力条件、社会支持条件、工作满意度、职业成就感、岗位要求、职位晋升可能等进行再评估。结果可能会按照原有的规划前进，也可能会发现原有规划存在不合理或不适合自己的情况。这就需要进行再探索，在原有规划基础上适时进行调整。由此可知，系统的职业生涯规划是一个不断循环的过程，没有一劳永逸的职业生涯规划。

三、职业生涯规划的基本理论

职业生涯规划的理论发展始于 20 世纪初，至今有一百多年历史。1909 年，美国著名的职业指导先驱弗兰克·帕森斯在《选择一个职业》(*Choosing a Vacation*)一书中，提出人们正确选择职业时应该遵循特质因素论(又称人职匹配论，person-vocation theory)，由此开辟了职业生涯规划的理论研究之路。此后的一百多年来，在帕森斯的特质因素论的基础上，一批心理学家、社会学家、就业指导专家从不同角度对个人职业生涯问题进行了深入系统的理论构建和实证研究，形成了有关职业选择、职业适应、生涯发展与生涯平衡、生涯决策等一系列基本理论。职业指导、职业规划逐渐被整合成职业生涯规划理论。

对于大学生来说，初步了解和掌握这些理论非常重要，它帮助我们掌握职业生涯发展的一般规律，也是开启我们了解自我、了解职业、掌握生涯发展的阶段规律以及职业决策的方法和步骤的钥匙。

第三节　职业选择理论

职业选择理论主要用于解决职业选择问题，职业选择的经典理论主要包括美国波士顿大学教授弗兰克·帕森斯的特质因素理论和约翰·霍兰德(John Holland)的职业兴趣理论。职业选择理论有助于帮助学生更好地了解自我，为选择真正适合自己的职业做准备。

二、帕森斯的特质因素理论

(一)主要观点

特质因素论(又称人职匹配论)是最早的、最经典的职业选择理论。1909 年，素有“职业指导之父”之称的帕森斯认为，每个人的人格都是独特的，不同人格特征相适应的职业类型也应各不相同，人们可以有选择职业的机会，职业选择的焦点是实现人与职业相匹配。其中，特质，即个人的人格特征，包括兴趣、能力倾向、价值观等，可以通过心理测量工具进行评量。而因素，则指某一职业成功必须具备的条件或资格，可以通过对工作的分析得到。

(二)实施特质因素论的三步法

特质因素论具有很强的操作性。该理论将职业选择分为三个步骤：个人特质分析、职业因素分析和人职匹配。通过这三个步骤，个人就可以选择一项既符合个人特性又有可能获得的职业群。

(1)了解求职者的特质。包括身体状况、性格与气质、能力倾向、兴趣爱好、价值观、缺陷不足等方面,可以通过心理测量工具进行量化测量。也可以通过调查访谈等方法获得求职者的家庭背景、职业经历等资料,并对所获得的资料进行综合评价。

(2)求职者了解各种职业的任职条件及资格等因素资料。这些因素信息包括:

①职业属性特征:工作性质、工作环境、薪酬待遇、晋升机会、行业前途、岗位优势与不足等;

②求职的最低条件:如学历和专业要求、身体条件、年龄、能力条件、心理素质要求等;

③为实现就业所需的教育培训计划,以及提供的教育机构、学习年限、入学资格和费用等;

④就业机会。

(3)人职匹配。个人与职业的匹配是特质因素论的最终目标。个人特性与职业要求之间配合得越紧密,职业成功的可能性越大。求职者在对自己特质和职业指标进行了解、分析、测量后,可由职业指导者辅助求职者进行比较、匹配,使求职者选择的职业在个人特质与职业因素间谋得平衡。例如,教师这一职业需要有掌握教学规律且具备专业知识的择业者与之相匹配;脏、累、苦等劳动条件很差的职业,需要有吃苦耐劳、体格健壮的劳动者与之匹配。例如,具有敏感、易动感情、不守常规、个性强、理想主义等人格特性的人,适宜从事审美性、自我情感表达的艺术创作类型的职业。

(4)理论评价。特质因素理论为人们的职业选择提供了最基本的原则,各种心理测量工具和各国出版的大量职业信息书刊为这一理论的实践提供了良好支持。该理论开启了职业生涯规划理论发展的先河。该理论的缺陷在于,这一理论对个人特质、人职匹配结果所持的静态观点否定了个人职业选择的动态性,与现代社会的职业变动规律不吻合,也忽视了社会因素对职业设计的影响和制约作用。

二、霍兰德的职业兴趣理论

(一)主要观点

霍兰德职业兴趣理论主要解决职业兴趣探索与职业选择的问题。美国著名的心理学家、职业指导专家约翰·霍兰德于1959年提出了职业兴趣理论。职业兴趣,指的是个体对不同类型的工作、活动的心理偏好程度。该理论重点阐述了兴趣类型与职业类型之间的匹配关系,认为某种类型的职业通常会吸引具有相同职业兴趣的一类人,而具有相同职业兴趣的人对生活事件的反应模式也相似。霍兰德突出强调了兴趣在职业活动中的动力作用,认为人和职业环境的类型匹配将会增加个体的工作满意度、职业稳定性和职业成就感。霍兰德以职业兴趣为基础,先后编制了职业偏好量表和自我导向搜寻表两种职业兴趣量表作为测查工具,霍兰德的职业兴趣理论由以下四个基本假设组成。

一是在美国文化中,大多数人的职业兴趣类型可以分为六种,即实用型、研究型、艺术型、社会型、企业型和事务型。

二是职业也有上述六种类型，其名称、性质与职业兴趣类型的分类一致。

三是人们都尽量寻找这样的职业环境：能突出自己才能、符合自己价值观、担当适当的角色、令自己愉快的职业，例如一个实用型的人会尽力寻找实用型的职业。

四是人的行为表现是由职业环境类型和职业兴趣类型相互作用的结果。如果知道自己的职业兴趣类型和职业类型，我们就可以预测自己的职业选择。

（二）霍兰德六种职业兴趣类型

霍兰德的职业兴趣类型可划分为实用型、研究型、艺术型、社会型、企业型和事务型六种，职业类型也相应有这六种类型。

（1）实用型（realistic）。实用型人的特点是喜欢动手操作、操控工具设备，比较独立实际，情绪稳定，对事有耐心，直率，但不喜欢人际交往。对应的职业如技术性行业的工作人员、工程师等。

（2）研究型（investigation）。研究型人喜欢思考研究，爱追根究底、思想独立且好奇心强，内心自信，喜欢创新创造，对人际关系上偏好让自己感到适度即可。对应的职业如计算机程序员、科学领域工作人员等。

（3）艺术型（artistic）。艺术型人直觉敏锐，善于表达，创意唯美，爱自由表现，思想独立，情绪上往往比较自我。对应的职业如编辑、作家、工艺美术工作者等。

（4）社会型（social）。社会型人喜欢帮助教导他人，待人和善，亲近他人，比较关心他人的感受，人际关系上比较和谐。对应的职业如教师、护士、学校辅导员等。

（5）企业型（enterprising）。企业型人精力旺盛，喜欢影响他人，说服他人，具有冒险和竞争的精神，行动有计划，对经济敏感，在组织中通常成为影响他人者。对应的职业如管理、销售等。

（6）事务型（conventional）。事务型人做事谨慎规矩、精确高效，做事有条理，有耐心和细心，为人比较顺从，稳定可靠。对应的职业如职员、会计等。

（三）霍兰德职业兴趣六边形

霍兰德认为，大多数人都并非只有一种性向（比如，一个人的性向中很可能是同时包含着社会性向、实用性向和研究性向这三种）。这些性向越相似，相容性越强，则一个人在选择职业时所面临的内在冲突和犹豫就会越少。为了帮助描述这种情况，霍兰德将这六种性向分别放在一个正六角形的每个角上，标示出六大类型的关系，大体可以分为以下三种关系，如图 1-1 所示。

1. 相邻关系

如 RI、IR、IA、AI、AS、SA、SE、ES、EC、CE、CR 及 RC。属于相邻关系的两种类型的个体之间共同点较多。如实用型（R）、研究型（I）的人都不太偏好人际交往，这两种职业环境也都较少有机会与人接触。

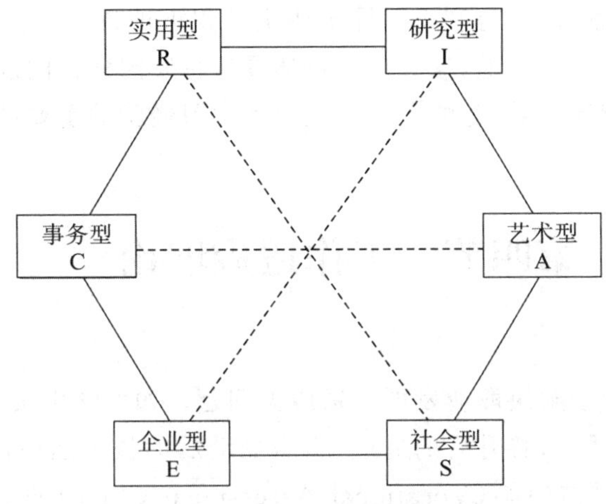

图 1-1　霍华德职业兴趣六边形

2. 相隔关系

如 RA、RE、IC、IS、AR、AE、SI、SC、EA、ER、CI 及 CS。属于相隔关系的两种类型的个体之间共同点较相邻关系少。

3. 相对关系

在六边形上处于对角位置的类型之间即为相对关系，如 RS、IE、AC、SR、EI 及 CA。相对关系的两种类型共同点少，因此，一个人同时对处于相对关系的两种职业环境都兴趣很浓的情况较为少见。

当个人进行职业选择时，通常会选择与自己职业兴趣类型相匹配的职业环境，如具有实用型职业兴趣类型的人一般选择在实用型的职业环境中工作。但是，在实际情况下，职业选择中的个体并非一定会选择与自己职业兴趣类型完全对应的职业环境。

(四)霍兰德职业兴趣类型编码

霍兰德职业兴趣类型编码通常可分为三种情况：单编码、双编码、三编码。个体往往是多种职业兴趣类型的综合体，单一类型显著突出的情况很少见。所以，通常情况下，评价个体的职业兴趣类型是以其在六大类型中得分居前三位的类型组合而成，组合时根据分数的高低依次排列字母，构成其职业兴趣类型代码，如 RCE、AIS 等。

当然，影响职业选择的因素是多方面的，不仅要依据职业兴趣类型，还要参照社会的职业需求及获得职业的现实可能性。因此，当个体需要做出一定的妥协时，若寻求的是相近或相隔关系的职业类型，个体就需要不断适应其工作环境。若选择的是相对关系的职业类型，可能就会感到痛苦或难以适应。

(五)理论评价

霍兰德的职业兴趣理论更强调对个体职业兴趣类型及其匹配对应的职业类型进行归纳，被称为一种“类型学”的职业选择理论。霍兰德职业兴趣类型理论结构完整、清晰、便于操作。量表应用也十分广泛，具有很强的实用价值。该理论重视个人特质与工作世界的匹配，提供了明确的探索方向，有利于引导个体主动积极地进行生涯探索，激发了众多领域学者的关注和深入研究。但是，这一理论仍然具有特质因素论的静态视角，将职业兴趣作为个人稳定的人格特质来看，忽略了个人成长和学习经验的重要性，因而受到批评。

第四节　工作适应理论

工作适应理论主要用于解决职业发展的适应类问题。如大学生实习期间的职业适应问题、就业后的职场新人适应、晋升后的适应、组织变动后的员工适应问题等。比较著名的是明尼苏达大学职业评估中心（Vocational Assessment Clinic）的罗圭斯特与戴维斯（Lofquist & Dawis，1964）提出的明尼苏达工作适应论。该理论最初是为了帮助在工作中面临更多障碍的残障人士，后经过不断修正，逐步发展至适应于一般人群。

一、主要观点

明尼苏达工作适应论认为，个人与工作环境之间存在着互动关系。人们一方面必须满足工作的要求，另一方面也从工作中获得满足，维持这一双向互动的过程就是工作适应。个人特质与工作环境之间的符合程度就是二者的适配度（fit）。个人与环境持续相互影响，就是互动（interaction），互动包括主动的改变和被动的改变。明尼苏达工作适应论大体上有以下四方面假设：

（1）工作适应就是人与组织进行的一段持续的双向互动过程；

（2）人们在适应过程中需要不断地做出调整，以维持人与工作环境的符合程度（correspondence）；

（3）工作会改变，个人也会改变，人与工作环境的符合程度是一种动态平衡状态；

（4）个人与工作符合程度越高，工作满意度越高，在此工作领域中也较会持久留任（tenure）。

二、理论模型

明尼苏达工作适应理论模型如图 1-2 所示。

1. 模型中的“个人技能”

个人技能由以下三方面构成：

（1）专业知识或素养。如信息技术、化学、英语、体育教育等。

（2）可迁移技能。指的是更加通识、可迁移的一类基础能力，如沟通能力。

（3）自我管理能力。如独立、坚强、动机、自信等。

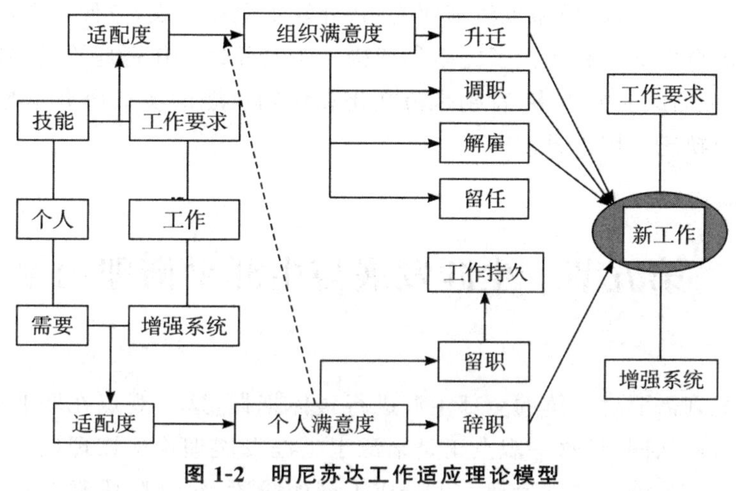

图 1-2　明尼苏达工作适应理论模型

（资料来源：北森生涯，2020。）

2. 模型中的“个人需要”

根据马斯洛需求层次理论，个人需要主要有：生存需要（如物质需求）、情感需要（如归属感、认同感、偏好）、发展需要（如自我实现）。模型中的“工作要求”可分为：岗位职责、规章制度、组织文化三个方面。模型中的“增强系统”包括工资、福利、未来发展机会和隐性回报。

3. 模型的发展

聪克尔（Zunker）对该理论中的个人满意方面做了进一步补充，他认为：工作满意应该包括工作适应和能胜任工作；工作满意度能预测个体在工作上的持久性；个人满意的重要因素是个人的需求和价值观。因此，在工作环境中应该处理好能让个人感到满足的增强系统和个人需求之间的关系。

从适应问题解决的视角解读明尼苏达工作适应论这一理论模型，其口诀要领是以下四个步骤。

（1）“逆着走”找出个体当前的状态属于哪一个：升迁、调职、解雇、留任、辞职。

（2）分析“两条线”：分别是衡量组织满意度与否的成功线、衡量个人满意度与否的幸福线。

（3）落实“四个点”找出问题所在：工作要求是否明晰、个人技能是否匹配、增强系统是否了解、个人需求是否澄清。

（4）针对四个点上的问题得出相应的“解决方案”：了解要求、提升技能、澄清需求、主动争取增强系统、降低期待、商量调整工作任务。

三、理论评价

第一，明尼苏达工作适应论提出了工作适应的概念，打破了特质因素论的静态局限，提出了动态、互动、开放的视角。第二，理论还增加了组织视角，为组织如何和员工互动提供了依据。第三，工作适应模型也清晰扼要，并开发了众多量表，方便实务操作。第四，该理论还为工作满意度的研究提供了完整的架构。明尼苏达工作适应论的局限在于理论涉及的内容丰富，但后续研究不多，特别是跨文化和性别议题的实证研究不足。此外，工作能力分析部分尚缺乏实用工具。

第五节　生涯发展与生涯平衡理论

职业生涯规划需要对个体的全部生涯进行整体把握，这一观点在职业生涯规划研究领域已经受到普遍认同，且这一观点正是来源于生涯发展理论。该理论主要用于解决生涯发展阶段问题。生涯发展理论把人生分成不同的阶段，每个阶段都有每个阶段的发展任务，每一阶段是下一阶段的基础。因此，每个人在职业生涯中，既要立足当前，又要着眼长远。在国外，关于职业生涯发展的理论有很多，最有影响力的理论有舒伯的生涯发展理论、金斯伯格的职业发展理论。

一、舒伯的职业生涯发展理论

（一）主要观点

在职业生涯规划和职业咨询发展史中，舒伯（Donald E.Super，1910 年—1994 年）是继帕森斯之后又一位里程碑式的职业生涯规划大师。舒伯的生涯发展理论能应用于个人梳理发展历程或职场员工处理多角色冲突的问题。1953 年，舒伯在《美国心理学家》杂志发表文章，提出“生涯”概念，打破了特质因素论一统天下的局面，从全方位视角看待发展，除了关注个人的职业领域，还关注个人工作与生活的平衡问题、不同角色间的精力分配问题、不同阶段的发展任务和长期的发展策略。该理论强调发展的连续性和阶段性，使职业咨询的研究视角从职业（vocation）转向生涯（career），即从关心当前的职业选择与职业适应，拓展为关注整个人生的职业生涯规划，使职业咨询从就业指导走向生涯规划辅导。

舒伯的生涯发展的理论假设包括 14 项，概括来说，其中有 3 项假设和个别差异有关，即认为不同的人和职业都是有差异的，一个人可以适合多种职业，职业也可以适合多种人；有 2 项假设和生涯成熟度有关，即个人面对及完成发展任务的准备程度；有 6 项假设与自我概念有关，即自我概念的形成是人与职业互动的结果，不断学习后自我概念将趋于稳定，职业选择行为就是个人自我概念的实现，个人与环境互动过程因为个别差异而逐渐出现不同的生涯模式（career patterns）。生涯发展是一个持续的历程，生涯发展过程可以分为五个阶段。

(二)生活广度(生涯发展阶段)

舒伯认为,生涯发展是一个持续的历程,生涯发展过程可以被分为五个阶段,即生涯成长阶段、生涯探索阶段、生涯建立阶段、生涯维持阶段、生涯衰退阶段。不同阶段生涯发展重点不同,发展任务各不相同。生涯发展的五个阶段构成了人的生活广度(life span)。

生涯成长阶段(儿童期 0～14 岁):发展重点能力、兴趣、态度及自我概念。

生涯建立阶段(青年期 15～24 岁):对自我和工作世界的探索和了解。

生涯探索阶段(成年初期 25～44 岁):发展从工作经验中考虑职业与我的配合。

生涯维持阶段(成年中期 45～64 岁):以不同的方法调整工作,维持职业状况。

生涯衰退阶段(成年晚期 65 岁及以上):减少工作,退休。

(三)生涯模式

舒伯提出男性生涯发展的四种模式,分别为:稳定型、传统型、不稳定型、多重尝试型。同时也指出,男女性别在生涯发展模式上会有差异,但女性的生涯模式总体以这七种为主:稳定家庭主妇型、传统型、稳定职业妇女型、双轨生涯型、间断生涯型、不稳定型、多轨生涯型。这一部分内容已在第一章第一节中阐述,此处不再赘述。

(四)理论评价

生涯发展理论是继特质因素论之后,最为重要的生涯理论突破。它构建了完整的生涯发展理论,是现今生涯辅导重要的理论基础。该理论横向的生活广度部分(即发展阶段、发展任务)和纵向的生活空间部分(即生涯角色的发展),交织成一个具体的生涯发展结构,能很好地促进个体进行自我了解和自我实现。对在校大学生而言,它能帮助驱动大学生进行对内对外探索,提升生涯成熟度;对企业而言,它能帮助企业更多地了解不同年龄员工的需求关注;对职场员工而言,它能帮助他们解决工作和生活的平衡问题。但是,由于社会的快速变迁,终身学习观念的提出和人的平均寿命的增加,生涯发展理论中关于中年期、老年期的角色与任务,有待进一步发展和研究。此外,生涯发展理论不够重视经济、社会因素等对生涯发展方向的影响,且学习因素与职业发展历程的关系也须进一步深入研究。

二、金斯伯格职业发展理论

1951 年,美国著名职业指导专家、职业生涯发展理论代表人物金斯伯格(Eli Ginsberg)在出版的《职业选择》一书中,通过对青少年职业选择的过程与问题的深入研究,提出了职业发展的三个阶段。金斯伯格认为,职业选择经历是从模糊的幻想走向现实的。他将这一逐渐成熟的心理过程分为三个阶段:幻想期、尝试期和现实期。同时,尝试期和现实期两个阶段又被分成若干个子阶段。

（一）尝试期职业发展阶段的细分层级

金斯伯格认为 11～17 岁是由少年儿童向青年过渡的时期，是职业选择的尝试期，并把职业生涯的尝试期阶段细分为兴趣子阶段、能力子阶段、价值观子阶段和综合子阶段四个子阶段。

（1）兴趣子阶段。在兴趣子阶段，个人开始注意并培养其对某些职业的兴趣，期盼着将来从事某些职业。

（2）能力子阶段。在能力子阶段，个人不仅仅考虑个人的兴趣，同时也注意到个人能力与职业的关系，注重衡量自己的能力，并积极参加各种相关的职业活动，以检验自己的能力。

（3）价值观子阶段。在价值观子阶段，个人的职业价值观逐步形成，能兼顾个人与社会的需要，以职业的价值观选择职业。

（4）综合子阶段。在综合子阶段，人们将上述三个阶段的职业相关资料综合考虑，以正确判定未来的职业生涯发展方向。

（二）现实期职业发展阶段的细分层级

金斯伯格认为 17 岁以后的青年时期是职业选择的现实期，他把职业生涯的现实期阶段分为试探子阶段、具体化子阶段和专业化子阶段三个子阶段。

（1）试探子阶段。在试探子阶段，个人根据尝试期的结果，进行各种试探活动，试探各种职业机会和进一步的选择职业。

（2）具体化子阶段。在具体化子阶段，个人根据试探阶段的经历，做具体化的职业目标。

（3）专业化子阶段。在专业化子阶段，个人依据自我选择的目标，做出具体的就业准备。

（三）理论评价

金斯伯格的职业发展理论，主要研究的是个人进入职业前一段时期的职业观的变化及职业前的职业选择问题，实际上揭示了初次就业前人们职业意识或职业追求的发展变化过程。金斯伯格认为，职业在个人生活中是一个连续的、长期的发展过程。在职业选择过程中包含着一系列的决定，每一个决定都和童年、青年时期的个人经历、身心发展有关。职业选择的实现也是个人意识与外界条件的折中和调适，个人最终所做的职业选择是寻求个人所喜爱的职业与社会所提供、个人能获得的机会之间的最佳组合。金斯伯格的职业生涯理论对职业发展实践活动曾产生过广泛的影响。但是，金斯伯格的职业发展理论对进入职业角色后如何调整与发展职业生涯则研究得不够深入。

第六节　职业生涯决策理论

职业生涯决策是指当一个人在面对职业、生涯等重大问题的抉择时，个人在多项选择之间权衡利弊，所做的选择尽量能够获得最大收益的历程。职业生涯决策理论主要用于解决生涯决策问题，即在掌握众多信息的基础上，使用科学的职业生涯决策方法，来完成一个理性的决策。针对当前大学生职业选择中存在的随意性大、被动就业的问题，职业决策能力的培养就显得至关重要了。目前，职业生涯决策的理论中，最有影响力的是盖瑞·彼得森(Gary Peterson)的认知信息加工理论(CIP)和克朗伯兹(John D. Krumboltz)提出的职业生涯决策的社会学习理论。

一、认知信息加工理论

20 世纪 80 年代初期，美国佛罗里达州立大学以盖瑞·彼得森为首的一个研究团队结合认知心理学，试图建立一个认知信息加工模型，以应用于职业生涯辅导。1991 年，盖瑞·彼得森、詹姆斯·桑普森(James Sampson)和罗伯特·里尔敦(Robert Reardon)三人合著了《职业生涯开发和服务：一种认知的方法》(*Career Developmentand Services：A Cognitive Approach*)。在书中，他们提出了一种新的思考职业生涯发展的方法并进行了论述，这就是认知信息加工理论(cognitive information processing，即 CIP)。

(一)理论假设

认知信息加工理论是基于“在生涯问题解决和决策制定过程中大脑如何接受、编码、储存和利用信息和知识”这一概念而形成的理论。该理论主要关注涉及解决职业生涯问题和做职业生涯决策的思维和记忆过程，强调职业生涯问题解决是一个认知的过程。该理论是建立在以下 8 种基本假设基础之上的。

(1)生涯选择基于我们如何认知信息和感受信息。

(2)生涯选择是一种问题解决活动。

(3)作为问题解决者，我们的能力既依赖于我们拥有的知识，也依赖于对认知的操纵。

(4)生涯问题的解决需要良好的记忆力。

(5)动机在生涯问题解决中起着重要作用。

(6)生涯发展包括知识结构的不断改变和发展。

(7)生涯认同在很大程度上依赖于“自我认知”的发展程度。

(8)生涯决策成熟与否取决于我们解决生涯问题的能力大小。

(二)基本观点

认知信息加工理论认为，生涯发展是关于一个人如何做出生涯决策以及在生涯决策过程中如何使用信息。做出生涯选择是一项解决问题的活动，生涯决策需要动机，有赖于我们想什么、如何想；而生涯质量有赖于我们是否很好地学习和掌握了做出生涯决策所需的技能。因此，通过改进认知信息加工技能，可以提高生涯管理的能力。该模型共分为三层，最高层为执行管理领域，中间层为决策技能领域，底层为知识领域。

决策技能领域处于金字塔的中间层，关注的是“个体如何做决策”，其功能相当于计算机的程序软件，是我们对所存储的信息进行运算加工处理的过程。认知信息加工理论中提出了一种生涯决策技能，即“CASVE循环五步法”(沟通、分析、综合、评估、执行)。

该理论模型最高层称为元认知，在认知心理学理论中，认知是指人们的思维方式或者人们的头脑中是如何加工信息的。元认知是指认知的认知或认知过程的认知，也叫反省认知。元认知，也称为执行管理领域，是个人完成一项任务或达到一定目标而投身其中的记忆和思考，是一种思维活动过程。元认知的作用是对认知过程进行调节、监督和控制，主宰着如何思考生涯问题和做出决策，它包括自我言语、自我觉察、控制与监督。

执行加工领域相当于电脑的工作控制功能，操纵电脑按指令执行程序，对其下的两个领域进行监控和调节；决策技能领域相当于电脑的应用软件，对所存储的信息进行加工处理；而该理论模型最底层的知识领域相当于电脑的数据文件。从这个模型可以看到，任何一个层次出问题，都会影响职业生涯规划决策的质量。

(三)理论评价

认知信息加工理论是一种强调理性决策的方法论，为我们提供了一套解决生涯或职场重大问题的有效的决策方法。该理论主要关注人们的认知，即人们所思考的内容。注重在问题解决和决策制定过程中的理性和逻辑性，而不是靠直觉。在进行职业生涯决策时，我们可以借助该方法，绘制自己的金字塔模型，帮助我们看清自己在三个领域(知识领域、决策技能领域、执行管理领域)所面临的困难，分析优势与不足，发挥自己的长处，弥补自己的短板，从而制定有效的职业生涯决策。

二、社会学习理论

(一)社会学习理论

最早是由美国心理学家阿尔伯特·班杜拉(Albert Bandura)于1952年提出的。该理论着眼于观察学习和自我调节在引发人的行为中的作用，重视人的行为和环境之间的相互作用，强调个人独特的学习经验对其人格与行为的影响。

克朗伯兹和同事吸收和借鉴了班杜拉的社会学习理论，将社会学习的观念引用到职业生涯辅导上，提出了职业生涯决策的社会学习理论(social learning theory of career decisionmaking)。克朗伯兹对高中生做了一系列研究，观察不同的信息搜集和决策行为的强化对中学生的影响。该理论研究在个人决策历程当中，社会、遗传与个人因素对于个体生涯决策的影响，强调学习的重要性，在变迁中学习，在机会中学习。在此基础上克朗伯兹提出了影响职业决策的四个因素，其后又提出了职业生涯决策的七个步骤。

(二)影响生涯决策的四个因素

克朗伯兹的社会学习理论认为个体职业生涯发展的根本选择是由内在因素和社会环境因素来共同决定的，包含四个主要因素：遗传因素和特殊的能力、环境状况和事件、学习经验、工作取向的技能。同时这四个因素交互作用，对个体职业生涯规划产生影响，其中个人成长经历中独特的学习经验尤为重要。

1. 遗传因素和特殊的能力

在某种程度上，个人遗传的一些特质会限制个人对职业或学校教育选择的自由，如民族、性别等。个别特殊能力及由此产生的兴趣与技能，对个人未来规划职业等有较大影响，如音乐能力、美术能力、动作协调能力等。

2. 环境状况和事件

许多来自外部环境的因素非个人所能控制，它会影响个体职业生涯规划，如社会经济的发展影响工作机会的数量和性质，政府政策对不同职业的从业要求，不同职业的投资回报率，劳动法的变更修订等。

3. 学习经验

职业选择是每个人一生中一连串学习经验的结果。人必须拓展其兴趣和能力，生涯决策不能仅仅基于现存的特质工作。工作内容在变化，人必须随时培养职业应变能力。日常生活中，个体受到刺激与强化的类型、性质以及两者配合出现的时机常常影响个人职业生涯偏好和生涯技能发展。从婴儿到成人阶段包括以下两种最典型的学习经验。

(1)工具式学习经验(instrumental learning experience)。主要包含三个部分：一是前因，即个人在生活中遇到的刺激，包含环境状况和事件；二是内隐与外显的行为，指内在的认知和情绪反应和外在行动；三是后果，由行动所造成的影响，以及当个体体验到这些后果时的认知与情感反应。

(2)联结式学习经验(associative learning experience)。某些环境的刺激会引起个人情绪上积极或消极的反应。如果原来属于中性的刺激与社会上使个体产生积极或消极情绪反应的刺激同时出现，这种伴随在一起的联结关系会使中性的刺激具有积极或消极的反应。在生涯决策中，直接经验往往是不够的，绝大多数来源于间接经验，如网络信息搜集，即联结式学习。

4. 工作取向的技能

个体内在的遗传因素和特殊能力，外在社会上各种影响因素及不同的学习经验等，会以一种交互影响的方式使个人形成特有的职业技能取向，如解决问题的能力、价值观、情绪认知等。

第七节　职业生涯规划的步骤

1977年，克朗伯兹运用社会学习理论对职业生涯决策技巧的作用进行研究，提出了进行职业生涯决策的七个步骤。

(1)界定问题。理清自己的需求及时间或个人限制，并制定出明确的目标。

(2)拟订一个行动计划。思考可能达成目标的行动方案，并规划达到目标的流程。

(3)澄清价值观。界定个人的选择标准，作为评定各项方案的依据。

(4)找出可能的选项。搜集资料，论证可行的方法。

(5)评价各种选择可能的结果。依据自己的标准，对各种可能的选择方案进行评价。

(6)系统地剔除选项。比较各种可能的选择，根据决策者的价值标准删除不合适的方案，选出最合适的方案。

(7)开始行动。方案确定之后开始行动。

综合而言，职业选择理论侧重从静态的角度来探讨个人特质与职业之间的匹配问题，重视个人的需要、能力、兴趣、人格等内在因素。职业适应理论强调个人能力、个人需要与工作环境增强系统之间的配合与协调发展，很好地解释了个人对组织的满意度问题和组织对个人的满意度问题。生涯发展理论从动态的角度探讨个人职业生涯的成长历程，强调自我概念、自我职业决策能力的发展。职业决策理论重视个人生涯发展的历程及抉择，重视决策过程中对个人价值观的了解和澄清，认为个人主观的价值评价其实才是最重要的决策。

第二章

自我探索

认识你自己吧。 ——苏格拉底

知己知彼，百战不殆。 ——孙武

系统化的职业生涯规划是一个“由内到外”的过程，自我探索是职业生涯规划的基础，自我探索的目的是更清楚地认识自己、了解自己，进行自我评估。只有正确地认识自己，才能对未来职业生涯规划做出最佳抉择。在一个人的成长过程中，自己的兴趣、性格、能力(技能)、价值观对个人的职业生涯规划有极大的影响，因此，本章将带领大家一起学习兴趣、性格、能力、价值观等概念，重点介绍霍兰德职业兴趣理论、MBTI职业性格理论，各个自我因素与职业生涯的关系，通过职业兴趣探索、职业性格探索、职业能力探索、职业价值观探索，完成全面的自我探索，认清自我，从而初步确立适合自己的职业目标。

第一节 兴趣探索

爱因斯坦曾说，兴趣是最好的老师。

兴趣，决定你愿意做什么。兴趣作为一个人职业探索的“发动机”和“引擎”，在一个人职业生涯规划过程中发挥着重要的内在动力作用。本节与你一起探讨兴趣的概念，重点介绍兴趣与职业生涯的关系和霍兰德职业兴趣理论，认识并探索职业兴趣，更好地了解自己，找到自己喜欢的职业。

一、兴趣的概述

兴趣是人们探究某种事物或从事某种活动的心理倾向。

兴趣指的是，无论我们能力高低，也无论外界评价如何，我们依然乐此不疲的事情。

兴趣不是天生就有的，而是在社会生活实践中产生和发展起来的。遗传因素、父母兴趣、家庭文化、学校教育、社会环境等多种因素都可以影响兴趣的形成。兴趣不是靠外界强制力量形成的，而是以需要为前提和基础的。当一个人有某种需要时，就会有满足需要的愿望，推动着人们认识事物、探索外界、寻求真理。

兴趣是一种选择性的态度，表现为一种喜好的情绪。人对自己感兴趣的东西会表现出巨大的积极性，并且产生某种肯定的情绪体验。如对生活有浓厚兴趣的人，就会觉得生活充满阳光，丰富多彩，更懂得享受生活的乐趣；对某一学科感兴趣的人，就会对这一学科的学习兴致勃勃，孜孜不倦，充满激情，更懂得享受学习的快乐；对某种工作怀有浓厚的兴趣，就会刻苦钻研业务，废寝忘食地工作，更容易在工作中找到成就感。

人们对什么感兴趣，就能唤醒主体意识、集中注意力，充分调动潜能，对它感知敏锐、记忆牢固、思维活跃、情绪愉快、情感浓厚、意志坚定、行动积极。因此，兴趣是我们内心动力和快乐的最终来源。

二、霍兰德职业兴趣理论的应用

1971 年美国约翰·霍普金斯大学心理学教授约翰·霍兰德(John Holland)提出了具有广泛社会影响的职业性向理论(career orientation)。这一理论首先将职业归属为六种典型，分别为实用型(realistic)、研究型(investigation)、艺术型(artistic)、社会型(social)、企业型(enterprising)和事务型(conventional)。霍兰德还制定了两种类型的测定工具，帮助择业者进行职业决策。一种测定工具是职业选择量表。该量表要求被试者在一系列职业中做出选择，然后根据测定结果确定个人的职业倾向领域。另一种测试是自我指导探索在测试感兴趣的活动、能力和喜欢的职业的基础上，进而查寻比较适合自身特性的职业。

霍兰德兴趣测试结果归纳总结：①每个人的职业兴趣都能主要地划为某一类型，但大多数人都并非只有一种性向。通常认为，霍兰德职业性向测试中六种兴趣类型排名前三的均可作为职业类型选择(比如 ISA、EAS、CRI 等组合)。②选择与职业兴趣类型相对应的职业环境，匹配度越高，更容易达到适应状态，个体的工作满意度、职业稳定性和职业成就感增加，其积极性才能得以发挥(如表 2-1)。

表 2-1　霍兰德职业兴趣类型与职业对应表

霍兰德职业兴趣类型	劳动者特征	职业类型
实用型(R)	愿意使用工具从事操作性工作； 动手能力强，做事手脚灵活，动作协调； 偏好具体任务，不善言辞，不善交际； 性格：持久，感觉迟钝，不讲究，谦逊。	主要是指各类工程技术工作、农业工作，需要一定体力，需要运用工具或操作机器。 主要职业：木工，电器技师，工程师，营养专家，建筑师，劳动员，农场主，森林工人，园艺工人，城市规划人员，军官，机械操作、维修、安装工，矿工，电工，司机，测绘员，描图员，农民，牧民，渔民等。

续表

霍兰德职业兴趣类型	劳动者特征	职业类型
研究型（I）	思想家而非实干家，抽象思维能力强，求知欲强，肯动脑，善思考，不善于动手； 喜欢独立的和富有创造性的工作； 知识渊博，有学识，有才能，不善于领导他人。	主要是指科学研究和科学实验工作。 主要职业：生物学家、化学家、地理学家、数学家、医学技术人员、生理学家、物理学家、心理学家等自然科学和社会科学方面的研究与开发人员；化学、冶金、电子、无线电、电视、飞机等方面的工程师、技术人员。
艺术型（A）	讨厌结构，喜欢以各种艺术形式的创造来表现自己的才能，实现自身价值； 具有特殊艺术才能和个性； 有创造力，乐于创造新颖、与众不同的艺术成果，渴望表现自己的个性； 性格：冷淡疏远，有独创性，非传统。	主要是指各类艺术创作工作。 主要职业：广告管理人员、艺术教师、艺术家、作家、广播员、室内设计人员、医疗绘图师、音乐家、摄影师、公共关系专家；音乐、舞蹈、戏剧等方面的演员，艺术家编导，教师；文学、艺术方向的评论员；广播节目的主持人、编辑、作者；画家、书法家；艺术、家具、珠宝等行业的设计师等。
社会型（S）	乐于助人，喜欢从事为他人服务的、教育的工作； 喜欢参与解决人们共同关心的社会问题，渴望发挥自己的社会作用； 寻求亲近的人际关系，比较看重社会义务和社会道德； 性格：缺乏灵活性，亲切仁慈。	主要是指各种直接为他人服务的工作，如医疗服务、教育服务、生活服务等。 主要职业：公使、教师、学校管理人员、保育员、行政人员；医护人员、工作分析专家、社会工作人员、图书管理员、丧葬承办人、精神健康工作者；衣食住行服务行业的经理、管理人员和服务人员；福利人员、娱乐管理人员等。
企业型（E）	追求权力、权威和物质财富，具有领导才能； 喜欢竞争，敢冒风险； 精力充沛，自信，善交际，口才好，做事巧妙； 性格：善辩，精力旺盛，寻求娱乐，努力奋斗。	主要是指那些组织和影响他人共同完成目标的工作。 主要职业：综合性农业企业管理人员、房地产商、经理、企业家、政府官员、律师、金融家、零售商、人寿保险代理人、采购代理人、行业部门和单位的领导者及管理者等。
事务型（C）	尊重权威，喜欢按计划办事，习惯接受他人指挥和领导，自己不谋求领导职务； 不喜欢冒险和竞争，富有自我牺牲精神； 工作踏实，忠诚可靠，偏爱那些规章制度明确的工作环境； 性格：有责任心，依赖性强，高效率，猜疑心重。	主要是指各类与文件档案、图书资料、统计报表之类相关的各类科室工作。 主要职业：会计、出纳、银行职员、速记员、鉴定人、统计人员、打字员、办公室人员、秘书和文书、图书管理员、风险管理者、导游、外贸职员、保管员、邮递员审计人员、人事职员等。

三、兴趣与职业生涯

兴趣是使个体积极探索某种事物的认识倾向。人们对有兴趣的事物往往给予优先关注，即积极探索，并且带有情绪色彩和向往的心情。兴趣在职业发展中起着重要的作用，一个人从事自己有兴趣的工作，这会成为他事业成功的强大动力。

（一）兴趣是选择职业的重要依据

从心理学角度来说，在职业选择时，首先需要了解自己的兴趣。正如人们在日常生活中喜欢做自己感兴趣的事一样，是否从事自己感兴趣的职业对一个人的职业发展，乃至一生都会产生很大的影响。比如，有的人喜欢钻研理论知识，不喜欢动手操作，如果你硬要让他把兴趣转移到技能操作领域，他就会感到无用武之地。这种兴趣上的差异就构成了职业选择的重要依据。

（二）兴趣提升工作效率和职业能力

兴趣并不等同于能力，但兴趣与能力有着密切的关系。兴趣通过工作动机促进个体能力的发挥，包括调动人的全部精力，以敏锐的观察力、高度的注意力、深刻的思维和丰富的想象力投入工作。如果一个人的兴趣和能力能够合理结合，则能发挥一个人全部才能的 80％—90％，其工作效率会得到大大提高，并且长时间保持高效率而不感到疲倦；如果对工作没有兴趣，只能发挥其全部才能的 20％—30％，并且容易筋疲力尽。反过来，由于个人有较强的能力，在从事自己喜欢的事情时就会感到得心应手，增添了对这些事情的兴趣，形成良性循环。因此，兴趣是最好的老师，不仅提高工作效率，还能调动一个人潜能的发挥，以兴趣为动力，能力更是可以培养出来的，才更有可能取得职业生涯成功。

（三）兴趣影响职业稳定性和工作满意度

兴趣与工作满意度、职业成就感和职业稳定性之间存在着明显的关联。一个人如果选择了自己不感兴趣的职业，不仅很难让自己感到满意，甚至会感到压抑痛苦，并由此导致工作的不稳定。在其他条件相似的情况下，如果我们所从事的职业是自己所喜欢的，那我们的工作和生活会愉快得多，而且能让自己有激情面对挑战、持续发展，在工作中取得成功，获得满足感。兴趣会让枯燥的工作变得精彩，兴趣也使工作不再是一种负担，而是一种享受。兴趣也是保证职业稳定、职场成功的重要因素，职业生涯有了兴趣的力量可以走得更长远。需要理清的一点是，并非所有的兴趣都应该或能够在职业中得到满足。兴趣也可以通过休闲活动、兼职或副业、参加社团等多种方式来发展。关键在于工作和生活、爱好之间的协调与平衡。在选择职业的时候，有必要将兴趣作为一个重要的因素考虑进去。如果人们对所从事的职业有兴趣，就能充分调动和发挥自己的主观能动性，充分开发智力和潜能，提高工作效率，从而增强职业的适应性，工作满意度也会提高，职业稳定性也会加强，工作绩效也会变好。在现实的基础上进行择业，是成功就业的前提和基础。

【推荐阅读】

三月不知肉味

兴趣是最好的老师。在孔子看来,学习的最高境界,是能够将学习作为一种乐趣。曾经,他出使韶乐和武乐的正统流传之地——齐国,正逢齐王举行盛大的宗庙祭祀,孔子亲临大典,痛快淋漓地聆听了三天韶乐和武乐的演奏。而孔子出于儒家礼仪教化的信念,对韶乐情有独钟,终日弹琴演唱,如痴如醉,常常忘形地手舞足蹈。一连三个月,睡梦中也反复吟唱;吃饭时也在揣摩韶乐的音韵,以至于“三月不知肉味”,仍乐在其中。今天我们常常赞赏一些学有所成的人物,如何艰苦地进行创造,其实他们从学习和创造中一定也享受到了巨大的快乐,正是这种快乐,不仅引领着他们的工作,也往往让他们忽略了物质条件的不足,最终让他们取得别人难以企及的成功。

知之者不如好之者,好之者不如乐之者

习近平在中央党校建校80周年庆祝大会暨2013年春季学期开学典礼上曾说过,兴趣是激励学习的最好老师,知之者不如好之者,好之者不如乐之者。我们应该把学习作为一种追求、一种爱好、一种健康的生活方式,做到好学乐学。有了学习的浓厚兴趣,就可以变“要我学”为“我要学”,变“学一阵”为“学一生”。学习和思考、学习和实践是相辅相成的,正所谓“学而不思则罔,思而不学则殆”。你脑子里装着问题了,想解决问题了,想把问题解决好了,就会去学习,就会自觉去学习。要“博学之,审问之,慎思之,明辨之,笃行之”。学习要善于挤时间,“太忙”“没时间”不应该成为放松学习的理由。

四、职业兴趣的探索

(一)兴趣岛测试

通过选择岛屿,洞察自己真正的职业兴趣,发现自己所喜欢和不喜欢的职业内容、职业环境,帮助自己在职业定位时把握好方向。

活动开始,假如你获得一次岛屿旅游的机会,这里有6个岛屿:

1号岛屿:自然原始的岛屿。岛上自然生态保持得很好,有各种野生动物。居民以手工见长,自己种植花果蔬菜、修缮房屋、打造器物、制作工具,喜欢户外运动。

2号岛屿:深思冥想的岛屿。有多处天文馆、科技博览馆及图书馆。居民喜好观察、学习,崇尚和追求真知,常有机会和来自各地的哲学家、科学家、心理学家等交换心得。

3号岛屿:美丽浪漫的岛屿。充满了美术馆、音乐厅,街头雕塑和街边艺人,弥漫着浓厚的艺术文化气息。居民保留了传统的舞蹈、音乐与绘画,许多文艺界的朋友都喜欢来这里找寻灵感。

4 号岛屿：友善亲切的岛屿。居民个性温和、友善、乐于助人，社区均自成一个密切互动的服务网络，人们重视互助合作，重视教育，关怀他人，充满人文气息。

5 号岛屿：显赫富庶的岛屿。居民善于企业经营和贸易，能言善道。经济高度发展，处处是高级饭店、俱乐部、高尔夫球场。来往者多是企业家、经理人、政治家、律师等。

6 号岛屿：现代、井然有序的岛屿。岛上建筑十分现代化，是进步的都市形态，以完善的户政管理、地政管理、金融管理见长。岛民个性冷静保守，处事有条不紊，善于组织规划，细心高效。

说明：六个岛屿代表霍兰德职业兴趣理论中提出的六种职业兴趣类型。

1 号岛屿：实用型(R)

2 号岛屿：研究型(I)

3 号岛屿：艺术型(A)

4 号岛屿：社会型(S)

5 号岛屿：企业型(E)

6 号岛屿：事务型(C)

(1)如果你让你选择 6 个岛中的一个岛生活一辈子，成为这里岛名的一员。不考虑费用等其他因素，仅凭自己兴趣选择。

第一选择______岛屿，因为：____________________________________。

第二选择______岛屿，因为：____________________________________。

第三选择______岛屿，因为：____________________________________。

你最不愿意选择______岛屿，因为：________________________________。

(2)以第一选择为例，同一岛屿的人交流一下：自己为什么选择这个岛屿，看看大家有什么共同的兴趣爱好，归纳关键词。

____

____

____

(3)小组活动：第一选择是同个岛屿的人组成小组，给自己组的岛命名并选取一个标志物(logo)，在大白纸上制作本小组的宣传图。每个小组请选一位代表用两分钟时间展示自己组岛屿的图，并在全班分享一下自己组岛屿，说出自己组岛屿的名称，介绍岛屿标志物及含义、岛屿活动、岛屿人物职业等。

活动小结：

①问题 1 的答案，第一选择体现你最显著的职业性格特征，最喜欢的活动类型以及最喜欢(很可能是最适合)的大致职业范围，第二、三个可作为辅助兴趣选择，三个兴趣类型构成你的霍兰德代码。最不愿意选择的岛则是你最不喜欢的职业活动、职业环境等等，可作为排除某些不愿意从事的职业。

②问题 2 加深对同一兴趣类型总体特征的认识。

③问题 3 进一步归纳出同一兴趣类型特征、喜欢的活动、喜欢的职业。

④这六个岛屿实际上代表着霍兰德提出的六种类型。做完这个活动后，你应当能得出自己最有兴趣的前三个类型，亦即你的霍兰德代码，并对六种类型的基本特征有所了解。需要注意的是，这只是对你兴趣类型的一个初步判断。因为霍兰德理论比较复杂，初学者对霍兰德类型的掌握不深入，再加上社会期望和缺乏自我认识等原因，个人不易准确地判断自己的职业兴趣类型，因此最好通过职业兴趣测试来加以确认。

(二)霍兰德职业性向测验(详见第三章第二节)

(三)探索兴趣的其他方法

1. 了解你的兴趣

(1)写下最近一个星期(或一个月)的生活事件，让你感到愉快的经验。在事件发生之时或完成之后让你感受到相当程度的喜悦或满意。

①____。

②____。

③____。

综合来看，这些让我感到愉快的生活事件，有些共同特性。是资料型还是思维型，是偏向人群，还是偏向事物。请在下面的数字中标出适当位置。

资料　5—4—3—2—1—0—1—2—3—4—5　思维

人群　5—4—3—2—1—0—1—2—3—4—5　事物

(2)当你不必上课或上班时，你通常喜欢从事哪些休闲活动呢？

①____。

②____。

③____。

综合来看，这些我喜欢从事的休闲活动，有些共同特性，同样地，请在下面的数字中标出适当位置。

资料　5—4—3—2—1—0—1—2—3—4—5　思维

人群　5—4—3—2—1—0—1—2—3—4—5　事物

2. 职业兴趣分类

以下86种职业，请根据你自己的感兴趣程度进行分类，分别填入表2-2。填写完毕后，请认真思考“不感兴趣”这一栏，里面的职业是否有你还想保留的，如果有，请将该职业填到前面的相应的格子里，如果没有，请将“不感兴趣”这一栏全部划掉，再也不用去关注。接下来的“不太感兴趣”“不知道”“有点感兴趣”也同样的方法操作，直到保留最后一栏“感兴趣”。最后，请认真思考“感兴趣”这一栏里的职业，按兴趣的强弱程度进行排序，最后留下排名前五的职业就是你最感兴趣的职业。

表 2-2 霍兰德职业兴趣类型与职业对应表

感兴趣	有点感兴趣	不知道	不太感兴趣	不感兴趣

星级酒店管理 CSR
秘书/行政助理 CES
银行柜员 CER
文职人员 CSE
图书管理员 CSE
会计/会计师 CEI
造价师 CER
审计员 CEI
税务管理人员 CES
采购员 CES
精算师 CIE
人力资源专员 ECS
销售(互联网科技领域)ECI
证券/期货经纪人 ECS
客服人员 ECS
投资/理财顾问 ECS
地产/保险经纪人 ECS
销售 ECS
海关报关员 ECS
市场/公关人员 EAS
律师 EIC
工程项目经理 ERC
警察 ERS
体育经纪人 ESA
政治家/外交官 ESI
法官/检察官 ESC
广告文案 EAC
策展人 EAC
导演/编导 EAS
网络店主 ECR
平面/工业设计师 AER
模特 AES
主持人/播音员 AES
演员 AES
动漫/插画师 ASE
作家 AIS
音乐家 ASI
室内设计师 AES
摄影师 AIR
时尚设计师 ASR
造型师 ASE
建筑设计师 AIR
教师(幼儿、中小学)SE
生涯规划师 SAE
培训师 SAE
空中乘务员 SEC
心理咨询师 SIA
大学教师 SIA
学校行政人员 SCE
社会工作者 SEA

理疗师 SRI
健身教练 SRE
护士 SRC
神职人员 SEA
导游 SEA
城市规划师 IEA
数据分析师 IEC
营养师 ISE
药剂师 ICS
工程师 IRC
外科医生 IRS
内科医生 ISC
康复训练医师 ISR
金融分析师 ICA
地理学家 IRA
考古工作者 IRA
宠物医生 IRC
计算机程序员 IRC
化学技术人员 RIC
飞行员 RCI
化验员 RCI
工程技术人员 RIC
设备操作员 RC
动物饲养员 RIC
消防员 RSE
职业运动员 RE
体育裁判 REC
军官 RE
编辑 AES
厨师 ARC
产品经理 ASE
手工匠人 ARE
工艺美术师 ARI
翻译(笔译、口译)ASC
记者 ASI
游戏设计师 AEI

思考题：

1. 你从小一直坚持到现在的兴趣有哪些？说一说为什么能够坚持到现在？
2. 根据霍兰德职业兴趣理论，请简要介绍自己的职业兴趣倾向。
3. 结合你自身情况，谈谈自身如何才能培养良好的职业兴趣。

第二节　性格探索

> 我们不必羡慕他人的才能，也不必悲叹自己的平庸，各人都有他的个性魅力。
> ——松下幸之助
>
> 每个人都有他隐藏的精华，和任何别人的精华不同，它使人具有自己的气味。
> ——罗曼·罗兰

在一个人成长的过程中，性格、兴趣、能力和价值观是影响其职业生涯规划的重要因素，其中，性格在职业生涯规划中会起到“稳压器”作用，能够保持个体与职业之间的协调、稳定。性格，可以决定你适合做什么？那么，说起一个人的性格，你会想到什么？内向、外向、安静、活泼、孤僻、开朗……本节与你一起探讨性格、气质、性格与气质的关系。重点介绍性格与职业生涯的关系，MBTI 职业性格理论，认识并探索职业性格，更好地了解自己，提高自己的性格修养，从而确立适合自己的职业目标。

一、性格的概述

性格是人对现实的稳定态度和习惯化行为方式的总和，表现为个体独特的心理特征。

性格是在社会生活中逐渐形成的，同时也受个体的生物学因素影响。

性格是一种与社会相关最密切的人格特征，性格是个体之间人格差异的核心。在性格中包含许多社会道德含义，如有的人大公无私，有的人自私自利，如正直、诚恳、热忱、谦虚，或者虚伪、狡猾、粗心、傲慢等等都属于性格特征。因而我们说性格有好坏之分，能最直接地反映出一个人的道德风貌。

（一）性格的特征

性格是一种十分复杂的心理构成物，它有着各个侧面，并形成一个性格特征系统。

性格特征主要表现在下列四个方面。

（1）性格的态度特征。人对现实的态度主要是指对社会、对集体、对他人、对劳动以及对自己的态度。如良好的集体态度特征是热爱祖国、热爱集体、富于同情心、关心他人、乐于助人、文明礼貌、大公无私、诚实诚信、正直勇敢等；不良的集体态度特征是没有民族气节、对祖国和集体漠不关心、对人冷酷无情、自私自利、唯利是图、损人利己、蛮横粗暴、虚伪狡猾等。良好的学习、工作态度特征是勤奋努力、刻苦钻研、认真负责、自觉主动、朝气蓬勃、敬业奉献、勤俭节约、整洁有序、开拓创新等；不良的学习、工作态度特征是懒惰敷衍、得过且过、懒散马虎、倦怠被动、萎靡不振、玩忽索取、奢侈浪费、杂乱无章、不负责任、墨守成规等。良好的态度特征是自尊自信、大方无畏、积极乐观、谦虚谨慎、自我批评等；不良的态度特征是自卑自弃、害羞胆怯、悲观消极、骄傲自满、自我放纵等。

（2）性格的意志特征。一个人的行为方式往往反映了性格的意志特征。如良好的意志特征是有远大理想、目的明确、计划周详、独立自主、自觉自律、善于自控等；不良的意志特征是鼠目寸光、盲目、放任自流、散漫依赖、易受暗示、易于冲动等。

（3）性格的情绪特征。性格的情绪特征是指情绪影响人的活动或受人控制是经常表现出来的稳定特点。如良好的情绪特征是热情高涨、情绪体验深刻且持久、情绪稳定容易控制、心境状态积极乐观、欢乐愉快等；不良的情绪特征是情绪低落冷漠、情绪体验微弱且短暂、情绪波动难以控制、心境状态消极悲观、多愁善感、郁郁寡欢等。

（4）性格的理智特征。人的感知、记忆、想象、思维等认识构成过程方面的个别差异，即认识的态度和活动方式上的差异，称为性格的理智特征。如良好的理智特征是主动观察、善于分析、细致入微、深思熟虑、能够独立思考、全面地辩证地看问题、现实感强且富于想象等;不良的理智特征是被动知觉、粗枝大叶、缺乏主见、人云亦云、看问题片面、易受环境干扰、思想保守、脱离实际甚至想象力受阻等。

(二)性格与气质

气质(temperament)是表现在心理活动的强度、速度、灵活性与指向性等方面的一种稳定的心理特征。气质是我们平时所说的脾气、秉性。孩子刚一落生时,最先表现出来的就是气质差异,有的孩子爱哭好动,有的孩子平稳安静。

人的气质差异是先天形成的,受神经系统活动过程的特性所制约。气质是人的天性,无好坏之分,每一种气质都有积极方面和消极方面,它只给人们的言行涂上某种色彩,但不能决定人的社会价值,也不直接具有社会道德评价含义。一个人的活泼与稳重不能决定他为人处世的方向,任何一种气质类型的人既可以成为品德高尚、有益于社会的人,也可以成为道德败坏、有害于社会的人。

气质也不能决定一个人的成就和价值。任何气质的人只要经过自己的努力都能在不同工作领域中取得成就。目前所讲的气质学说的主要是由古罗马医生盖伦提出的四种气质类型,分别是胆汁质、多血质、黏液质、抑郁质,如表 2-3 所示。俄国著名文学家普希金、赫尔岑、克雷洛夫、果戈理分别属于胆汁质、多血质、黏液质和抑郁质,他们在文学领域都取得了杰出成就。在现实生活中,单一气质的人并不多,只有少数人是上述四种气质类型的典型代表,绝大多数的人是四种气质互相混合、渗透、兼而有之的。

性格与气质的关系很密切。一方面,气质和性格相互影响,气质能影响性格的表现方式,它使性格特征带有明显的个体独特色彩,同时性格对气质也有深刻影响,它可以掩盖和改造气质。另一方面,同一类型气质的人可以形成不同的性格特征,不同气质类型的人也可以形成相同的性格特征。

表 2-3 气质类型与职业对应表

气质类型	心理特征	职业
多血质	活泼而好动型。由于精神过程平衡且灵活性强,这种人更易于适应环境的变化,性情开朗、热情,喜闻乐道,善于交际。在群体中精神愉快,相处自然,具备机敏的工作能力和较高的办事效率,对外界事务有广泛的兴趣,不安于循规蹈矩的工作。但情绪不够稳定,易于浮躁,时有轻诺寡信、见异思迁的表现。	适合与外界打交道,从事灵活多变、富有刺激性和挑战性的工作,如外交、经商、管理、记者、律师、驾驶员、运动员等。他们不太适合做过细的、单调的机械性工作。

续表

气质类型	心理特征	职业
黏液质	缄默而安静型。由于神经过程平衡且灵活性低，反应较迟钝，无论环境如何变化，都能基本保持心理平衡。凡事力求稳妥、深思熟虑，一般不做无把握的事，具有很强的自我克制能力。外柔内刚，沉静多思，很少流露出内心的真情实感。与人交往时，态度持重适度，不卑不亢，不爱抛头露面或作空泛的清谈。行为缓慢而沉着，有板有眼，严格恪守既定的生活秩序和工作制度。因此，能够高质量完成那些要求有坚忍不拔、埋头苦干的品质和长时间集中注意力、有条不紊的工作。其不足之处是过于拘谨，不善于随机应变，常常墨守成规、故步自封。	喜欢从事与人打交道，工作内容不断变化，环境不断转换并且热闹的职业，如导游、推销员、节目主持人、公共关系人员等，但明显不适合长期安坐、持久耐心细致的工作。
胆汁质	兴奋而热烈型。表现为有理想有抱负，有独立见解，反应迅速，行为果断，表里如一。在言语上、面部表情和体态上都给人以热情直爽、善于交际的印象。不愿受人指挥而喜欢指挥别人。一旦认准目标，就希望尽快实现。遇到困难百折不挠，有魄力，敢负责。但往往比较粗心，自制力较差，容易感情用事，有时有刚愎自用、鲁莽的表现。由于神经过程的不平衡，工作带有明显的周期性，能以极大的热情投身于事业，但一旦筋疲力尽，情绪顿时转为沮丧而心灰意冷。	适合做稳定的、按部就班的、静态的工作，如会计、出纳员、话务员、保育员、播音员等。
抑郁质	呆板而羞涩型。精神上难以承受或大或小的神经紧张，常为微不足道的小事引起情绪的波动。情绪体验的方式较少，极少在外表流露自己的情感，但内心体验却相当深刻。喜欢独处，交往拘束，兴趣爱好少，性格孤僻，在友爱的集体，可能是一个很容易相处的人，对力所能及的工作，能认真完成，遇事三思而后行，求稳不求快，因而显得刻板。学习工作易疲倦，在困难面前怯懦、自卑、优柔寡断。	适合安静、细致的工作，如校对、打字、排版、检查员、化验员、登记员、保管员等。

二、MBTI 职业性格理论应用

MBTI 职业性格理论源于 1913 年瑞士心理学家卡尔·荣格(Carl Gustav Jung)在慕尼黑国际精神分析会议上提出的内倾型和外倾型两种性格，1921 年他又在发表的《心理类型学》一书中进行了充分的阐明，并论述了性格的一般态度类型和机能类型。一般态度类型根据力比多(libido)的倾向分为内外倾型：内倾型的人力比多的活动倾向于自己，外倾型的人力比多的活动倾向于外部环境。这两种类型代表着性格反应特有情境的两种态度或方式。机能类型指的是个人的心理活动有感觉、直觉、思维和情感四种基本机能。感觉(sensation)是脑对直接作用于感觉器官的客观事物的个别属性的反映,如视觉、听觉、嗅觉、味觉、触摸觉、痛觉等,而直觉则告诉你它来自何方和向何处去;思维是人脑对客观事物概括的、间接的反映,主要告诉人们这是什么;情感告诉你它是否令人满意。

美国心理学家凯瑟琳·库克·布里格斯(Katharine Cook Briggs)和她的女儿伊莎贝尔·布里格斯·迈尔斯(Lasbel Briggs Myers)进一步拓展了荣格的理论,在两种态度类型和四种机能类型的基础上,又增加了判断和知觉两种类型,并编制了迈尔斯-布里格斯类型指标(Myers-Briggs Type Indicator),通过辨别个体在性格各方面的不同类型偏好,找出适合个体所从事的职业。这些偏好并无优劣之分,却形成了人与人之间的不同。MBTI用四维度偏好二分法来评估一个人的类型偏好,每个维度偏好二分法均由两极组成,由此组成了性格的四维八极特征(见表2-4),组合构成了16种职业性格类型(见表2-5)。

按照能量获取的途径不同,分为外倾型(extroversion,E)和内倾型(introversion,I);按照注意力的指向不同,分为感觉型(sensing,S)和直觉型(intuition,N);按照决策判断方式不同,分为思维型(thinking,T)和情感型(feeling,F);按照采取行动方式不同,分为判断型(judging,J)和知觉型(perceiving,P)。

心理学家大卫·凯尔西(David Keirsey)发现,这些由不同文化背景和不同历史时期的人各自独立研究得出的4种不同性情的划分,对性格的描绘有着惊人的相似。同时他发现,MBTI性格类型系统中的四种性格倾向组合与古老智慧所归纳的四种性情正好吻合。这四种组合是:

直觉(N)+思维(T)=概念主义者;

触觉(S)+知觉(P)=经验主义者;

直觉(N)+情感(F)=理想主义者;

触觉(S)+判断(J)=传统主义者。

日常生活中,人们在认识和处理任何事物,一般都经历上述的四个过程。首先,能量的获取可以是来自外部世界,也可以是来自自己的内心世界,其次对事物的注意力,可能是通过感觉,也可能是直觉,并利用这些信息结合自己的价值观对事情做出判断和选择,最后组织自己的行为并实施行动。

在实际生活中,一个人是内倾型就不可能是外倾型,但这并不代表一个内倾的人就丝毫没有外倾的特征。大部分的人同时具有一个维度两个倾向的特点,而不是只有其中一个倾向的特点。每个人在某一维度上,会表现出对某倾向的一定偏好。当我们处于偏好的倾向时,我们往往表现更佳,感觉更有效率,而且精力充足。

MBTI职业性格理论向人们揭示了职业性格类型的多样性和由此导致的不同个体之间行为模式、价值取向的差异性,深刻影响着人们观察事物的角度、思考问题的方式、决策的动机、工作中的行事风格,乃至人际交往中的习惯与喜好。半个多世纪以来,MBTI已广泛应用于自我探索、职业发展、人才选拔、团队建设、管理培训、恋爱与婚姻咨询、教育

（学业）咨询及多元文化培训中，成为世界上应用最广泛的人才甄别工具。该理论在荣格的优势功能和劣势功能、主导功能和辅助功能等概念的基础上，进一步提出功能等级等概念，并有效地为每一种类型确定了其功能等级的次序，又提出了类型的终身发展理论，对心理类型理论做出了新的贡献。

表 2-4 MBTI 四维八极特征表

外向（E）： 从人际交往中获得能量； 喜欢外出； 表情丰富，外露； 喜欢交互作用，合群； 喜行动，多样性（不能长期坚持）； 不怕打扰，喜自由沟通； 先讲，然后想；易冲动、易后悔、易受他人影响。	内向（I）： 从时间中获得能量； 喜静、多思、冥想（离群、与外界相互误解）； 谨慎、不露表情； 社会行为的反射性（会失去机会）； 独立、负责、细致、周到、不蛮干； 不怕长时间做事、勤奋；怕打扰； 先想然后讲。
感觉（S）： 通过五官感受世界、注重真实的存在、实际； 用已经有的技能解决问题； 喜具体明确； 重细节（少全面性）； 脚踏实地； 做事有可能的结果、能忍耐、小心； 可做重复工作（不喜新），不喜展望。	直觉（N）： 通过第六感洞察世界、注重应该如何，比较笼统； 喜学新技能； 不重准确，喜抽象和理论； 重可能性，讨厌细节； 好高骛远，喜欢新问题； 凭爱好做事，对事情的态度易变； 提新见解，匆促结论。
思考（T）： 分析，用逻辑客观方式决策； 坚信自己的观点正确，不考虑他人意见； 清晰、正义、不喜欢调和主义； 批判和鉴别力； 规则； 工作中很少表现出情感，也不喜欢他人感情用事。	情感（F）： 主观和综合，用个人化的、价值导向的方式决策；考虑决策对他人的影响； 和谐、宽容、喜欢调解； 不按照逻辑思考； 考虑环境； 喜欢工作场景中的情感，从赞美中得到享受，也希望他人的赞美。
判断（J）： 封闭定向； 结构化和组织化； 时间导向； 决断，事情都有正误之分； 喜命令、控制，反应迅速，喜欢完成任务； 不善适应。	知觉（P）： 开放定向； 弹性化和自发化； 探索和开放结局； 好奇，喜欢收集新信息而不是做结论； 喜欢观望，喜欢开始许多新的项目，但不完成； 优柔寡断、易分散注意力。

表 2-5 MBTI 职业性格类型与特征对应表

INTP 1. 安静、自持、弹性及具适应力。 2. 特别喜爱追求理论与科学事理。 3. 习于以逻辑及分析来解决问题—问题解决者。 4. 最有兴趣于创意事务及特定工作,对聚会与闲聊无大兴趣。 5. 追求可发挥个人强烈兴趣的生涯。 6. 追求发展对有兴趣事务之逻辑解释。	INTJ 1. 具强大动力与本意来达成目的与创意—固执顽固者。 2. 有宏大的愿景且能快速在众多外界事件中找出有意义的模范。 3. 对所承负职务,具良好能力于策划工作并完成。 4. 具怀疑心、挑剔性、独立性、果决,对专业水准及绩效要求高。	INFP 1 安静观察者,具理想性与对其价值观及重要之人具忠诚心。 2. 希望生活形态与内在价值观相吻合。 3. 具好奇心且很快能看出机会所在。常担负开发创意的触媒者。 4. 除非价值观受侵犯,行事会具弹性、适应力高且承受力强。 5. 具想了解及发展他人潜能的企图。想做太多且做事全神贯注。 6. 对所处境遇及拥有不太在意。 7. 具适应力、有弹性除非价值观受到威胁。	INFJ 1. 因为坚忍、创意及必须达成的意图而能成功。 2. 会在工作中投注最大的努力。 3. 默默强力地、诚挚地及用心地关切他人。 4. 因坚守原则而受敬重。 5. 提出造福大众利益的明确远景而为人所尊敬与追随。 6. 追求创见、关系及物质财物的意义及关联。 7. 想了解什么能激励别人及对他人具洞察力。 8. 光明正大且坚信其价值观。 9. 有组织且果断地履行其愿景。
ENTP 1. 反应快、聪明、长于多样事务。 2. 具激励伙伴、敏捷及直言讳专长。 3. 会为了有趣对问题的两面加予争辩。 4. 对解决挑战性的新问题富有策略,但会轻忽或厌烦经常的任务与细节。 5. 兴趣多元,易倾向于转移至新生的兴趣。 6. 对所想要的会有技巧地找出逻辑的理由。 7. 长于看清楚他人,有智能去解决新或有挑战的问题。	ENTJ 1. 坦诚、具决策力的活动领导者。 2. 长于发展与实施广泛的系统以解决组织的问题。 3. 专精于具内涵与智能的谈话如对公众演讲。 4. 乐于经常吸收新知且能广开信息管道。 5. 易生过度自信,会强于表达自己创见。 6. 喜于长程策划及目标设定。	ENFP 1. 充满热忱、活力充沛、聪明的、富有想象力的,生命中充满机会且其能很快得到他人肯定与支持。 2. 几乎能达成所有有兴趣的事。 3. 对难题很快就有对策并能对有困难的人施以援手。 4. 依赖能改善的能力而无须预做规划准备。 5. 为达目的常能找出强制自己为之的理由。 6. 即兴执行者。	ENFJ 1. 热忱、易感应,负责任,具有能鼓励他人的领导风格。 2. 对别人所想或要求会表达真正关切且切实用心去处理。 3. 能怡然且技巧性地带领团体讨论或演示文稿提案。 4. 爱交际、受欢迎及富同情心。 5. 对称许及批评很在意。 6. 喜欢带领别人且能使别人或团体发挥潜能。

续表

ISFP	ISTP	ISTJ	ISFJ
1. 羞怯、安宁和善、敏感、亲切的，且行事谦虚。 2. 喜于避开争论，不对他人强加己见或价值观。 3. 无意于领导却常是忠诚的追随者。 4. 办事不急躁，安于现状，无意于以过度的急切或努力破坏现况，且非成果导向。 5. 喜欢有自有的空间及照自定行程办事。	1. 冷静旁观者，安静、预留余地、弹性及会以无偏见的好奇心与未预期原始的幽默观察与分析。 2. 有兴趣于探索原因及效果，技术事件是为何及如何运作且使用逻辑的原理组构事实、重视效能。 3. 擅长于掌握问题核心及找出解决方式。 4. 分析成事的缘由且能实时由大量资料中找出实际问题的核心。	1. 严肃、安静、借由集中心智与全力投入及可被信赖获致成功。 2. 行事务实、有序、实际、逻辑、真实及可信赖。 3. 十分留意且乐于任何事（工作、居家、生活均有良好组织及有序）。 4. 负责任。 5. 照设定成效来做出决策且不畏阻挠与闲言，会坚定为之。 6. 重视传统与忠诚。 7. 传统性的思考者或经理。	1. 安静、和善、负责任且有良心。 2. 行事尽责投入。 3. 安定性高，常居项目工作或团体之安定力量。 4. 愿投入、吃苦及力求精确。 5. 兴趣通常不在于科技方面。对细节事务有耐心。 6. 忠诚、考虑周到、知性且会关切他人感受。 7. 致力于创构有序及和谐的工作与家庭环境。
ESFP	**ESTP**	**ESTJ**	**ESFJ**
1. 外向、和善、乐于与他人分享喜乐。 2. 喜欢与他人一起行动且促成事件发生，在学习时亦然。 3. 知晓事件未来的发展并会热烈参与。 4. 最擅长于人际相处能力及具备完备常识，很有弹性，能立即适应他人与环境。 5. 对生命、人、物质享受的热爱者。	1. 擅长现场实时解决问题—解决问题者。 2. 喜欢办事并乐于其中及过程。 3. 倾向于喜好技术事务及运动，交结同好友人。 4. 具适应性、容忍度、务实性。 5. 不喜欢冗长概念的解释及理论。 6. 最专精于可操作、处理、分解或组合的真实事务。	1. 务实、真实、事实倾向，具企业或技术天分。 2. 不喜欢抽象理论；最喜欢学习可立即运用的事理。 3. 喜好组织与管理活动且专注以最有效率方式行事以达至成效。 4. 具决断力、关注细节且很快做出决策—优秀行政者。 5. 会忽略他人感受。 6. 喜当领导者或企业主管。 7. 做事风格比较偏向于权威指挥性。	1. 诚挚、爱说话、合作性高、受欢迎，光明正大的、天生的合作者及活跃的组织成员。 2. 重和谐且长于创造和谐。 3. 常做对他人有益事务。 4. 给予鼓励及称许会有更佳工作成效。 5. 最有兴趣于会直接及有形影响人们生活的事务。 6. 喜欢与他人共事，精确且准时地完成工作。

【推荐阅读】

税务人员：100%具有S倾向。

律师：50%以上是ISTJ，ESTJ，INTJ，ENTP。

程序员:S偏好的工作优于N偏向。

护理人员:60%以上是ENFP,ESFP。

飞行员:88%以上是STJ。

教育实践工作者:SFP。

高校研究倾向教师:NT。

领导干部:ESFJ最多,其次是ESTJ。

企业管理者:ESTJ、ISTJ比较典型。

人力资源管理者:ESFJ最高,其次是ESTJ,ESFP。

图书馆员:ISFJ和ISTJ居多。

辅导员:ISFJ最高,其次是ESTJ和ESFP。

吸毒群体:ESFP比较典型。

中国大众:ISFJ最高,ENFJ最少。

三、性格与职业生涯

(一)性格与职业相匹配

不同性格类型的人适合从事不同类型的职业。如一个外向型的人,常具有随和开朗、善于交际等特点,相比内向型的人,更适合从事与人打交道的工作。不同的职业对从业者的性格也有不同的要求。如工程师要求从业者沉静严谨、认真细致、精益求精,相比外向型的人,内向型的人更加适合。大学生在选择职业时,要充分考虑自己的性格,以及职业对性格的要求。从事与自己的性格相匹配的工作,使个人的沟通方式、讲话方法、工作风格更适合职业的特点,这样才能更好地发挥自己的性格特长,扬长避短,在工作中才能更加得心应手。反之,虽然也能完成工作,但事倍功半,而且心力交瘁、疲惫不堪。性格类型与工作要求的最佳匹配,能够使我们成为更有效率的工作者。

(二)性格影响职业生涯发展

性格也影响着一个人对职业的适应性,以及职业生涯的发展。个人性格与职业之间的适配和对应是职业满意度、职业稳定性、职业归属感与职业成就感的基础。职业生涯发展的过程中,能力固然重要,但性格比能力更重要。许多用人单位在选人用人时也越来越看重一个人的性格,性格与职业相匹配的前提下,才对其能力进行考查。找到性格特点、能力素质与职业需求之间的匹配度,才能最大限度地发挥自身潜能,这不仅是通往自我实现的关键,也是确保职业可持续发展的决定性因素。

(三)职业对性格的塑造

当性格与职业不匹配的时候,为了能做好本职工作,适应职业领域,人们会主动按照工作要求培养和修炼自己相对薄弱的性格方面，避免或减少自己性格中的劣势方面对职业的影响。也就是说，在工作中克服了自己性格上的弱点。如一个内向型的人，不善交际、不善言谈，通过多年学校班主任职业的修炼，在组织协调、沟通交流等方面得到了很大的提升，性格也开朗外向了许多。我们提倡根据性格选择适合的职业，也提倡为了社会的需要可能要从事与自己性格不相匹配的工作，当你发现自己的性格与职业的匹配度不高时，可以通过努力学习和实践培养自己相应的性格，弥补性格上的不足。

(四)性格与职业的多面性

在职业与性格的匹配中，要克服片面性和绝对化的看法。某种职业可能需要多种性格的人，许多性格不同的人也可能适合同一职业，在职业与性格的匹配中，没有绝对的行与不行，有的是相对的适应性。在职场中，遇到性格与职业选择错位也是非常普遍的现象，有些人的性格特点不适合自己所选择的职业，但为了满足生活的需要和减轻家庭的压力，仍然很努力地去适应工作。这样的人身处职场中，无法感受到工作的快乐，只会日益承受越来越大的压力。

职业是可以选择的，现代社会也给了我们更多的选择自由和空间。当你怀疑自己选错了职业时，建议不要盲目换工作，有条件的话，先进行一个职业性格测评，了解自己的职业性格和气质，分析自身优劣势，然后再结合自己的兴趣爱好、教育背景和工作经验等条件，重新对自己的职业生涯和发展进行规划。或者在明确自己职业目标后，结合自身性格、兴趣、能力和价值观等因素，对自己的职业生涯进行重新规划，不断评估和调整，进一步完善自己的职业生涯规划。

【推荐阅读】

从不屈服于命运

海伦·凯勒从小双目失明，又聋又哑，她靠用手触摸、用嘴尝味、用鼻嗅闻，来熟悉周围黑暗沉寂的世界。看起来那局限之大，她简直无可奈何。你怎么去教一个听不见的人？她不会说话，你怎么知道她需要什么？她既看不见又听不见，可是她到底是怎样知道你在哪儿的？海伦·凯勒在精神上不屈服于这种清冷生活。由于连诅咒和抱怨都不可能，她只好用身体的剧烈晃动对父母和周围的人发脾气，来说明她心灰意冷的心境。看来她命中注定要在与世隔绝的无声世界里绝望地度过一生。

可是，一个卓越非凡的年轻女子闯进了她的生活，此人可以看作是生活中的强人，她就是安妮·沙利文。

海伦·凯勒的父母雇用了她，让她来排除女儿的孤独、抚平她的怒气，因为这一切已让他们心灰意冷、垂头丧气。安妮·沙利文完全意识到自己的困难，也意识到自己的任务几乎毫无希望可言，可是她仍暗下决心去教这个孩子，让她同自己无法到达的世界进行交流。这是同明显不可能的事情进行的一场厮杀，其挫折和失望能让最坚强的人气馁、却步，可是她却默默忍受下来，而且数月一直如此。

她只是拒绝失败。

突然有一天，当太多的失望令人灰心丧气，而希望好像永远不会降临时，海伦发出了一声表示理解的声音，这一切都出乎人们的意料之外，她在做出第一个反应后，就像蓓蕾一样开放了。

海伦·凯勒的潜能被心中的另一个信仰所挖掘而开始开发，她进展缓慢、饱受痛苦，有时停止不前，但她继续努力，终于成为世界著名的作家、演说家和坚毅勇敢的光辉榜样。

她本可以轻易地成为被安慰者，去"诅咒上帝然后死去"，可是她却有不同的选择，她要战胜自己的缺陷而不向它让步屈服。

海伦·凯勒的故事带有十分的传奇色彩，它震颤着人的心灵。故事中包含着人性中最美好的品格和对生活的渴望、生命力的顽强，使我们看到了什么是将不可能变为可能，什么是创造奇迹，什么是平凡中孕育伟大。

（参考资料:《假如给我三天光明》，作者:海伦·凯勒）

四、职业性格的探索

（一）性格评定

我是一个____________________的人。

我的同学认为我是一个____________________的人。

我的朋友认为我是一个____________________的人。

我的老师认为我是一个____________________的人。

我的家人认为我是一个____________________的人。

我的发现:原来我是个____________________的人。

我希望继续保有的特质是:____________________。

我希望改变的特质是:____________________。

请从以下常用的性格特质形容词选出

顺从　重视物质　温和　坦白　自然　害羞　勤奋　诚实　有恒心　稳定　谦虚　实际　分析　独立　喜欢解决问题　理性　内向　好奇　重视方法　冷静沉着　批判　科学精神　追根究底　深谋远虑　亲和力　人缘佳　喜欢与人接触　乐于助人　为他人着想　随和　宽宏大量　善体人意　温暖　合作　循规蹈矩　喜欢规律　缺乏弹性　节俭　缺乏想象力　传统保守　谨慎　有条理　按部就班　负责任　复杂善变　喜欢变化　缺乏条理　想象力丰富　崇尚理想　情绪化　直觉的　不切实际　不喜从众　独创性　较冲动　感性　富冒险性　精力充沛　善表达　慷慨大方　自信　有领导能力　活泼热情　积极主动　喜欢表现　说服力强

(二)MBTI性格类型探索活动

(1)请根据你的第一反应，选择你最舒服的日常表现。

①A.热情洋溢　　　　　B.含蓄内敛

②A.乐于主动表达　　　B.沟通相对被动

③A.更爱热闹　　　　　B.更爱安静

④A.边听边说边想　　　B.先听后想，想好了再说

⑤A.交友广泛　　　　　B.朋友不多

E	非常清晰	清晰	中等	不明显	中等	清晰	非常清晰	I

(2)根据你的习惯，做出选择。

①使用家电时　A.照着手册　　B.尝试使用

②去一个曾经去过一次的地点　A.看地图辨认路线　　B.尝试着走

③喜欢从事工作类型　A.实际性　　B.创造性

④关注事物　A.事实存在　　B.背后的意义

⑤感受事物的方式　A.凭五官　　B.注重“第六感觉”“弦外之音”

S	非常清晰	清晰	中等	不明显	中等	清晰	非常清晰	N

(3)想象一下：你是一个篮球队的队长，你必须选择一名队员荣称为“年度篮球先生”。最后有两个候选人：A和B。那么你倾向于谁？

对于A，很明显，他是一个明星队员。虽然他还是一个低年级学生，但是他为球队赢了许多比赛，并使得全队获得年度金奖。虽然说A是天生的运动健将，但是他还是非常尽力地打好每场比赛。所以，出于公平起见，选择必须仅仅根据赛场表现来做出。否则，如果有偏袒，那么会开一个不好的先例。自然的，相信所有的人都会毫无异议地同意A获得这个荣誉。

B虽然不是最佳的球手，但是他付出了超出常人的努力去练球，总是拿出150%的努力打好每场比赛。每一场比赛他都热情高涨，并且很好地鼓励其他的战友共同努力。而且B是高年级的，因为家境问题，高中毕业后就得找份工作，而不能进入大学学习。所以，这次可能是他唯一一次获得这样荣誉的机会。奖金还可能使他有机会继续读书。

T	非常清晰	清晰	中等	不明显	中等	清晰	非常清晰	F

(4)回想一下，你是怎么准备重要考试的？

J	非常清晰	清晰	中等	不明显	中等	清晰	非常清晰	P

(三)MBTI职业人格量表(详见第三章第一节)

【课堂活动一】

猜猜我是谁

请同学们领取一张属于自己的卡片,写上与自己性格特质相关的五个词汇,并在右上角写下自己的姓名,以小组为单位,将自己手中的卡片集中放在小组圆圈中心的地面上,背面朝上。老师在各小组中分别抽出两张念出来,但不能透露姓名,让大家猜猜写的是谁,每张卡片限3次猜测机会。

分享感受:

刚才大家在猜的过程当中,有的同学被猜中了,有的同学没有被猜中。

1. 请猜中别人的同学说说你怎么知道是他的。
2. 请被猜中的同学谈谈对自己的看法,或者被猜中时的感受。
3. 请没被猜中的同学谈谈自己的感受。

活动小结:同学们在各自的卡片上都是真实地描述自己,可是还是有同学没有被猜中,这说明每个人都有"隐藏我"的一面,也就是我们自己知道,但是别人不知道的部分,这部分代表着一个人的内在特点。通过认识"隐藏我",使自知的我和他人所知的我更加融洽,也使每个人体会被人认识的感受。

【课堂活动二】

请在我的背上留言

请同学们领取一张属于自己的卡片,翻到背面,写上一句对留言者表示感谢的话,比如"谢谢你为我真诚留言"等。写完后,请同学们相互帮助用别针把纸固定到自己的后背上。同学们可以在班内自由走动,请遇到的同学在自己后背的纸上写下一句留言,留言可以是对这个人的认识,包括他的优点、缺点,也可以是给他的建议,还可以写上最想对他说的一句话。在留言开始之前,请同学们一起做一个约定:大家实话实说,本着真诚、尊重、客观、负责的态度写下每一句留言。留言过程中同学们不能说话,不能用语言进行交流。留言结束后,全体师生围坐成一个大圆圈,互相帮忙取下背上的纸条看,先各自安静浏览,接着一起分享看完留言后的感受。

分享感受:

1. 别人对你的评价与你对自己的评价是否一样?他们的评价是否属实?
2. 发现了连自己都不知道的优点/缺点/建议是什么感受?对自己有没有新的认识?

3. 如果你觉得有同学误解你了，请勇敢站起来把真实的你告诉他。

活动小结：相信同学们或多或少都发现了之前并没发现的自己，这就是乔哈窗口中所说的“盲目我”，这是一种别人知道，你自己却不知道的“我”。唐太宗说过“以人为镜，可以明得失”，借助别人的眼光，我们可以更加全面地了解自己，做更好的自己。

思考题：

1. 请简要说明性格与职业生涯的联系。
2. 根据 MBTI 职业性格理论，请简要介绍自己的性格特点。
3. 结合你自身情况，谈谈如何生活中塑造自己的性格。

第三节　能力探索

“人才有高下，知物由学。”梦想从学习开始，事业靠本领成就。

——习近平

运气永远不可能持续一辈子，能帮助你持续一辈子的东西只有你个人的能力。

——俞敏洪

能力，决定你能够做什么。能力作为一个人职业发展的重要“燃料”，是兴趣“发动机”和“引擎”运转的基础，它是个体在职业生涯发展中最核心的竞争力，能够推动个体在职场中不断向前发展，并使其立于不败之地。本节与你一起探讨能力的概念、类型，能力与技能的关系等。重点介绍能力与职业生涯的关系，自我职业能力的探索方法。

一、能力的概述

能力是作为掌握和运用知识技能的条件并决定活动效率的一种个性心理特征。它不仅包含了一个人现在已经达到的水平，而且包含了一个人所具有的潜力。

能力的强弱直接影响到人们的工作效率。对任何一种职业而言，必须要求从业者具备相应的能力。例如画家要具备绘画的能力，医生需要具备的医学技能，企业家具备领导的能力。

1983 年美国心理学家加德纳(Gardher)提出的多元智力理论，也就是能力结构理论。按结构将能力分为七类：(1)言语智力，指的是听说读写的能力。主持人、记者、律师、教师、文学擅长者、推销员等都具有突出的语言智能。(2)逻辑—数学智力，指的是数学运算与逻辑思考的能力。科学家、工程师、统计人员、财会人员、电脑软件研发人员等都具有很强的逻辑智能。(3)空间智力，指的是认识、辨别位置、方向和空间关系的能力。航海家、飞行员辨别方向的能力比较强；画家、摄影师、建筑设计人员空间表达能力比较强。(4)音乐智力，指的是对声音的辨别与韵律表达的能力。作曲家、歌唱家、指挥家、调琴师、音乐欣赏水平较高的听众等。(5)运动智力，指的是支配肢体、控制身体完成精密作业的能力。运动员、影视演员、舞蹈演员、外科医生、机械师、手艺人等都有这方面的智能。(6)社交智力，指的是与人交往且能和睦相处的能力，包括理解别人的行为、动机或情绪。外交家、领导者、心理咨询师、公关人员、推销员等具有较强的社交智能。(7)自知智力，指的是认识、觉察、反省自己并选择自己生活方向的能力。心理学家、哲学家和作家就有高度的自省智能。

(一)一般能力和特殊能力

根据能力的适用范围，可以分为一般能力和特殊能力。

一般能力指个体完成大多数活动都需要的基本能力，如观察力、注意力、记忆力、想象力、创造力等。也就是我们平常所说的智力。这些基本能力可以反映个人在职业发展上的潜力。

特殊能力指个体顺利完成某种专业活动所需要的能力，如色彩鉴别力、形象记忆力、音乐表现能力、节奏感知能力、文字核对能力、计算推理能力、肌肉协调能力、平衡控制能力和机械操作能力等，均属于特殊能力。这些能力只对某种特定的职业活动有影响。

(二)模仿能力和创造能力

根据能力的来源，可以分为模仿能力和创造能力。

模仿是动物和人类的一种重要的学习能力，是指人们通过观察别人的行为、活动来学习各种知识，然后以相同的方式做出反应的能力。如临摹字帖、幼儿咿呀学语，跟明星一样的穿衣打扮甚至言谈举止。模仿不但表现在观察别人的行为后立即做出的相同的反应，而且表现在某些延缓的行为反应中。

创造能力是指产生新的思想和新的产品的能力。如小说作家笔下新的人物形象、发明家手中新的专利产品、科学家提出新的理论模型等等，都是创造力的具体表现。一个具有创造能力的人往往能超脱具体的知觉情景、思维定式、传统观念和习惯势力的束缚，在习以为常的事物和现象中发现新的联系和关系，提出新的思想，产生新的产品。

(三)液体能力和晶体能力

根据能力在人的一生中的不同发展趋势以及能力和先天禀赋与社会文化因素的关系，可以分为液体能力和晶体能力。

液体能力也叫流体智力，是指在信息加工和问题解决过程中所表现出来的能力。如对关系的认识，类比、演绎推理能力，形成抽象概念的能力等。它决定于先天的因素，主要与人的神经生理的结构和功能有关，很少受后天教育因素的影响。液体能力的发展与年龄有密切关系，一般人在 20 岁以后液体能力的发展达到顶峰，30 岁以后将随年龄的增长而降低。

晶体能力也叫晶体智力，是指获得语言、数学等知识的能力，它决定于后天的因素，与学习、教育和社会文化有密切的关系，是经验的结晶。晶体能力在人的一生中都在发展，只是到 25 岁以后，发展的速度渐趋平缓。

技能(Skill)是人们通过后天学习和练习而获得的能力，通常表现为某种动作系统和动作方式。

辛迪・梵和理查德・鲍尔斯(Sidney Fineand & Richard Bolles)将技能分为三种类型：专业知识技能、可迁移技能和自我管理技能。

1. 专业知识技能

专业知识技能是指那些需要经过有意识的、专门的学习和记忆才能掌握的知识或能力。这些技能常常与我们的专业学习或工作内容直接相关，并且不可迁移。如心理咨询师这一职业需要系统的心理学专业知识，职业指导师这一职业需要专门的职业生涯规划和就业指导专业知识，建筑师这一职业需要完整的建筑专业知识。

专业知识技能的获得，除了在校期间通过正式的专业教育之外，接受系统的业余辅导、自学相关的课程，参加专业会议、讲座、研讨会，通过资格认证考试，还有业余爱好、娱乐休闲、社团活动、家庭职责、岗前培训和在职教育，这些方式和途径都可以帮助人们获取专业知识技能。

2. 可迁移技能

可迁移技能是指你所能做的事，可以在生活的方方面面，特别是工作之外得到发展并且可以应用于不同的工作。可迁移技能可以在工作内外，工作之间通用，也称为通用技能。一般用动词来表示，如教学、组织、管理、协调、说服、设计、安装、帮助、计算、考察、分析、搜索、决策、维修等。它适用于各种职业、能够适应岗位的变换，是个人最能持续运用和最能够依靠的技能。可迁移技能可通过观察学习、模仿体会、归纳总结、业余爱好、娱乐休闲、培训实践、专业训练、社团活动、家庭职责等途径获得。

专业知识技能的运用都是在可迁移技能基础之上的。如一个人要运用动物学这个专业的知识技能，是通过"教授"动物学，还是在保护动物协会帮助"照料"小动物，还是当宠物医生"治疗"宠物，这些加引号的都是可迁移技能。

3. 自我管理技能

自我管理技能常被用来描述或说明人所具有的特征和品质，一般用形容词来表示，如认真、负责、积极、主动、耐心、严谨等。它涉及个体在不同的环境下如何管理自己：是否能够保持对工作的热情，是否能够在压力下保持镇定，是否是做事认真自律，是否勇于创新，这类技能可以从非工作领域迁移到工作领域，用来帮助一个人更好地适应环境，也被称为"适应性技能"。

自我管理技能无论是与生俱来还是后天习得，都需要练习。它们可以从榜样的认同、观念的多元、自我认知的提高、意志力的培养，以及丰富的精神生活、业余爱好、娱乐休闲、社团活动、家庭职责等渠道形成。它是个人最有价值的"资产"，也是影响职业生涯成功与否的关键。

技能的组合也尤为重要。具有不同知识技能的“复合型人才”在人才市场上更具有竞争力，也更有可能将工作完成好。例如精通平面设计的人又掌握心理学专业知识，在广告设计工作中运用消费心理学知识，作品更能令客户满意，也更有可能吸引消费者购买。因此，不论你现在学习的专业是否是你所喜爱的，或是你将来要从事的，你从中获得的专业知识在某个时候就有可能派上用场。甚至一些并非你所学专业的看上去似乎并不那么起眼的知识，都有可能使你在面试的时候显得与众不同、比他人略胜一筹。

二、能力与职业生涯

不同职业对人的能力有不同要求，能力和职业发展有着密切的关系。

一方面，能力是职业适应性首要的和基本的制约因素，能力制约着人们活动的领域与职业选择的范围，在选择职业时要寻求个人能力与职业要求相匹配。当一个人的能力和工作的要求相匹配时，最容易发挥自己的潜能，并获得满足感和成就感；当一个人从事能力所不及的工作时，最容易感到自卑和焦虑，甚至出现失败感和挫折感；当一个人的工作能力超出工作要求太多时，又容易感到无聊和疲倦。因此，我们需要清楚自己具备什么样的能力、职业要求什么样的能力。

另一方面，能力与个人的职业满意度、工作适应性以及职业稳定性具有直接的相关关系。职业能力也是个人发展和创造的基础，职业能力越强，越能给人带来好的工作绩效，进一步产生职业成就感。心理学家罗圭斯特与戴维斯(Lofquist & Dawi)就个体的工作适应问题提出：当工作环境能满足个人的需求时，个人会感到“内在满意”，而当个人能够满足工作的要求时，个人会感到“外在满意”，即令自己的领导、同事感到满意。“内在满意”主要通过衡量个人价值观与企业文化及奖惩制度之间的适配性来评估；“外在满意”主要可以通过衡量个人职业技能与工作的技能要求之间的配合程度来进行评估。当个人能够同时达到内在和外在满意时，个人与环境之间的关系就比较协调，个人的工作满意度会比较高，在该工作领域也能持久发展。

【拓展阅读】

华科大“天才”少年放弃300万年薪入职华为：我把别人打游戏时间都用在实验室了

2019年6月，华为创始人任正非宣布：今年华为将从全世界招进20—30名天才少年，并启动顶尖人才招聘计划，“(让)这些天才少年像‘泥鳅’一样，钻活我们的组织，激活我们的队伍”。首批招录的8名天才少年均为2019届应届顶尖学生，年薪方案显示：最低为 89.6 万，最高 201 万元。消息迅速引发社会关注热议。

12 月，来自华中科技大学武汉光电国家研究中心的 2014 级直博毕业生左鹏飞接受了华为“天才计划”的 offer，一毕业就拿下最高档 200 万年薪。10 日，左鹏飞接受了长江日报记者专访，首次透露了华为对“天才少年”的要求及“学霸炼成记”。

1. 学霸的选择：婉拒多家互联网大公司，放弃 300 万年薪入职华为

1992 年出生的左鹏飞是华中科技大学的 14 级直博毕业生，博士阶段在武汉光电国家研究中心攻读计算机科学与技术专业，11 月底刚完成答辩毕业。10 日下午，长江日报记者见到了刚从实验室出来的左鹏飞，他个子很高，穿了一件时尚的黑色外套，笑容腼腆。他介绍，自己总共投了 4 家简历，华为、腾讯、阿里、深信服，4 家公司均向他抛来了橄榄枝，薪资也很可观，其中一家公司开出了年薪近 300 万元的条件，税后收入比华为高出 40%。考虑了岗位匹配、业界口碑等多个因素后，左鹏飞选择了入职华为云的存储预研部门，他特别提道：华为可以满足我的一些其他诉求，比如保持跟学术界的接触。

一开始，左鹏飞并未想到自己会成为“天才少年”中的一员。他在华为共进行了三次面试，前两次由技术专家、HR 主管和部门部长综合面试，之后，部门推荐他去参加“天才少年”，由 CTO（首席技术官）直接面试。很快，左鹏飞就收到了录用答复，并签下了最高档年薪。“华为比较看重的首先是科研成果，其次是个人研究内容和华为面试部门的契合度。”在博士期间，左鹏飞以第一作者发表了高水平论文 10 余篇，其中，以第一作者身份发表在 OSDI’2018 和 MICRO’2018 上的两篇论文，分别刷新了华中科技大学在相关领域顶级会议零的纪录。OSDI 是计算机操作系统顶级学术会议之一，而 MICRO 是计算机体系结构顶级学术会议之一，论文被这两个会议录用，其含金量甚至超过一些科学界国际顶尖期刊，难度相当于生物、医学领域在 Nature/Science/Cell 等期刊发文。知乎上一位用户形容：是无数系统领域研究者的梦想对象，可望而不可即。

2. 学霸的一天：实验室、实验室，还是实验室

关于什么是天才，左鹏飞的回答仿佛现代版鲁迅：哪里有天才？我是把别人打游戏时间都用在实验室里了。他的日常时间表是这样的，早上 8 时起床，8 时 30 分之前进实验室，学习到 11 时 30 分吃中饭，下午 2 时多到 5 时 30 分进实验室，晚饭后，晚上 6 时 30 分到 9 时 30 分在实验室，有时会待到 10 时多，才回寝室睡觉。一周 7 天，5 年几乎天天如此。

2010 年，左鹏飞从随州一中考入华中科技大学计算机专业。本科时，他按部就班地上课、偶尔会打打游戏、出去玩，打打篮球。2014 年，第一次面临就业抉择，左鹏飞忽然发现，自己在能力、经验视野上都离预期有很大出入。这时正好有一个直博（免硕士阶段）名额，左鹏飞考虑了很久：如果读研再读博，中间中断了还能拿到硕士学位，但是如果直博过程中中断了，就什么都没有了。“你一下子要投入 5 年，你心里得想得非常清楚才行，得下定一个决心”。左鹏飞给自己定下目标：“博士毕业时相对于同龄人一定要做到非常非常 outstanding。”自此，他像变了一个人一样，全身心地投入到了科研上。“一个高水平的博士毕业生，需要是一个领域里首屈一指的专家，所有人提到这个领域都会想到你的名字”。左鹏飞以此不断驱动自己，并逐渐在研究中找到了乐趣：“就像有的人喜欢弹钢琴有人喜欢唱歌一样，做科研就是我的热爱，也是我终生的事业。”每一个新想法、新发现都让他兴奋，从未感到懈怠。

3. 学霸的理想：推动中国计算机行业的发展，让技术造福每个人

“要失败很容易，一个方面不行都会失败。但如果要成功，得各方面都很强才行。这其中包括执行力、意志力、思想和视野、学习能力等等。”左鹏飞说，他心里始终有一股劲，博士阶段导师给出的所有任务，他一定会在规定时间前完成，根本不用外力来push，没有拖延症，基本实现了自己学生阶段的目标。

拿到华为的offer时，他给随州老家的父母打电话。他从语气里听出，父母十分开心，将这个消息转告给了亲戚们，亲戚们恭喜父母：你们把孩子培养得很好。左鹏飞家中有一个妹妹，父母希望能以他为榜样。

入职华为后，左鹏飞将在华为云的存储预研部门做技术创新和突破，进行一些前瞻性的研究。左鹏飞表示，之所以选择进华为，也是为了能解决更实际的问题，体验从理论研究到服务于用户的过程。

他说：我的理想就是能够在企业界做出更多技术创新和突破，推动我们国家乃至全世界计算机行业技术的发展，以一些图灵奖大师为目标，也希望自己的技术能够服务于社会，让广大民众受益，感受到技术发展带来的力量。

（资料来源：《长江日报》，2019年12月11日，记者：占思柳，通讯员：高翔。）

三、职业能力的探索

（一）用STAR法则来编写成就故事

写一个你的成就故事，包括以下要素：

(1)当时的形势(situation)。包括你面临的障碍、限制或困难。

(2)面临的任务/目标(task/target)。包括你想达到的目标、需要完成的事情。

(3)采取的行动/态度(action/attitude)。包括你的具体行动步骤，你是如何一步步克服障碍、达成目标的。

(4)取得的结果(results)。包括你取得了什么成就。

这个成就故事可以有关你的学习或者工作，也可以是娱乐活动或家庭生活中所发生的事情，不一定是惊天动地的大事，只要故事符合以下两条标准：一是你喜欢做这件事时体验到的感受；二是你为完成它所带来的结果感到自豪。如果同时你还获得了他人的认可那就更好了。

写完之后在小组中逐一进行分析讨论，分析其中所反映的个人技能，看看在这些故事中是否有重复出现的技能，并将这些技能按优先次序加以排列。

【案例阅读】

成就故事

这学期，作为师范生的必要培训内容之一，我们的教学技能培训课要求我们在学期当中必须自选题目并用 PPT 进行一次演示讲解。在此之前，我没有学过如何制作 PPT。

我请同宿舍的一位同学用了大约二十分钟的时间教我 PowerPoint 软件的基本使用方法，我又自己在学校的电脑机房琢磨了一下，并向机房的管理人员请教了几个不明白的问题。选定了我要讲的题目以后，我上网搜索了相关的资料和图片，然后制作了十分钟课程的辅助教学 PPT。

在课堂讲解演示中，由于我制作的 PPT 图片精美、文字与内容搭配得宜，我获得了 95 分的高分，并得到了老师和同学的称赞。

（资料来源：豆丁网，网址：https://www.docin.com/p－2469413 746.html，2019 年 11 月 9 日。）

（二）技能的发现

知识技能：可以在下面的知识技能词汇表清单中圈出你所知道的。如有可能，用一个更具体的词来替换这里的词汇。比如，如果你圈出了“外语”这个词，根据你所掌握的外语方面的知识，你可以把它替换成“英语”或“日语”。通常用名词表示，如：美学、会计、管理、农业、解剖学、声学、青春期、杂技、飞机、动物、古董、人类学、制陶术、工程学、地理、开胃食品、庆典、发动机、构造、仪器、椅子、娱乐、设备、仲裁、化学药品、建筑、教堂、高尔夫球、数学、城市、政府、艺术、艺术史、家庭、机构、气候、图表、衣服、时尚、天文学、语法、运动、颜色、肥料、原子、喜剧、电影、金融、手工艺品、儿童养育、计算机、财务记录、卫生保健、信仰、消防、化妆品、急救、历史、生物学、园艺、插花、植物学、外语、卫生、卡通、地理学、新闻业、商品、心理学。

自我管理技能：通常被看作个性品质而非技能，因为它被用来描述或说明人具有的某些特征。通常用形容词表示，见表 2-6。

表 2-6　形容词（自我管理技能）

活跃的——活泼的，精力充沛的
好分析的——逻辑的，批判的
精通的——娴熟的，内行的，熟练的
能说会道的——善于表达的，擅长辞令的
胆大的——勇敢的，冒险的
艺术的——美学的，优美的
攻击性强的——强有力的，好斗的
随和的——放松的，随意的

续表

坚持己见的——强调的，坚持的
有效的——多产的，有说服力的
健壮的——强壮的，肌肉发达的
有效率的——省力的，省时的
平衡的——公平的，公正的，无私的
同情的——理解的，关心的
心胸开阔的——宽容的，开明的
着重的——强调的，有力的，有把握的
有条理的——有效率的，勤勉的
精力充沛的——活泼的，活跃的，有生气的
正直的——直率的，坦率的，真诚的
热情的——热切的，热烈的
平静的——沉着的，不动摇的，镇定的
进取的——冒险的，努力的
仔细的——谨慎的，小心的
慷慨的——乐善好施的，仁慈的
清楚的——明白的，明确的，确切的
富于表现力的——生动的，有力的
聪明的——伶俐的，敏锐的，敏捷的
公平的——无私的，无偏见的
有能力的——熟练的，高效的
有远见的——明智的，有预见的
志趣相投的——愉快的，融洽的
灵活的——适应性强的，易调教的
有信心的——自信的，有把握的
坚定的——不动摇的，稳定的，不屈不挠的
常规的——传统的，认可的
大方的——慷慨的，无私的，乐善好施的
有勇气的——勇敢的，无畏的，英勇的
温和的——好心的，温柔的，有同情心的
有创造性的——新颖的，有创意的
吃苦耐劳的——坚强的，坚韧不拔的
好奇的——好问的，爱探究的
健康的——精力充沛的，强壮的，健壮的
慎重的——小心的，审慎的
诚实的——真诚的，坦率的
谨慎的——小心的，精明的
特意的——有目的的，故意的
拘谨的——矜持的，客气的

续表

忠诚的——真诚的，忠实的，坚定的 反应灵敏的——活泼的，能接纳的 小心翼翼的——精确的，完美主义的 负责的——充分考虑的，成熟的 有条理的——系统的，整洁的，精确的 严肃的——冷静的，认真的，坚决的 观察敏锐的——专注的，留心的，警觉的 精明的——机敏的，爱算计的，机警的 头脑开放的——接纳的，客观的 真诚的——诚恳的，可信的，诚挚的 有秩序的——整洁的，训练有素的，整齐的 好交际的——随和的，亲切的 独创的——创造性的，罕有的 稳定的——坚固的，稳固的，可靠的 充满热情的——狂喜的，强烈的，热心的 有说服力的——令人信服的 完全的——彻底的，全部的

可迁移技能：一个人能做、会做的事，比如教学、组织、说服、设计、考察、分析、搜索等等。它们可以从生活中的方方面面，特别是工作之外得到发展，却可以迁移应用于不同的工作之中。可迁移技能也是个人最能持续运用和最能够依靠的技能。通常用动词表示，如：

执行　照顾　巩固　指导　声称　编辑　建设　洞察　适应　制图　联系　发现　管理　选择　控制　拆除　装配　分类　烹调　展示　劝告　打扫　协调　证明　开玩笑　攀登　培养　鼓励　分析　训练　纠正　绘制　预测　收集　联络　训练　申请　着色　咨询　驾驶　评价　交流　计数　安排　比较　创造　授受　评估　完成　决定　忍耐　权衡　集中　设计　估计　协助　构成　代表　提高　参加　领会　运送　娱乐　审核　计算　证明　建立　美化　调和　探测　膨胀　预算　面对　发展　解释　购买　联结　发明　探索　保存　诊断　表达　促进　领导　生产　分享　喂养　学习　编程　运送　感受　搬运　提升　演出　填充　倾听　校对　简化　融资　装载　保护　唱歌　调整　定位　提供　装配　维修　交际　追随　制造　宣扬　分类　预见　测量　演讲　伪造　操纵　提问　拼写　构成　调解　阅读　驾驶　阐述　推理　激励　测量　记忆　记录　建议　给予　指导　招聘　总结　统治　减少　监督　引导　修改　讲述　合成　处理　教导　研究　收获　激发　回忆　列表　识别　养育　描绘　举例　观察　研究　测验　执行　操作　解决　贸易　即兴表演　创造　找回　翻译

(1)我最重要的五项自我管理技能（形容词）。

____

(2)我最重要的五项可迁移技能(动词)。

---

(3)我最重要的五项专业知识技能(名词)。

技能词汇表的词汇丰富,可以启发思路,让个人更全面地看到自己所拥有的技能。对自我技能进行探索的目的,就是要帮助个体认识到自己在已往的岁月中其实已经掌握了相当多的技能,从而能够对自己有更好的定位,做到"扬长避短"。

(三)生涯人物访谈

向实际从事某一职业的人了解该职业的技能要求。通常,用这种方法可以比较详细、具体地了解特定职业不为常人所知的要求,可以有效地帮助个人在进入某一行业前做好职业方面的技能准备。

我从"生涯人物访谈"所收集到的有关职业技能要求的信息有:

(四)GATB一般能力倾向测验(详见第三章第三节)

思考题:

1. 简要介绍当前你已经熟练掌握的能力有哪些?其中哪些能运用到未来的工作中?
2. 根据STAR法则,编写3个与能力有关的成就故事。
3. 结合你自身情况,谈谈如何才能培养自身形成良好的职业能力。

第四节 价值观探索

价值观,决定你需要做什么。价值观作为一个人生涯选择和发展的"导航仪",不仅是个体生涯发展最核心的东西,也是个体生涯选择和决策最重要的影响因素。本节与你一起探讨价值观的概念、特点、类型,价值观与职业理想的关系,树立正确的价值观的重要性和方法。重点介绍价值观与职业生涯的关系,价值观澄清理论,认识并探索职业价值观,深入地了解和调整自己的职业价值观,并以价值观为指导树立正确的职业理想与职业精神,培养自己与社会相适应的职业品质。

一、价值观的概述

价值观(values)是人按照客观事物对其自身及社会的意义或重要性进行评价和选择的原则、信念和标准。

价值观对个人的思想和行为具有一定的导向或调节作用，直接影响着个体对各种观念、事物和行为的判断，使个体发现事物对自己的意义，确定自己奋斗的目标，并按照自己认为有价值的事情或目标去做。因此，是否符合一个人的价值观，是个体判断该事物和行为是否有价值的标准。因此，价值观为人自认为正当的行为提供充分的理由，是浸透于整个个性之中支配着人的行为、态度、观点、信念、理想的一种内心尺度。

价值观是后天形成的，从出生开始，在家庭和社会的影响下，随着知识的增长和生活经验的积累而逐渐形成，到成年时期相对稳定。一个人所处的社会生产方式及其所处的经济地位，对其价值观的形成有决定性的影响。

美国心理学家洛特克(Rokeach)在其所著《人类价值观的本质》一书中，提出 13 种职业价值观：成就感，对美感的追求，挑战，健康，收入与财富，独立性，爱、家庭与人际关系，道德感，欢乐，权力，安全感，自我成长和社会交往。

(1)成就感：提升社会地位，得到社会认同，希望工作能受到他人的认可，对工作的完成和挑战成功感到满足。

(2)对美感的追求：能有机会多方面地欣赏周围的人、事、物，或任何自己觉得重要且有意义的事物。

(3)挑战：能有机会运用聪明才智来解决困难，舍弃传统的方法，而选择创新的方法处理事物。

(4)健康，包括身体和心理两方面，工作能够免于焦虑、紧张和恐惧，能够让一个人心平气和地处理问题。

(5)收入与财富：工作能够明显、有效地改变自己的财务状况，收入和财富能够满足自己的价值需求。

(6)独立性：在工作中能有弹性，可以充分掌握自己的时间和行动，自由度比较高。

(7)爱、家庭、人际关系：关心他人，与他人分享，协助他人解决问题，体贴、关爱，对周围的人慷慨。

(8)道德感：与组织的目标、价值观和工作使命能够不相冲突，紧密结合。

(9)欢乐：受生命，结交新朋友，与别人共处，一同享受美好时光。

(10)权力：能够影响或控制一些人，使其照着自己的意思去行动。

(11)安全感：能够满足基本的需求，有安全感，不会被突如其来的变动所打倒。

(12)自我成长：能够追求知识上的刺激，寻求更圆满的人生，在智慧、知识与人生的体会上有所提升。

(13)协助他人：认识到自己的付出对团体是有帮助的，别人因为你的行为而受惠颇多。

洛特克教授认为，在一个人的职业价值观体系中，以上 13 个要素是最为核心的，是建立正确职业价值观的关键，也能够带给你幸福的人生。

二、价值观与职业生涯

价值观体现了一个人真正想从职业中得到什么，它决定了个体对工作的相对稳定的、内在的追求，对于个体的职业选择与发展起着不可替代的方向导引及动力维持的作用。

(一)价值观关系到个体的职业选择

价值观在人们的职业生涯发展中起到极其重要的、决定方向性的作用，甚至往往超过了兴趣和性格对我们的影响。在进行职业选择中，人们面对多种选择机会，不同的人选择不同的行业或职业，归根结底取决于自身的价值观。由于个人的身心条件、年龄阅历、教育状况、家庭影响、兴趣爱好等方面的不同，人们对各种职业有着不同的主观评价。由于社会分工的不同，各种职业在劳动性质的内容、劳动难度和强度、劳动条件和待遇、所有制和稳定性上都存在差别，再加上传统的思想观念的影响，各类职业在人们心目中的声望地位也有好坏高低之分，这些评价就形成了人们的职业价值观，影响着人们对就业方向和具体职业岗位的选择。大量研究表明，个人总是倾向于选择那些能满足其价值观追求的工作。因此，价值观在个人职业发展中发挥着重要的作用。当然，我们在选择职业时，也会经常有矛盾和冲突，是选择坚持到底还是妥协放弃，我们的价值观也会起到关键作用。

(二)价值观推动个体的职业发展

个人由于所处的生涯发展阶段、社会环境的不同，他的需求也会发生改变，从而导致价值观发生变化。如刚毕业的大学生常把更多机遇、更好待遇作为职业的首要选择，在工作一段时间之后，工作的稳定性和舒适性成为重点考虑的问题，在工作了几年之后，是否符合自己的兴趣爱好，兼顾家庭成为他们的首要目标。因此，我们需要不断地审视和澄清自己的价值观。一个人只有真正明确了自己的价值观，知道什么对自己最重要，懂得自己想要从工作和生活中获得什么时，他的职业生涯目标才会更加清晰。

此外，时代的巨大变迁、多元价值体系的冲击，我们身处的社会环境发生变化，也会导致原有的价值观念发生改变。在计划经济体制时期，提倡的是“干一行，爱一行”“我是革命的一块砖，哪里需要往哪里搬”；改革开放以后，“尊重个体的差异和独特性、充分发挥个人才能”逐渐被越来越多的人所接受。但不管在哪一个历史时期，把国家、民族和人民的需要放在首位，自觉把小我融入大我，在奉献国家、振兴民族和服务人民中实现自我价值，都是时代和社会所推崇的主流价值观。

【案例阅读】

孰对孰错？

有三个人，要被同时关进监狱，时间都是三年。事前，监狱长答应满足每个人一个要求。美国人爱抽雪茄，要了三箱雪茄烟；法国人爱浪漫，要了一个美丽的女子相伴；犹太人则要求给自己安装一部电话。三年很快过去了，美国人从烟雾缭绕中走了出来；法国人出来时，怀里抱着一个孩子，旁边女人的手里牵着一个孩子，肚子里还怀着一个孩子；犹太人出来后，紧紧握着监狱长的手说："谢谢监狱长，三年来，我天天与外界联系，生意丝毫没有受到影响。虽然我人在监狱，却一样赚了不少钱。"

很难说三个人的选择孰对孰错，因为他们的选择只是每个人不同价值观的反映而已，他们每个人只是根据自己的价值观选择了自己所认同的生活方式，也就影响了每一个人今后的职业方式。

（资料来源：赵培勇主编，《毕业不失业职业生涯步步高》，机械工业出版社，2009 年版）

三、职业价值观的探索

（一）我生命中最宝贵的五样

这是一项探索个体价值观的练习。给大家五分钟时间，请大家安静地认真思考，然后写下你认定的生命中最宝贵的五样东西。

接下来，请同学们逐一删去你认为五样中不那么重要的项目，最后只留下一项。练习结束后，请同学们仔细思考：最终留下的，是不是你生命中最宝贵的东西，是不是你生命存在的意义？

（二）价值观想象

（1）如果我有 1000 万美元，我将________________________________。

（2）在一生中最想要的是________________________________。

（3）如果我只剩下 24 小时的生命，那我将________________________________。

（4）我将给我的孩子的忠告是________________________________。

（5）假如我能改变自己一样东西，那么它将会是________________________________。

思考：你最期待从工作中获得什么？

____

（三）课堂活动

价值观拍卖会

同学们，如果你们有 5000 元，你希望得到什么？每人分发一张购买清单，清单上列有今天所有的"拍卖品"，请先记录下你最想购买的 1—2 样东西。

所有拍卖品底价均为 500 元，你们可以竞拍你们想要的东西，每次出价至少以 100 元为单位递增，但不超过 1000 元的幅度上升。价高者得，如有一口出价 5000 元的，立即成交。同学们将会收到相应的卡片，请将自己花了多少钱记在上面。

按拍卖的规则进行，售完为止，然后请认真考虑买回来的东西。

浪漫的爱情　忠实的朋友　温馨的家庭　热爱的工作　美丽的容颜　无尽的财富
无上的权力　世人的赞誉　无拘的自由　永远的青春　一生的快乐　一世的健康
丰富的阅历　渊博的学识　卓越的能力　绝世的才华　超凡的智慧　辉煌的成就

分享感受：

①你买了什么，说说为什么？

②你是否买到了你最想买的东西？如果没有，说说为什么？

③你是否后悔得到你所买的东西？为什么？

④有没有同学什么都没有买？为什么不买？

小结：拍卖会上拍卖的东西都很珍贵，有的同学买到了自己最想买的东西并且没有感到后悔，说明你的价值观首先得到了你自己的肯定；有的同学后悔买到的东西，虽然有点遗憾，但是你已经摒弃错误的价值观念，开始探索新的价值；还有的同学什么都没有买到，可能你的出价不如别人高，这说明为了你最想得到的东西，你付出的努力还不够，你还不舍得全力以赴；也可能是你并没有很想要的东西，这说明你还没有明确的自我价值观，经历了这次价值大拍卖以后，每个同学对自己都有了新的认识，新的方向。

(四)价值观清单(分类卡)

信仰　道德理想　有益社会　帮助他人　影响他人　归属感　知识　团队合作　赏识认可　发挥专长　挑战难题　友谊创新　同事关系　结构性和可预见性　独立　正直的工作关系　审美　工作地点　人际联系　艺术创造　单独工作　机会均等　督导　符合兴趣爱好　建设性表达　实用性　决策力　快节奏　环保　晋升　传统　精确性工作　快速—难度学习　刺激　冒险　变化　多元化　权力　工作—生活的平衡　保障　家庭　高收入　工作节奏平缓　社会地位　常规性　身体挑战　单位知名度　高压工作环境　人身安全　时间自由　竞争　利润　专业地位　前沿领域工作　轻松的工作环境

非常重视________________________

比较重视________________________

有时重视________________________

很少重视________________________

不重视__________________________

(五)WVI 职业价值观测验(详见第三章第四节)

第三章
职业测评

职业测评是心理测验的一个分支，在学术上被广泛认可的心理测验的定义是“行为样组的客观的标准的测量”。科学的职业测评以特定的理论为基础，经过设计问卷、抽样、统计分析、建立常模等程序编制，必须符合三个条件：信度、效度和常模。信度是指一个测验的可靠性，即用同一测验多次测量同一团体，所得结果之间的一致性程度。效度是指一个测验的有效性，即一个测验在多大程度上能够测到它所要测量的心理特质。常模是指每一位被试的心理测验都有一个原始分数，通常情况下这个分数没有实际意义，除非这个分数能与别人比较。

职业测评的目的是实现人适其职，职得其人；人尽其才，才尽其用。它在研究、咨询、辅导和组织对员工的职业生涯开发中都占据重要的地位，是不可或缺的工具。职业测评包括许多功能，企业需要它，各种组织需要它，个人也需要它。它能服务于人力资源规划，为招聘、安置、考核、晋升提供依据，同时也是个人择业的参考，是职业生涯规划与开发的基础。通过职业测评，无疑可以实现组织和个人双赢的目的。具体来说，职业测评的功能包括预测功能、诊断功能、区别功能、比较功能、探测功能、评估功能。

本章将围绕职业性格、职业兴趣、职业能力和职业价值观四个方面，介绍八种标准化、信效度良好、应用广泛的职业测评量表，通过职业测评的科学性、客观性、可比较的功能来了解自我。

第一节　职业性格测评

人的性格倾向，就像分别使用自己的两只手写字一样，都可以写出来，但惯用的那只手写出的会比另一只更好。每个人都会沿着自己所属的类型发展出个人行为、技巧和态度，而每一种也都存在着自己的潜能和潜在的盲点。职业性格测评主要探讨各种性格类型与相关职业的匹配程度。也就是说一个人的个性特征与其工作岗位、所选职位都有着紧密的联系，一个人的性格特征也是影响才能发挥的重要因素。目前较为流行的自测量表有 MBTI 职业人格测评、卡特尔 16 种人格因素测验、九型人格测试等。

一、MBTI 职业人格量表

(一)“MBTI 核心规则”及“MBTI 施测流程和行为规范”

MBTI 的第一张量表于 1942 年问世,之后不断修订、完善,全球不同研究机构根据本土的语言习惯和文化背景开发了 10 多个版本的高信效度量表。虽然 MBTI 模型通俗易懂,但实际上 MBTI 测试仍需要遵循相应的施测流程和行为规范。所以,测试者在测试前请务必阅读以下“MBTI 核心规则”及“MBTI 施测流程和行为规范”。

1. MBTI 核心规则

MBTI 核心规则可以浓缩成三个短句:倾向不是能力(type not trait)、自己的判断才是最符合的判断(own best judge)、类型无对错(no right or wrong)。

(1)MBTI 类型不显示能力的强度。问卷通过偏好来确定倾向,而不是能力强度或程度的能力。

(2)个人所认为的自己的类型往往是最符合其自己的判断。MBTI 问卷提供报告的类型,可以被认为是可以参照的整体概貌。最佳拟合的过程通常是通过受测者对 MBTI 四维度两分法的理解,形成其自己的假设的整体类型,并和报告的类型相比较。通过比对,可以帮助受测者确定自己的最佳拟台。

(3)类型或偏好没有孰对孰错、孰好孰坏。没有偏好或总的类型被认为比另一种更好或更糟。不同偏好的人有着不同的天赋。

2. 施测流程

第 1 步调整心态:MBTI 只测试自己的性格类型,而不同性格类型之间没有优劣之分;请放松心情,最大限度地摆脱各种外部环境的压力,尽量展现真实的自我。

第 2 步测试的目的是了解真实的自己,而不是别人所期待的你,因此在回答问卷时不是考虑哪样更好,而是哪样更符合你自己。

第 3 步答问卷:尽量在一种不假思索的状态下答题,无须过分思考“这道题是测什么的”。遇到一些觉得很纠结,无法取舍的问题是正常的,尽可能选择你在放松时最可能的倾向。

第 4 步将第一步测试结果提供的性格类型描述不同部分与自我感觉相比较:通俗描述、气质类型、优势及潜在弱点是否吻合。

第 5 步若希望尽可能精确自己的性格类型,可以进一步测试 MBTI 第二步。

3. 行为规范

受测者需始终处于轻松自如、零压力的状态下完成问卷。受测者必须正确实施每一个步骤,以便准确理解 MBTI 的测试结果。MBTI 量表的分值代表了受测者对自身性格类型的清楚程度,而非其占有某种性格特征的完全程度或者表现强度;MBTI 提供的性格类型描述仅供受测者确定自己的性格类型之用,MBTI 的有效性取决于施测中规范、有序地执行每一个环节。

MBTI 已经有了七十多年的广泛应用，实践证明该模型是行之有效的，而这有赖于我们恪守施测流程和测试行为规范。只有这样，MBTI 才能真正帮助我们认识自我、发现自我，迈出职业发展和职业规划最重要的一步。

（二）MBTI 职业人格量表

请仔细阅读下面的 93 道题目，根据自己实际情况进行作答，答案没有对错之分只是表明你平时如何看待和处理事物的。有些题目可能与你不符或你从未考虑过，如有这种情况请选出一个你个人倾向性的答案。在答题过程中不得漏题，在同一题目上不要考虑太多时间，请根据自己看完题后的第一反应回答。整个测试过程建议施测时间为 20 分钟。

第 1 部分　哪一个答案最能贴切的描绘你一般的感受或行为？

序号	问题描述	选项	E	I	S	N	T	F	J	P
1	当你要外出一整天，你会：	A								
	A.计划你要做什么和在什么时候做　B.说去就去	B								
2	你认为自己是一个：	A								
	A.较为随兴所至的人　B.较为有条理的人	B								
3	假如你是一位老师，你会选教：	A								
	A.以事实为主的课程　B.涉及理论的课程	B								
4	你通常：	A								
	A.与人容易混熟　B.比较沉静或矜持	B								
5	一般来说，你和哪些人比较合得来？	A								
	A.富于想象力的人　B.现实的人	B								
6	你是否经常让：	A								
	A.你的情感支配你的理智　B.你的理智主宰你的情感	B								
7	处理许多事情上，你会喜欢：	A								
	A.凭兴所至行事　B.按照计划行事	B								
8	你是否：	A								
	A.容易让人了解　B.难于让人了解	B								
9	按照程序表做事：	A								
	A.合你心意　B.令你感到束缚	B								
10	当你有一份特别的任务，你会喜欢：	A								
	A.开始前小心组织计划　B.边做边找须做什么	B								
11	在大多数情况下，你会选择：	A								
	A.顺其自然　B.按程序表做事	B								

续表

序号	问题描述	选项	E	I	S	N	T	F	J	P
12	大多数人会说你是一个：	A								
	A.重视自我隐私的人　B.非常坦率开放的人	B								
13	你宁愿被人认为是一个：	A								
	A.实事求是的人　B.机灵的人	B								
14	在一大群人当中，通常是：	A								
	A.你介绍大家认识　B.别人介绍你	B								
15	你会跟哪些人做朋友？	A								
	A.常提出新主意的　B.脚踏实地的	B								
16	你倾向：	A								
	A.重视感情多于逻辑　B.重视逻辑多于感情	B								
17	你比较喜欢：	A								
	A.坐观事情发展才做计划　B.很早就做计划	B								
18	你喜欢花很多的时间：	A								
	A.一个人独处　B.合别人在一起	B								
19	与很多人一起会：	A								
	A.令你活力倍增　B.常常令你心力交瘁	B								
20	你比较喜欢：	A								
	A.很早便把约会、社交聚集等事情安排妥当 B.无拘无束，看当时有什么好玩就做什么	B								
21	计划一个旅程时，你较喜欢：	A								
	A.大部分的时间都是跟当天的感觉行事 B.事先知道大部分的日子会做什么	B								
22	在社交聚会中，你：	A								
	A.有时感到郁闷　B.常常乐在其中	B								
23	你通常：	A								
	A.和别人容易混熟　B.趋向自处一隅	B								
24	哪些人会更吸引你？	A								
	A.一个思维敏捷及非常聪颖的人 B.实事求是，具丰富常识的人	B								
25	在日常工作中，你会：	A								
	A.颇为喜欢处理迫使你分秒必争的突发事件 B.通常预先计划，以免要在压力下工作	B								

续表

序号	问题描述	选项	E	I	S	N	T	F	J	P
26	你认为别人一般：	A								
	A.要花很长时间才认识你　B.用很短的时间便认识你	B								

第 2 部分　你更容易喜欢或倾向哪一个词？

请仔细想想这些词语的意义，而不要理会他们的字形或读音。

序号	问题描述	选项	E	I	S	N	T	F	J	P
27	A.注重隐私　B.坦率开放	A								
		B								
28	A.预先安排的　B.无计划的	A								
		B								
29	A.抽象　B.具体	A								
		B								
30	A.温柔　B.坚定	A								
		B								
31	A.思考　B.感受	A								
		B								
32	A.事实　B.意念	A								
		B								
33	A.冲动　B.决定	A								
		B								
34	A.热衷　B.文静	A								
		B								
35	A.文静　B.外向	A								
		B								
36	A.有系统　B.随意	A								
		B								
37	A.理论　B.肯定	A								
		B								
38	A.敏感　B.公正	A								
		B								

续表

序号	问题描述	选项	E	I	S	N	T	F	J	P
39	A.令人信服　　B.感人的	A								
		B								
40	A.声明　　B.概念	A								
		B								
41	A.不受约束　　B.预先安排	A								
		B								
42	A.矜持　　B.健谈	A								
		B								
43	A.有条不紊　　B.不拘小节	A								
		B								
44	A.意念　　B.实况	A								
		B								
45	A.同情怜悯　　B.远见	A								
		B								
46	A.利益　　B.祝福	A								
		B								
47	A.务实的　　B.理论的	A								
		B								
48	A.朋友不多　　B.朋友众多	A								
		B								
49	A.有系统　　B.即兴	A								
		B								
50	A.富想象的　　B.以事论事	A								
		B								
51	A.亲切的　　B.客观的	A								
		B								
52	A.客观的　　B.热情的	A								
		B								
53	A.建造　　B.发明	A								
		B								
54	A.文静　　B.爱合群	A								
		B								

续表

序号	问题描述	选项	E	I	S	N	T	F	J	P
55	A.理论　　B.事实	A								
		B								
56	A.富同情　　B.合逻辑	A								
		B								
57	A.具分析力　　B.多愁善感	A								
		B								
58	A.合情合理　　B.令人着迷	A								
		B								

第 3 部分　哪一个答案最能贴切地描绘你一般的感受或行为？

序号	问题描述	选项	E	I	S	N	T	F	J	P
59	当你要在一个星期内完成一个大项目，你在开始的时候会：	A								
	A.把要做的不同工作依次列出 B.马上动工	B								
60	在社交场合中，你经常会感到：	A								
	A.与某些人很难打开话匣儿和保持对话 B.与多数人都能从容地长谈	B								
61	要做许多人也做的事，你比较喜欢	A								
	A.按照一般认可的方法去做 B.构想一个自己的想法	B								
62	你刚认识的朋友能否说出你的兴趣？	A								
	A.马上可以 B.要待他们真正了解你之后才可以	B								
63	你通常较喜欢的科目是：	A								
	A.讲授概念和原则的 B.讲授事实和数据的	B								
64	哪个是较高的赞誉，或称许为？	A								
	A.一贯感性的人 B.一贯理性的人	B								

续表

序号	问题描述	选项	E	I	S	N	T	F	J	P
65	你认为按照程序表做事：	A								
	A.有时是需要的，但一般来说你不大喜欢这样做， B.大多数情况下是有帮助而且是你喜欢做的	B								
66	和一群人在一起，你通常会选：	A								
	A.跟你很熟悉的个别人谈话 B.参与大伙的谈话	B								
67	在社交聚会上，你会：	A								
	A.是说话很多的一个 B.让别人多说话	B								
68	把周末期间要完成的事列成清单，这个主意会：	A								
	A.合你意 B.使你提不起劲	B								
69	哪个是较高的赞誉，或称许为？	A								
	A.能干的 B.富有同情心	B								
70	你通常喜欢：	A								
	A.事先安排你的社交约会 B.随兴之所至做事	B								
71	总的说来，要做一个大型作业时，你会选：	A								
	A.边做边想该做什么 B.首先把工作按步细分	B								
72	你能否滔滔不绝地与人聊天：	A								
	A.只限于跟你有共同兴趣的人 B.几乎跟任何人都可以	B								
73	你会：	A								
	A.跟随一些证明有效的方法 B.分析还有什么毛病，及针对尚未解决的难题	B								
74	为乐趣而阅读时，你会：	A								
	A.喜欢奇特或创新的表达方式 B.喜欢作者直话直说	B								
75	你宁愿替哪一类上司(或者老师)工作？	A								
	A.天性淳良，但常常前后不一的 B.言辞尖锐但永远合乎逻辑的	B								

续表

序号	问题描述	选项	E	I	S	N	T	F	J	P
76	你做事多数是：	A								
	A.按当天心情去做 B.照拟好的程序表去做	B								
77	你是否：	A								
	A.可以和任何人按需求从容地交谈 B.只是对某些人或在某种情况下才可以畅	B								
78	要做决定时，你认为比较重要的是：	A								
	A.据事实衡量 B.考虑他人的感受和意见	B								

第 4 部分　在下列每一对词语中，哪一个词语更合你心意？

序号	问题描述	选项	E	I	S	N	T	F	J	P
79	A.想象的 B.真实的	A								
		B								
80	A.仁慈慷慨的 B.意志坚定的	A								
		B								
81	A.公正的 B.有关怀心	A								
		B								
82	A.制作 B.设计	A								
		B								
83	A.可能性 B.必然性	A								
		B								
84	A.温柔 B.力量	A								
		B								
85	A.实际 B.多愁善感	A								
		B								
86	A.制造 B.创造	A								
		B								
87	A.新颖的 B.已知的	A								
		B								
88	A.同情 B.分析	A								
		B								

续表

序号	问题描述	选项	E	I	S	N	T	F	J	P
89	A.坚持己见	A								
	B.温柔有爱心	B								
90	A.具体的	A								
	B.抽象的	B								
91	A.全心投入	A								
	B.有决心的	B								
92	A.能干	A								
	B.仁慈	B								
93	A.实际	A								
	B.创新	B								

第 5 部分　评分规则

当你将○涂好，把 8 项(E、I、S、N、T、F、J、P)分别加起来，并将总和填在每项最下方的方格内，请复查你的计算是否准确。

每项总分

外向	E		内向	I
实感	S		直觉	N
思考	T		情感	F
判断	J		认知	P

第 6 部分　类型的确定

1. MBTI 以四个组别来评估你的性格类型倾向：以“E—I”“S—N”“T—F”和“J—P”四个组别来评估你的性格类型倾向。请你比较四个组别的得分。每个子别中，获得较高分数的那个类型，就是你的性格类型倾向。例如：你的得分是：E(外向)12 分，I(内向)9 分，那你的类型倾向便是 E(外向)了。

2. 将代表获得较高分数的类型的英文字母，填在下方的方格内。如果在一个组别中，两个类型获同分，则依据下边表格中的规则来决定你的类型倾向。

将代表获得较高分数的类型的英文字母，填在下方的方格内。同分处理规则，假如 E=I，请填上 I；假如 S=N，请填上 N；假如 T=F，请填上 F；假如 J=P，请填上 P。

评估类型

二、卡特尔16种人格因素测验

有关性格的自测量表很多，而最著名的是美国心理学家卡特尔编制的16种人格因素测验。卡特尔16种性格因素测验从乐群性、智慧性、稳定性、恃强性、兴奋性、有恒性、敢为性、敏感性、怀疑性、幻想性、世故性、忧虑性、实验性、独立性、自律性、紧张性16个相对独立的性格维度对人进行评价，能够较全面地反映人的性格特点，该测验共由187道题组成，在职业指导及人员选拔领域被广泛运用。以下为卡特尔16种性格因素测验的测试题及评分标准。

第1部分　试题填答

卡特尔16种人格因素测量包括一些有关个人兴趣和态度的问题，每个人都有自己不同的看法和观点，回答自然不同，请仔细阅读每一道题，并根据自己看完题后的第一反应进行回答，无所谓正确与错误，请被试者尽量表达自己的意见，回答时请注意以下四点。

(1)请不要费时斟酌，应当顺其自然地依你个人的反应做出回答。全部试题在大约45分钟内答完。

(2)除非不得已的情况下，尽量不要选择“介于A、C之间”或“不甚确定”这样的中性答案。

(3)请不要漏答，必须对每一问题作答，有些问题似乎不符合你，有些问题又似乎涉及隐私，但本测验的目的是测验个性因素，希望被试者能如实回答。

(4)作答时请坦白表达自己的兴趣与态度，不必考虑主试者或其他人的主观意见与立场。

1	我很明了本测试的说明：	A.是的 B.不一定 C.不是的
2	我对本测试的每一小问题，都能做到诚实地回答：	A.是的 B.不一定 C.不同意
3	如果我有度假机会的话，我愿意：	A.到一个繁华的城市去旅行 B.介于AC之间 C.浏览清静而偏僻的山区
4	我有足够的能力应付各种困难：	A.是的 B.不一定 C.不是的
5	即使是关在铁笼里的猛兽，我见了也会感到惴惴不安：	A.是的 B.不一定 C.不是的

续表

6	我总是不敢大胆批评别人的言行：	A.是的 B.有时如此 C.不是的
7	我的思想似乎：	A.比较先进 B.一般 C.比较保守
8	我不擅长说笑话，讲有趣的事：	A.是的 B.介于 AC 之间 C.不是的
9	当我见到邻居或亲友争吵时，我总是：	A.任其自己解决 B.置之不理 C.予以劝解
10	在社交场合中，我：	A.谈吐自然 B.介于 AC 之间 C.保持沉默
11	我愿意做一个：	A.建筑工程师 B.不确定 C.社会科学研究者
12	阅读时，我喜欢选读：	A.自然科学书籍 B.不确定 C.政治理论书籍
13	我认为很多人都有些心里不正常，只是他们不愿承认：	A.是的 B.介于 AC 之间 C.不是的
14	我希望我的爱人擅长交际，无须具有文艺才能：	A.是的 B.不一定 C.不是的
15	对于性情急躁、爱发脾气的人，我仍能以礼相待：	A.是的 B.介于 AC 之间 C.不是的
16	受人侍奉时我常常局促不安：	A.是的 B.介于 AC 之间 C.不是的
17	在从事体力或脑力劳动之后，我总是需要有比别人更多的休息时间，才能保持工作效率：	A.是的 B.介于 AC 之间 C.不是的

续表

18	半夜醒来，我常常为种种不安而不能入睡：	A.常常如此 B.有时如此 C.极少如此
19	事情进行的不顺利时，我常常急得涕泪交流：	A.从不如此 B.有时如此 C.时常如此
20	我认为只要双方同意就可离婚，可以不受传统观念的束缚：	A.是的 B.介于 AC 之间 C.不是的
21	我对人或物的兴趣很容易改变：	A.是的 B.介于 AC 之间 C.不是的
22	工作中，我愿意：	A.和别人合作 B.不确定 C.自己单独进行
23	我常常无缘无故地自言自语：	A.常常如此 B.偶尔如此 C.从不如此
24	无论是工作，饮食或外出旅游，我总是：	A.匆匆忙忙不能尽兴 B.介于 AC 之间 C.从容不迫
25	有时我怀疑别人是否对我的言谈真正有兴趣：	A.是的 B.介于 AC 之间 C.不是的
26	如果我在工厂里工作，我愿做：	A.技术科的工作 B.介于 AC 之间 C.宣传科的工作
27	在阅读时我愿阅读：	A.有关太空旅行的书籍 B.不太确定 C.有关家庭教育的书籍
28	本题后面列出三个单词，哪个与其他两个单词不是同类	A.狗 B.石头 C.牛
29	如果我能到一个新的环境，我要：	A.把生活安排的和从前不一样 B.不确定 C.和从前相仿

续表

30	在我的一生中,我总觉得我能达到我所预期的目标:	A.是的 B.不一定 C.不是的
31	当我说谎时总觉得内心羞愧不敢正视对方:	A.是的 B.不一定 C.不是的
32	假使我手里拿着一颗装着子弹的手枪,我必须把子弹拿出来才能安心:	A.是的 B.介于 AC 之间 C.不是的
33	多数人认为我是一个说话风趣的人:	A.是的 B.不一定 C.不是的
34	如果人们知道我内心的世界,他们会大吃一惊:	A.是的 B.不一定 C.不是的
35	在公共场合,如果我突然成为大家注意的中心,就会感到局促不安:	A.是的 B.介于 AC 之间 C.不是的
36	我总喜欢参加规模庞大的晚会或集会:	A.是的 B.介于 AC 之间 C.不是的
37	在学科中,我喜欢:	A.音乐 B.不一定 C.手工劳动
38	我常常怀疑那些出乎我意料地对我过于友善的人的动机是否诚实:	A.是的 B.介于 AC 之间 C.不是的
39	我愿意把我的生活安排得像一个:	A.艺术家 B.不确定 C.会计师
40	我认为目前世界所需要的是:	A.多出现一些富有改善世界计划的理想家 (B 不确定 C.脚踏实地的实干家
41	有时候我觉得我需要剧烈的体力劳动:	A.是的 B.介于 AC 之间 C.不是的

续表

42	我愿意跟有教养的人来往而不愿意同粗鲁的人交往：	A.是的 B.介于AC之间 C.不是的
43	在处理一些必须凭借智慧的事务中，我的亲人：	A.表现得比一般人差 B.普通 C.表现的超人一等
44	当领导(或老师)召见我时，我：	A.总觉得可以趁机提出建议 B.介于AC之间 C.总怀疑自己做错事
45	如果待遇优厚，我愿意做护理精神病人的工作：	A.是的 B.介于AC之间 C.不是的
46	读报时，我喜欢读：	A.当今世界的基本问题 B.介于AC之间 C.地方新闻
47	我曾担任过：	A.一种职务 B.多种职务 C.非常多的职务
48	在游览时，我宁愿观看一个画家的写生，也不愿听大家的辩论：	A.是的 B.不一定 C.不是的
49	我的神经脆弱，稍有点刺激就会战栗：	A.时常如此 B.有时如此 C.从不如此
50	早晨起来，常常感到疲乏不堪：	A.是的 B.介于AC之间 C.不是的
51	如果待遇相同，我愿选做：	A.森林管理员 B.不一定 C.中小学教员
52	每逢过年过节或亲友结婚时，我：	A.喜欢相互赠送礼品 B.不太确定 C.不愿相互送礼
53	本题后列有三个数字，哪个数字与其他两个数字不同类：	A.5 B.2 C.7

续表

54	猫和鱼就像牛和：	A.牛奶 B.牧草 C.盐
55	在做人处世的各个方面，我的父母很值得敬佩：	A.是的 B.不一定 C.不是的
56	我觉得我确实有一些别人所不及的优良品质：	A.是的 B.不一定 C.不是的
57	只要有利于大家，尽管别人认为卑贱的工作，我也乐而为之，不以为耻：	A.是的 B.不太确定 C.不是的
58	我喜欢看电影或参加其他娱乐活动的次数：	A.比一般人多 B.和一般人相同 C.比一般人少
59	我喜欢从事需要精密技术的工作：	A.是的 B.介于 AC 之间 C.不是的
60	在有威望有地位的人面前，我总是较为局促谨慎：	A.是的 B.介于 AC 之间 C.不是的
61	对于我来说在大众面前眼见或表演，是一件难事：	A.是的 B.介于 AC 之间 C.不是的
62	我愿意：	A.指挥几个人工作 B.不确定 C.和同志们一起工作
63	即使我做了一件让别人笑话的事，我也能坦然处之：	A.是的 B.介于 AC 之间 C.不是的
64	我认为没有人会幸灾乐祸的希望我遇到困难：	A.是的 B.不确定 C.不是的
65	一个人应该考虑人生的真正意义：	A.是的 B.不确定 C.不是的

续表

66	我喜欢去处理被别人弄得一塌糊涂的工作：	A.是的 B.介于 AC 之间 C.不是的
67	当我非常高兴时，总有一种“好景不长”的感受：	A.是的 B.介于 AC 之间 C.不是的
68	在一般困难情境中，我总能保持乐观：	A.是的 B.不一定 C.不是的
69	迁居是一件极不愉快的事：	A.是的 B.介于 AC 之间 C.不是的
70	在年轻的时候，当我和父母的意见不同时：	A.保留自己的意见 B.介于 AC 之间 C.接受父母的意见
71	我希望把我的家庭：	A.建设成适合自身活动和娱乐的地方 B.介于 AC 之间 C.成为邻里交往活动的一部分
72	我解决问题时，多借助于：	A.个人独立思考 B.介于 AC 之间 C.和别人互相讨论
73	在需要当机立断时，我总是：	A.镇静地运用理智 B.介于 AC 之间 C.常紧张兴奋，不能冷静思考
74	最近在一两件事情上，我觉得我是无辜受累的：	A.是的 B.介于 AC 之间 C.不是的
75	我善于控制我的表情：	A.是的 B.介于 AC 之间 C.不是的
76	如果待遇相同，我愿做一个：	A.化学研究工作者 B.不确定 C.旅行社经理
77	以“惊讶”与“新奇”搭配为例，认为“惧怕”与(　　)搭配：	A.勇敢 B.焦虑 C.恐怖

续表

78	本题后面列出三个分数，哪一个数与其他两个分数不同类：	A.3/7 B.3/9 C.3/11
79	不知为什么，有些人总是故意回避或冷淡我：	A.是的 B.不一定 C.不是的
80	我虽然好意待人，但常常得不到好报：	A.是的 B.不一定 C.不是的
81	我不喜欢争强好胜的人：	A.是的 B.介于 AC 之间 C.不是的
82	和一般人相比，我的朋友的确太少：	A.是的 B.介于 AC 之间 C.不是的
83	不在万不得已的情况下，我总是回避参加应酬性的活动：	A.是的 B.不一定 C.不是的
84	我认为对领导逢迎得当比工作表现更重要：	A.是的 B.介于 AC 之间 C.不是的
85	参加竞赛时，我总是着重在竞赛的活动，而不计较其成败：	A.总是如此 B.一般如此 C.偶然如此
86	按照我个人的意愿，我希望做的工作是：	A.有固定和可靠的工资收入 B.介于 AC 之间 C.工资高低应随我的工作表现而随时调整
87	我愿意阅读：	A.军事与政治的实事记载 B.不一定 C.富有情感的幻想的作品
88	我认为有许多人之所以不敢犯罪，其主要原因是怕被惩罚：	A.是的 B.介于 AC 之间 C.不是的
89	我的父母从来不严格要求我事事顺从：	A.是的 B.不一定 C.不是的

续表

90	“百折不挠，再接再厉”的精神常常被人们所忽略：	A.是的 B.不一定 C.不是的
91	当有人对我发火时，我总是：	A.设法使他镇静下来 B.不太确定 C.自己也会发起火来
92	我希望大家都提倡：	A.多吃蔬菜以避免杀生 B.不一定 C.发展农业，扑灭对农产品有害的动物
93	不论是在极高的屋顶上，还是在极深的隧道中，我很少感到胆怯不安：	A.是的 B.介于 AC 之间 C.不是的
94	只要没有过错，不管别人怎么说，我总能心安理得：	A.是的 B.不一定 C.不是的
95	我认为凡是无法用理智来解决的问题，有时就不得不靠强权处理：	A.是的 B.介于 AC 之间 C.不是的
96	我在年轻的时候，和异性朋友交往：	A.较多 B.介于 AC 之间 C.较别人少
97	我在社团活动中，是一个活跃分子：	A.是的 B.介于 AC 之间 C.不是的
98	在人声嘈杂中，我仍能不受干扰，专心工作：	A.是的 B.介于 AC 之间 C.不是的
99	在某些心境下，我常常因为困惑陷入空想而将工作搁置下来：	A.是的 B.介于 AC 之间 C.不是的
100	我很少用难堪的语言去刺伤别人的感情：	A.是的 B.不太确定 C.不是的
101	我更愿意做一名：	A.商店经理 B.不确定 C.建筑师

续表

102	“理不胜词”的意思是：	A.理不如词 B.理多而词少 C.辞藻华丽而理不足
103	以“铁锹”与“挖掘”搭配为例，我认为“刀子”与()搭配：	A.琢磨 B.切割 C.铲除
104	我在大街上，常常避开我所不愿意打招呼的人：	A.很少如此 B.偶然如此 C.有时如此
105	当我聚精会神地听音乐时，假使有人在旁边高谈阔论：	A.我仍能专心听音乐 B.介于 AC 之间 C.不能专心而感到恼怒
106	在课堂上，如果我的意见与老师不同，我常常：	A.保持沉默 B.不一定 C.表明自己的看法
107	我和异性交谈时，极力避免有关“性”的话题：	A.是的 B.介于 AC 之间 C.不是的
108	我在待人接物方面，的确不太成功：	A.是的 B.不完全这样 C.不是的
109	每当做一件困难工作时，我总是：	A.预先做好准备 B.介于 AC 之间 C.相信到时候总会有办法解决的
110	在我结交朋友中，男女各占一半：	A.是的 B.介于 AC 之间 C.不是的
111	我在结交朋友方面：	A.结识很多的人 B.不一定 C.维持几个深交的朋友
112	我愿意做一个社会科学家，而不愿做一个机械工程是：	A.是的 B.不太确定 C.不是的
113	如果我发现别人的缺点，我常常不顾一切地提出指责：	A.是的 B.介于 AC 之间 C.不是的

续表

114	我喜欢设法影响和我一起工作的同伴，使他们能协助我所计划的目标：	A.是的 B.介于AC之间 C.不是的
115	我喜欢做音乐，或跳舞，或新闻采访等工作：	A.是的 B.不一定 C.不是的
116	当人们表扬我的时候，我总觉得羞愧窘促：	A.是的 B.介于AC之间 C.不是的
117	我认为一个国家最需要解决的问题是：	A.政治问题 B.不太确定 C.道德问题
118	有时我会无故的产生一种面临大祸的恐惧：	A.是的 B.有时如此 C.不是的
119	我在童年时，害怕黑暗的次数：	A.很多 B.不太多 C.几乎没有
120	在闲暇的时候，我喜欢：	A.看一部历史性的探险小说 B.不一定 C.读一本科学性的幻想小说
121	当人们批评我古怪不正常时，我：	A.非常气恼 B.有些气恼 C.无所谓
122	当来到一个新城市里找地址时，我常常：	A.找人问路 B.介于AC之间 C.参考地图
123	当朋友声明她要在家休息时，我总是设法怂恿她同我一起到外面去玩：	A.是的 B.不一定 C.不是的
124	在就寝时，我常常：	A.不易入睡 B.介于AC之间 C.极易入睡
125	有人烦扰我时，我：	A.能不露声色 B.介于AC之间 C.总要说给别人听，以泄愤怒

续表

126	如果待遇相同,我愿做一个:	A.律师 B.不确定 C.航海员或飞行员
127	“时间变成了永恒”这是比喻:	A.时间过得慢 B.忘了时间 C.光阴一去不复返
128	本题后的哪一项应接在“×0000××00×××”的后面:	A.×0× B.00× C.0××
129	我不论到什么地方,都能清楚地辨别方向:	A.是的 B.介于 AC 之间 C.不是的
130	我热爱我所学的专业和所从事的工作:	A.是的 B.不一定 C.不是的
131	如果我急于想借朋友的东西,而朋友又不在家时,我认为不告而取也没有关系:	A.是的 B.介于 AC 之间 C.不是的
132	我喜欢给朋友讲述一些我个人有趣的经历:	A.是的 B.介于 AC 之间 C.不是的
133	我宁愿做一个:	A.演员 B.不确定 C.建筑师
134	业余时间,我总是做好安排,不使时间浪费:	A.是的 B.介于 AC 之间 C.不是的
135	在和别人交往中,我常常会无缘无故地产生一种自卑感:	A.是的 B.介于 AC 之间 C.不是的
136	和不熟识的人交谈,对我来说:	A.是一件难事 B.介于 AC 之间 C.毫无困难
137	我所喜欢的音乐是:	A.轻松活泼的 B.介于 AC 之间 C.富有感情的

续表

138	我爱想入非非：	A.是的 B.不一定 C.不是的
139	我认为未来二十年的世界局势，定将好转：	A.是的 B.不一定 C.不是的
140	在童年时，我喜欢阅读：	A.战争故事 B.不确定 C.神话幻想故事
141	我向来对机械，汽车等发生兴趣：	A.是的 B.介于 AC 之间 C.不是的
142	即使让我做一个缓刑释放的罪犯的管理人，我也会把工作搞得很好：	A.是的 B.介于 AC 之间 C.不是的
143	我仅仅被认为是一个能够苦干而稍有成就的人而已：	A.是的 B.介于 AC 之间 C.不是的
144	就是在不顺利的情况下，我仍能保持精神振奋：	A.是的 B.介于 AC 之间 C.不是的
145	我认为节制生育是解决经济与和平问题的重要条件：	A.是的 B.不太确定 C.不是的
146	在工作中，我喜欢独自筹划，不愿受别人干涉：	A.是的 B.介于 AC 之间 C.不是的
147	我相信“上司不可能没有过错，但他仍有权做当权者”：	A.是的 B.不一定 C.不是的
148	我在工作和学习上，总是使自己不粗心大意，不忽略细节：	A.是的 B.介于 AC 之间 C.不是的
149	在和人争辩或险遭事故后，我常常表现出震颤，筋疲力尽，不能安心工作：	A.是的 B.介于 AC 之间 C.不是的

续表

150	未经医生处方,我是从不乱吃药的:	A.是的 B.介于 AC 之间 C.不是的
151	根据我个人的兴趣,我愿意参加:	A.摄影组织活动 B.不确定 C.文娱队活动
152	以星火与燎原搭配为例,我认为姑息与(　　)搭配:	A.同情 B.养奸 C.纵容
153	“钟表”与“时间”的关系犹如“裁缝”与(　　)的关系:	A.服装 B.剪刀 C.布料
154	生动的梦境,常常干扰我的睡眠:	A.经常如此 B.偶然如此 C.从不如此
155	我爱打抱不平:	A.是的 B.介于 AC 之间 C.不是的
156	如果我要到一个新城市,我将要:	A.到处闲逛 B.不确定 C.避免去不安全的地方
157	我爱穿朴素的衣服,不愿穿华丽的服装:	A.是的 B.不太确定 C.不是的
158	我认为安静的娱乐远远胜过热闹的宴会:	A.是的 B.不太确定 C.不是的
159	我明知自己有缺点,但不愿接受别人的批评:	A.偶然如此 B.极少如此 C.从不如此
160	我总是把“是非善恶”作为处理问题的原则:	A.是的 B.介于 AC 之间 C.不是的
161	当我工作时,我不喜欢有人许多人在旁边参观:	A.是的 B.介于 AC 之间 C.不是的

续表

162	我认为，故意为难一些有教养的人，如医生教师，是一件有趣的事：	A.是的 B.介于 AC 之间 C.不是的
163	在各种课程中，我喜欢：	A.语文 B.不确定 C.数学
164	那些自以为是，道貌岸然的人使我生气：	A.是的 B.介于 AC 之间 C.不是的
165	和循规蹈矩的人交谈：	A.很有兴趣，并有所获的 B.介于 AC 之间 C.他们的思想简单，使我太厌烦
166	我喜欢：	A.有几个有时对我很苛求但富有感情的朋友 B.介于 AC 之间 C.不受别人的干扰
167	如果征求我的意见，我赞同：	A.切实制止精神病患者和智能低下的人生育 B.不确定 C.杀人犯必须判处死刑
168	有时我会无缘无故地感到沮丧，痛苦：	A.是的 B.介于 AC 之间 C.不是的
169	当和立场相反的人争辩时，我主张：	A.尽量找出基本概念的差异 B.不一定 C.彼此让步
170	我一向重感情而不重理智，因而我的观点常常动摇不定：	A.是的 B.不一定 C.不是的
171	我的学习多赖于：	A.阅读书刊 B.介于 AC 之间 C.参加集体讨论
172	我宁愿选择一个工资较高的工作，不在乎是否有保障，而不愿做工资低固定工作：	A.是的 B.不一定 C.不是的

续表

173	在参加讨论时，我总是能先把握自己的立场：	A.经常如此 B.一般如此 C.必要时才如此
174	我常常被一些无所谓的小事所烦扰：	A.是的 B.介于 AC 之间 C.不是的
175	我宁愿住在嘈杂的闹市区，而不愿住在僻静的地区：	A.是的 B.不太确定 C.不是的
176	下列工作如果任我挑选的话，我愿做：	A.少先队辅导员 B.不太确定 C.修表工作
177	一人(　　)事，人人受累：	A.偾 B.愤 C.喷
178	望子成龙的家长往往(　　)苗助长：	A.揠 B.堰 C.偃
179	气候的变化并不影响我的情绪：	A.是的 B.介于 AC 之间 C.不是的
180	因为我对一切问题都有一些见解，所以大家都认为我是一个有头脑的人：	A.是的 B.介于 AC 之间 C.不是的
181	我讲话的声音：	A.洪亮 B.介于 AC 之间 C.低沉
182	一般人都认为我是一个活跃热情的人：	A.是的 B.介于 AC 之间 C.不是的
183	我喜欢做出差机会较多的工作：	A.是的 B.介于 AC 之间 C.不是的
184	我做事严格，力求把事情办得尽善尽美：	A.是的 B.介于 AC 之间 C.不是的

续表

185	在取回或归还所借的东西时，我总是仔细检查，看是否保持原样：	A.是的 B.介于 AC 之间 C.不是的
186	我通常是精力充沛，忙碌多事：	A.是的 B.不一定 C.不是的
187	我确信我没有遗漏或漫不经心回答上面的任何问题：	A.是的 B.不确定 C.不是的

第 2 部分　计算原始分

根据 16 个因素所包含的题目，进行各因素原始分计算。

因素	名称	包含题目	计算方式	原始分
A	乐群性	3,26,27,51,52,76,101,126,151,176	3,52,101,126,176→选 a 得 2 分； 26,27,51,76,151→选 c 得 2 分。	
B	智慧性	28,53,54,77,78,102,103,127,128,152,153,177,178	28,53,54,78,103,128,152→选 b 得 1 分； 77,102,127,153→选 c 得 1 分； 177,178,→选 a 得 1 分。	
C	稳定性	4,5,29,30,55,79,80,104,105,129,130,154,179	4,30,55,105,129,130,179→选 a 得 2 分； 5,29,79,80,104,154→选 c 得 2 分。	
E	恃强性	6,7,31,32,56,57,81,106,131,155,156,180,181	7,56,131,155,156,180,181→选 a 得 2 分； 6,31,32,57,81,106→选 c 得 2 分。	
F	兴奋性	8,33,58,82,83,107,	33,58,132,133,182,183→选 a 得 2 分。	
G	有恒性	9, 34, 59, 84, 109, 134, 159,160,184,185	59,109,134,160,184,185→ 选 a 得 2 分； 9,34,84,159→选 c 得 2 分。	
H	敢为性	10,35,36,60,61,85,86,110,111,135,136,161,186	10,36,110,111,136,186→选 a 得 2 分； 35,60,61,85,85,135,161→ 选 c 得 2 分。	
I	敏感性	11, 12, 37, 62, 87, 112, 137,138,162,163	11,12,37,112,138,163→选 a 得 2 分； 62,87,137,162→选 c 得 2 分。	
L	怀疑性	13,38,63,64,88,89,113,114,139,164	13,38,88,113,114,164→选 a 得 2 分； 63,64,89,139→选 c 得 2 分。	

续表

因素	名称	包含题目	计算方式	原始分
M	幻想性	14,15,39,40,65,90,91,115,116,140,141,165,166	39,40,65,91,115,140→选 a 得 2 分；14,15,90,116,141,165,166→选 c 得 2 分。	
N	世故性	16,17,41,42,66,67,92,117,142,167	17,42,117,142,167→选 a 得 2 分；16,41,66,67,92→选 c 得 2 分。	
O	忧虑性	18,19,43,44,68,69,93,94,118,119,143,144,168	18,43,69,118,119,143,168→选 a 得 2 分；19,44,68,93,94,144→选 c 得 2 分。	
Q1	实验性	20,21,45,46,70,95,120,145,169,170	20,21,46,70,145,169→选 a 得 2 分；45,95,120,170→选 c 得 2 分。	
Q2	独立性	22,47,71,72,96,97,121,122,146,171	47,71,72,146,171→选 a 得 2 分；22,96,97,121,122→选 c 得 2 分。	
Q3	自律性	23,24,48,73,98,123,147,148,172,173	48,73,98,147,148,173→选 a 得 2 分；23,24,123,172→选 c 得 2 分。	
Q4	紧张性	25,49,50,74,75,99,100,124,125,149,150,174,175	25,149,50,74,99,124,149,150,174→选 a 得 2 分；75,100,125,175→选 c 得 2 分。	

第 3 部分　十六种个性因素剖面图

通过查询附表：成人十六种个性因素常模，获得标准分，绘制十六种个性因素剖面图。

因素	原始分	标准分	名称	标准分									
				1	2	3	4	5	6	7	8	9	10
A		乐群性					A						
B		智慧性					B						
C		稳定性					C						
E		恃强性					E						
F		兴奋性					F						
G		有恒性					G						
H		敢为性					H						
I		敏感性					I						
L		怀疑性					L						
M		幻想性					M						
N		世故性					N						

续表

因素	原始分	标准分	名称	标准分									
				1	2	3	4	5	6	7	8	9	10
O		忧虑性					O						
Q1		实验性					Q1						
Q2		独立性					Q2						
Q3		自律性					Q3						
Q4		紧张性					Q4						

三、九型人格测试

(一)九型人格测试

九型人格测试属于一种自我测试。九型人格测试主要用于帮助你有效地掌握个人的行为习惯，测试中所回答的问题答案没有好与坏之分、没有正确与错误之别，它仅反映你自己的个性和你的世界观。九型人格测试问卷将有助于你更好地了解自身的优势和弱点，并知道在何种情形下你的行动将更为有效。同时，你还可以通过测评结论知道他人是如何看待他们自己的，以及相互间又是如何相处影响的。

以下为九型人格的测试题。请仔细阅读每一道题中的两个选项，然后根据你自己的行为习惯做出选择，并在相应的圈圈内打钩。在答题时，可能你觉得两个选项都不适合你，或两个选项都适合你。无论哪种情况，请选择其中你最倾向的答案。如果漏选或多选，将影响你的测试结果。

第 1 部分

题号	问题	A	B	C	D	E	F	G	H	I
1	我浪漫并富于幻想			○						
	我很实际并实事求是	○								
2	我倾向于接受冲突				○					
	我倾向于避免冲突	○								
3	我一般是老练的、有魅力的以及有上进心的		○							
	我一般是直率的、刻板的以及空想的			○						
4	我倾向于集中注意某一事物时，容易紧张				○					
	我倾向于自然的东西，喜欢开玩笑					○				
5	我待人友好，愿意结交新朋友我喜欢独处			○						
	我喜欢独处，不太愿意与人交往			○						

续表

题号	问题	A	B	C	D	E	F	G	H	I
6	我很难放松和停止思考潜在问题	○								
	潜在的问题不会影响我的工作	○								
7	我是“聪明”的生存者				○					
	我是“高尚”的理想主义者		○							
8	我需要给别人爱			○						
	我愿意与别人保持一定的距离				○					
9	当别人给我项新任务时，我通常会问自己它是否对我有用		○							
	当别人给我一项新任务时，我通常会问自己是否有兴趣					○				
10	我倾向于关注自己			○						
	我倾向于关注他人	○								
11	别人依赖我的见识与知识				○					
	别人依赖我的力量与决策				○					
12	我给人的印象是十分不自信的	○								
	我给人的印象是十分自信的		○							
13	我更加注重关系			○						
	我更加注重目的		○							
14	我不能大胆地说出自己想说的话			○						
	我能大胆地说出别人想说但没敢说的话					○				
15	不考虑其他选择而做某一确定的事对我来说是很困难的				○					
	放松、更具灵活性对我来说是很困难的		○							
16	我一般犹豫与拖延	○								
	我一般大胆与果断				○					
17	我不愿意别人给我带来麻烦	○								
	我被别人依赖，让我帮忙解决麻烦			○						
18	通常我会为了完成工作将感情置之不顾		○							
	在做事之前我需要克制自己的感情			○						
19	我一般是讲求方法并且很谨慎的	○								
	我一般是敢于冒险的					○				
20	我倾向于帮助和给予，喜欢与他人在一起			○						
	我倾向于严肃与缄默，喜欢讨论问题		○							

续表

题号	问题	A	B	C	D	E	F	G	H	I
21	我常常感到自己需要成为顶梁柱				○					
	我常常感到自己需要做得十全十美		○							
22	我喜欢问难题和保持独立性				○					
	我喜欢保持心理的稳定与平静	○								
23	我太顽固并保持怀疑的态度	○								
	我太软心肠并多愁善感			○						
24	我常常担心自己不能得到较好的东西					○				
	我常常担心如果自己放松警惕，别人就会欺骗我				○					
25	我习惯性表现得很冷淡而使别人生气			○						
	我习惯性指使别人做事而使他们生气		○							
26	如果有太多的刺激和鼓舞，我会感到忧虑	○								
	如果没有太多的刺激和鼓舞，我会感到忧虑					○				
27	我要依靠朋友，同时他们也可以依靠我	○								
	我不依靠别人独立行事		○							
28	我一般独立于专心				○					
	我一般情绪化并热衷于自己的想法			○						
29	我喜欢向别人提出挑战，使他们振奋起来				○					
	我喜欢安慰他人，使他们冷静下来			○						
30	我总的来说是个开朗并喜欢交际的人					○				
	我总的来说是个认真并很能自律的人		○							
31	我希望能迎合别人——当别人距离很远时，我就会感到不舒服	○								
	我希望与众不同——当不能看到别人与自己的区别，我就感到不舒服		○							
32	对我来说，追求个人的兴趣比追求舒适与安全更重要				○					
	对我来说，追求舒适比追求个人的兴趣更为重要	○								
33	当与他人有冲突时，我倾向于退缩			○						
	当与他人有冲突时，我很少会改变自己的态度				○					
34	我很容易屈服并受他人摆布	○								
	我对他人不但不做出让步，而且还对他们下达命令		○							
35	我很赏识自己高昂的精神状态与深沉					○				
	我很赏识自己对他人深沉的关心与热情				○					

续表

题号	问题	A	B	C	D	E	F	G	H	I
36	我很想给别人留下好的印象		○							
	我并不在乎能否给别人留下好的印象				○					
37	我依赖自己的毅力与常有的感觉	○								
	我依赖自己的想象与瞬间的灵感		○							
38	总的来说，我是很随和、很可爱的	○								
	总的来说，我是精力旺盛和过分自信的				○					
39	我努力工作以得到别人的接受与喜欢		○							
	能否得到别人的接受与喜欢对我来说并不重要		○							
40	当别人给我压力时我更容易退缩				○					
	当别人给我压力时我会变得更加自信					○				
41	人们对我感兴趣是因为我很开朗、有吸引力、有趣			○						
	人们对我感兴趣是因为我很安静、不同寻常、深沉			○						
42	职责与责任对我来说很重要	○								
	协调与认可对我来说很重要	○								
43	我制订出重要的计划并做出承诺以此鼓励人们				○					
	我指出不按照我们的建议去做所产生的后果，以此来要求人们顺从		○							
44	我很少表露情绪				○					
	我经常表露情绪			○						
45	我不擅长处理琐碎的事					○				
	我擅长处理琐碎的事		○							
46	我常常强调自己与绝大多数人的不同之处，尤其是家境的不同之处			○						
	我常常强调与绝大多数人的共同之处，尤其是家境的共同之处	○								
47	当场面变得热闹起来时，我一般站在一旁				○					
	当场面变得热闹起来时，我一般加入其中					○				
48	即使朋友不对，我也会支持他们	○								
	我不会为了友情而在正确的事情上妥协		○							
49	我是善意的支持者			○						
	我是积极主动的追求者		○							
50	当遇到困难时我倾向于夸大自己的问题			○						
	当遇到问题时我倾向于转移注意力					○				

续表

题号	问题	A	B	C	D	E	F	G	H	I
51	一般对情况持相信的态度		○							
	我一般对情况持怀疑的态度				○					
52	我的悲观与抱怨会给别人带来麻烦	○								
	我的霸气及强烈控制欲会给别人带来麻烦				○					
53	我一般按感觉办事，并听之任之			○						
	我一般不按感觉办事，以免产生更多问题	○								
54	我成为注意焦点时会很自然		○							
	我成为注意焦点时会很不习惯			○						
55	我做事很谨慎，努力为意料之外的事情做准备	○								
	我做事情凭一时冲动，在问题出现时临时做准备					○				
56	当别人不欣赏我为他们所做的事情时，我会很生气			○						
	当别人不听我说话时我会很生气		○							
57	独立、自力更生对我很重要				○					
	价值被认可、得到别人的称赞对我很重要		○							
58	当与朋友争论时，我一般强烈地坚持自己的观点				○					
	当与朋友争论时，我一般顺其自然以免伤了和气	○								
59	我常常占有所爱的人，不能放任他们			○						
	我常常考察所爱的人，想确定他们是否爱我	○								
60	组织资源并促使某些事情的发生是我的优势之一				○					
	提出新观点并振奋人心是我的优势之一					○				
61	我不能依赖自己，要在别人的鞭策下才会做事		○							
	我不能自律，过于情绪化			○						
62	我试图使生活快节奏、紧张以及充满兴奋					○				
	我试图使生活有规律、稳定以及平静	○								
63	尽管我已取得成功，我仍怀疑自己的能力	○								
	尽管我受到挫折，但我仍相信自己的能力		○							
64	我一般对自己的情感会仔细研究			○						
	我一般对自己的情感并不加注意				○					
65	我对许多人加以注意并培养他们			○						
	我对许多人加以指导并鼓励他们				○					
66	我对自己要求有点严格		○							
	我对自己要求比较宽容					○				

续表

题号	问题	A	B	C	D	E	F	G	H	I
67	我独断,追求卓越		○							
	我谦虚,喜欢按自己的节奏做事	○								
68	我为自己的清晰性与目标性				○					
	我为自己的可靠与诚实感到自感到自豪	○								
69	花大量的时间反省理解自己的感受对我来说是很重要的			○						
	花大量的时间反省做完的事情对我来说是很重要的				○					
70	我认为自己是个灿烂和随和的人	○								
	我认为自己是个严肃和有品位的人		○							
71	我头脑灵活,精力充沛					○				
	我有一颗炽热的心,具有奉献精神			○						
72	我所做的事情要有极大的可能性达到奖励与赏识		○							
	如果所做的事是我所感兴趣的,我愿意放弃别人对我的奖励与赏识				○					
73	我认为履行社会义务并不重要		○							
	我常常认真履行社会义务	○								
74	在绝大多数情况下我愿意做领导			○						
	在绝大多数情况下我愿意让其他人做领导	○								
75	几年来,我的价值观与生活方式变化了好多次		○							
	几年来,我的价值观与生活方式基本没有变化	○								
76	我一般缺乏自律能力					○				
	我与别人的联系一般很少				○					
77	我拒绝别人爱,希望别人进入我的世界			○						
	我需要别人爱,希望自己进入别人的世界			○						
78	我一般做最坏的打算	○								
	我一般做最好的打算	○								
79	人们相信我是因为我很自信,并尽全力做得最好			○						
	人们相信我是因为我很公正,并能正确地做事		○							
80	我常忙于自己的事情而忽略了与他人交往				○					
	我常忙于与他人交往而忽略了自己的事情			○						
81	当第一次遇到某人,我一般会镇定自若并沉默寡言		○							
	当第一次遇到某人,我一般会与他闲聊并使他觉得有趣					○				

续表

题号	问题	A	B	C	D	E	F	G	H	I
82	总而言之，我是很悲观的			○						
	总而言之，我是很乐观的	○								
83	我更喜欢待在自己的小世界里				○					
	我更喜欢让全世界的人知道我的所在				○					
84	我常常被紧张、不安全以及怀疑困扰	○								
	我常常被生气、完美主义以及不耐烦困扰		○							
85	我意识到自己太有人情味，待人太亲密			○						
	我意识到自己太酷，过于冷漠		○							
86	我失败是因为我不能抓住机会			○						
	我失败是因为我追求太多的可能性					○				
87	我要过很长的时间才会采取行动				○					
	我会立即采取行动					○				
88	我一般很难做出决定	○								
	我一般很容易做出决定				○					
89	我容易给人留下态度强硬的印象			○						
	我并不过多地坚持自己的意见	○								
90	我情绪稳定		○							
	我情绪多变			○						
91	当不知道要干什么事情的时候，我常常会向别人寻求建议	○								
	当不知道要干什么事情的时候，我会尝试不同的事情以确定哪一种最适合我去做					○				
92	我担心别人搞活动时会忘记我			○						
	我担心参加别人的活动时会影响到我做自己的事情		○							
93	当我生气时，我一般会责备别人				○					
	当我生气时，我一般会变得很冷		○							
94	我很难入睡				○					
	我很容易入睡	○								
95	我常努力思考如何与别人建立亲密的关系			○						
	我常努力思考别人想从我这里得到什么	○								

续表

题号	问题	A	B	C	D	E	F	G	H	I
96	我一般是慎重、有话直说以及深思熟虑的人				○					
	我一般是易于兴奋、善于快速回避问题以及机智的人					○				
97	当看到别人犯错误时，我一般不会指出来			○						
	当看到别人犯错误时，我一般会帮助他们认识自己所犯的错误		○							
98	在生活中的绝大多数时间里，我是情感激烈的人，我会产生许多易变的情感					○				
	在生活中的绝大多数时间里，我是情感稳定的人，我会心如止水	○								
99	当我不喜欢某些人时，我会掩藏自己的情感且努力保持热情		○							
	当我不喜欢某些人时，我会以这种或那种的方式让他们知道我的情感	○								
100	我与别人交往有困难是因为我很敏感以及总是从自己的角度去考虑问题			○						
	我与别人交往有困难是因为我不太在乎社会习俗				○					
101	我的方法是直接帮助别人			○						
	我的方法是告诉别人如何自助				○					
102	总的来说，我喜欢释放并突破所受的限制					○				
	总的来说，我不喜欢过多地失去自我控制		○							
103	我过度关注要比别人做得好		○							
	我过度关注把别人的事做好	○								
104	我喜欢幻想，总是充满想象与好奇				○					
	我很实际，只是试图保持事情的发展状况	○								
105	我的主要优势之一就是能够控制场面				○					
	我的主要优势之一就是能够讲述内心的感受			○						
106	我争取努力把事情做好，却不管这样别人开心不开心		○							
	我不喜欢有压力的感觉，所以也不喜欢压制别人	○								

续表

题号	问题	A	B	C	D	E	F	G	H	I
107	我常常因自己在别人的生活中起着重要作用而感到骄傲			○						
	我常常因自己对新的东西感兴趣并乐于接受而感到骄傲					○				
108	我认为自己给别人留下的印象是好样的，甚至是很令人钦佩的		○							
	我认为自己给别人留下的印象是与众不同的，甚至是很古怪的				○					
109	我一般去做自己必须做的事	○								
	我一般去做自己想做的事			○						
110	我很喜欢高压力或困境				○					
	我不喜欢高压力或困境	○								
111	我为自己拥有灵活的能力而感到骄傲——我知道情况是变化的		○							
	我为自己的立场而感到骄傲——我有坚定的信念		○							
112	我的风格倾向于节约和朴实				○					
	我的风格倾向于过度地做某些事情					○				
113	因为我有强烈的愿望去帮助别人，所以我的健康与幸福受到了伤害			○						
	因为我只关注自己的需要，所以我的人际关系受到了损害			○						
114	总的来说，我太坦诚，太天真	○								
	总的来说，我过于谨慎，过于戒备	○								
115	有时我因过于好斗而令人厌恶				○					
	有时我因太紧张而令人厌恶		○							
116	关注他人的需要以及为他人服务对我来说是很重要的			○						
	寻找并等待做好事的其他方法对我来说是很重要的				○					
117	我全身心投入并持之以恒地追求自己的目标		○							
	我喜欢探索各种行动的途径，想看看最终的结果如何					○				

续表

题号	问题	A	B	C	D	E	F	G	H	I
118	我经常会激起强烈和紧张的情绪			○						
	我经常很冷静和安逸	○								
119	我不太注重实际结果,而是注重自己的兴趣				○					
	我很实际,总是希望自己的工作有具体的结果				○					
120	我有强烈的归属需求	○								
	我有强烈的平衡需求		○							
121	过去我可能过于要求朋友间的亲密			○						
	过去我可能过于要求朋友间的疏远		○							
122	我喜欢回忆过去的事情		○							
	我喜欢预期未来所要做的事情					○				
123	我倾向于将人看作是很麻烦和苛刻的				○					
	我倾向于将人看作是很莽撞和有需求的		○							
124	总的来说,我不太自信	○								
	总的来说,我只相信自己				○					
125	我可能太被动,从不积极参与	○								
	我可能控制过多			○						
126	我经常因为怀疑自己而停下			○						
	我很少会怀疑自己		○							
127	如果让我在熟悉的东西和新的东西之间做出选择,我会选新的东西					○				
	我一般会选自己所喜欢的东西,对自己不喜欢的东西会感到失望	○								
128	我通过大量的身体接触来让他们相信我对他们的爱				○					
	我认为真正的爱是不需要身体的接触来表达的		○							
129	当我责备别人时,我是很严厉和直截了当的				○					
	当我责备别人时,我是旁敲侧击的		○							
130	我对别人认为很困扰甚至是很可怕的学科却很感兴趣				○					
	我不喜欢研究别人认为很困扰甚至是很可怕的学科	○								
131	我因妨碍或干扰他人而受到指责			○						
	我因逃避或沉默寡言而受到指责	○								

续表

题号	问题	A	B	C	D	E	F	G	H	I
132	我担心没有办法履行自己的职责				○					
	我担心自己缺乏自律而不能履行自己的职责					○				
133	总的来说，我是一个凭直觉办事且极度个人主义的人			○						
	总的来说，我是一个很有组织能力且负责任的人		○							
134	难以克服惰性是我的主要问题之一	○								
	不能缓下来是我的主要问题之一					○				
135	当我觉得不安全时会变得傲慢，对此表示轻视		○							
	当我觉得不安全时会变得好争论，自卫性强	○								
136	我思想开朗，乐意尝试新的方法				○					
	我会表白真情，乐意与别人共享我的情感			○						
137	在别人面前我会表现得比实际的我更强硬				○					
	在别人面前我会表现得比实际的我更在意			○						
138	我一般是按良心与理性去做事情		○							
	我一般是按感觉与冲动去做事情					○				
139	严峻的逆境使我变得坚强		○							
	严峻的逆境使我变得气馁与听天由命	○								
140	我确信有某种安全网可以依靠	○								
	我常常选择居于边缘而无所依靠				○					
141	我要为了别人而表现得很坚强，所以没有时间顾及自己的感受				○					
	我不能应对自己的感受，所以不能为别人表现得很坚强			○						
142	我常常觉得奇怪，对于生活中美好的事情为什么人们只看到它消极的一面	○								
	我常常觉得奇怪，为什么人们在生活中遇到很糟糕的事情还这么开心		○							
143	我努力使自己不被看作是自私的人			○						
	我努力使自己不被看作是令人讨厌的人					○				
144	我担心被别人的需要与要求压垮时会避免产生亲密的关系				○					
	我担心辜负人们对我的期望时会避免产生亲密的关系		○							

第 2 部分

将每一栏打钩的数目相加，并将总钩数填入下表中。并核对你的总钩数是否是 144，如果不是，请回头检查是否有数错的或加错。

维度	A	B	C	D	E	F	G	H	I
总数									
类型	9 号	6 号	3 号	1 号	4 号	2 号	8 号	5 号	7 号

（二）九型人格类型分析

表 3-1 九型人格类型分析

1 号人格 （改进型）	理性，有条理的类型。有原则，有毅力，能够自我控制，完美主义。改进型力图保持高的标准和质量。他们总是注重细节，希望提高生产率。他们还惯于激励他人提升自己，变得更加有效并且做正确的事情。由于他们有很强的条理性，他们对自己及他人会变得过于批判。他们不喜欢浪费和粗心，这一点可能会使他们变得无论大小巨细都去插手，而且没完没了，会做出令人丧气的批评。在他们的最佳状态，他们能够做出正确的判断，明智的决定，成为道德的模范，非常负责任。
2 号人格 （博爱型）	有爱心，善于处理人际关系的类型。慷慨、感恩，愉悦人们，占有欲强。博爱型对别人的需要很敏感，总是试图满足他人的需要。他们赞赏他人的才能，能够扮演密友和向导的角色，擅长与人的交际。但是，他们对别人的要求很难说“不”，由于希望能够更好地帮助别人，自己变得很有压力。他们不喜欢没有人情味的工作环境，这一点可能导致他们变得偏心，在人际关系方面浪费时间。在他们的最佳状态时，他们会有同理心，慷慨，帮助团队建立更紧密的关系。
3 号人格 （实践型）	适应力强，有野心的类型。注意力集中，卓越，有干劲。实践型知道如何按照客户的期望更有效率地完成工作。他们往往很有吸引力，迷人，精力充沛。他们对他们自己，他们的团队和企业都有很强的察觉力。他们喜欢被人注意，经常被成功与威望的地位所吸引。实践型乐于竞争，对地位和个人进步的需求促使他们成为工作狂。这一点可能导致他们为了保持领先的地位而走捷径。在他们的最佳状态时，他们变得很有才华，令人钦佩，经常被人们看作是鼓舞士气的模范。
4 号人格 （自我型）	爱反省，有艺术才能的类型。表情丰富，能给人深刻的印象，自我吸引，情绪变化无常。自我型散发出独特的魅力。在他们对好的词语、创意及个人对产品的影响标准的追求上，他们不会妥协。他们不喜欢没有创造力的工作。自我型对批评过度敏感，这一点可能会导致他们变得情绪无常，工作没有规律。在他们的最佳状态时，他们能将直觉力和创造力带到工作中来，并用他们有深度和独特的感觉改善工作，他们会欣赏其他的各种型格。

续表

5号人格（思考型）	观察敏锐，好争论的类型。求知欲强，创新，注重隐私，古怪。思考型是精力充沛的学习者和实验家，特别是在专业技术领域。他们喜欢跟从他们的好奇心去理解细节，探索原理。他们有很强的分析能力，钟情于探索发现，而不是计划时间去约束和建立关系。他们不健康时可能会变得傲慢，不同他人做沟通，并经常会有思想上的斗争。在他们的最佳状态时，思考型变得有远见，能够将全新的理念带到工作中。
6号人格（谨慎型）	吸引人注意力，忠诚的类型。讨人喜欢，有责任心，焦虑，充满怀疑。谨慎型勤奋，可靠。他们能够建立工作联盟以使工作更加有效地完成。他们能够评定他人的动机和优点，从工作环境中寻找潜在的问题。他们不喜欢面对危机，希望大家意见一致，并对未来有预见。如果没有团队赋予的权利，他们会变得迟疑不决，在采取行动方面就有很大的困难，变得总是指责他人。在他们的最佳状态时，谨慎型很有信心，独立，有勇气，往往可以将团队带回到他的根本价值上。
7号人格（享乐型）	有才艺，乐观的类型。积极主动，才艺广泛，冲动，精力分散。享乐型在变化、多样性、刺激和创新方面非常擅长。他们表达清楚，有幽默感，能够让其他人支持他们的想法。享乐型总是追赶潮流，寻求新的可能性和观点。他们能够同时进行多个工作，但不能坚持。不健康时他们会变得很唠叨，注意力分散，能量不集中，许多工作都会半途而废。在他们的最佳状态时，享乐型会将焦点集中在有价值的目标上，工作会非常有效率
8号人格（权威型）	有力量，果断的类型。自信，有权威，倔强，对抗。权威型很清楚他们想要做什么，并总是有能力把它做好。他们能够做困难的决定，并把严重的问题看作是对他们的挑战，克服当中的困难。他们希望占据支配的地位，觉得委托任务或与他人分享领导的地位是非常困难的。他们乐于支持、保护并激励他人，但在不健康时他们会威胁他人按照他们的方式行事，在企业内部和外部树立不必要的敌人。在他们的最佳状态时，权威型变得宽宏大量，用他们的力量去提高其他人的生活水平。
9号人格（和谐型）	融洽，随和的类型。接受能力强，可以信任，自满。和谐型通过强调团队中的正面事物创造协调的团队，这样就能够缓和冲突和紧张的状态。他们支持、包容他人，能与他人共同工作，谦卑。他们不喜欢团队中的冲突，总是试图建立和谐、稳定的关系。但他们可能会因为要附和他人而避免坚持自己的观点，从而内心非常生气。不健康时，他们的工作会变得没有效率，固执，疏忽。在他们的最佳状态时，他们能够协调差异，将人们聚集到一起创造一个稳定但有活力的环境。

第二节 职业兴趣测评

一、霍兰德职业性向测验

(一)职业倾向类别

霍兰德认为,个人职业兴趣特性与职业之间应有一种内在的对应关系。根据兴趣的不同,人格可分为研究型(I)、艺术型(A)、社会型(S)、企业型(E)、事务型(C)、实用型(R)六个维度,每个人的性格都是这六个维度的不同程度组合,如表3-2所示。

表3-2 职业倾向类型

类型	共同特征	典型职业
社会型(S)	喜欢与人交往、不断结交新的朋友、善言谈、愿意教导别人。关心社会问题、渴望发挥自己的社会作用。寻求广泛的人际关系,比较看重社会义务和社会道德。	喜欢要求与人打交道的工作,能够不断结交新的朋友,从事提供信息、启迪、帮助、培训、开发或治疗等事务,并具备相应能力。如:教育工作者(教师、教育行政人员),社会工作者(咨询人员、公关人员)。
企业型(E)	追求权力、权威和物质财富,具有领导才能。喜欢竞争、敢冒风险、有野心、抱负。为人务实,习惯以利益得失,权利、地位、金钱等来衡量做事的价值,做事有较强的目的性。	喜欢要求具备经营、管理、劝服、监督和领导才能,以实现机构、政治、社会及经济目标的工作,并具备相应的能力。如:项目经理、销售人员,营销管理人员、政府官员、企业领导、法官、律师。
事务型(C)	尊重权威和规章制度,喜欢按计划办事,细心、有条理,习惯接受他人的指挥和领导,自己不谋求领导职务。喜欢关注实际和细节情况,通常较为谨慎和保守,缺乏创造性,不喜欢冒险和竞争,富有自我牺牲精神。	喜欢要求注意细节、精确度、有系统有条理,具有记录、归档、据特定要求或程序组织数据和文字信息的职业,并具备相应能力。如:秘书、办公室人员、记事员、会计、行政助理、图书馆管理员、出纳员、打字员、投资分析员。
实用型(R)	愿意使用工具从事操作性工作,动手能力强,做事手脚灵活,动作协调。偏好于具体任务,不善言辞,做事保守,较为谦虚。缺乏社交能力,通常喜欢独立做事。	喜欢使用工具、机器,需要基本操作技能的工作。对要求具备机械方面才能、体力或从事与物件、机器、工具、运动器材、植物、动物相关的职业有兴趣,并具备相应能力。如:技术性职业(计算机硬件人员、摄影师、制图员、机械装配工),技能性职业(木匠、厨师、技工、修理工、农民、一般劳动)。

续表

类型	共同特征	典型职业
研究型（I）	思想家而非实干家，抽象思维能力强，求知欲强，肯动脑，善思考，不愿动手。喜欢独立的和富有创造性的工作。知识渊博，有学识才能，不善于领导他人。考虑问题理性，做事喜欢精确，喜欢逻辑分析和推理，不断探讨未知的领域。	喜欢智力的、抽象的、分析的、独立的定向任务，要求具备智力或分析才能，并将其用于观察、估测、衡量、形成理论、最终解决问题的工作，并具备相应的能力。如：科学研究人员、教师、工程师、电脑编程人员、医生、系统分析员。
艺术型（A）	有创造力，乐于创造新颖、与众不同的成果，渴望表现自己的个性，实现自身的价值。做事理想化，追求完美，不重实际。具有一定的艺术才能和个性。善于表达、怀旧、心态较为复杂。	喜欢的工作要求具备艺术修养、创造力、表达能力和直觉，并将其用于语言、行为、声音、颜色和形式的审美、思索和感受，具备相应的能力。不善于事务性工作。如：艺术方面（演员、导演、艺术设计师、雕刻家、建筑师、摄影家、广告制作人），音乐方面（歌唱家、作曲家、乐队指挥），文学方面（小说家、诗人、剧作家）。

（二）类型关系

霍兰德所划分的六大类型，并非并列的、有着明晰的边界的。他以六边形标示出六大类型的关系，详见第一章图 1-1。

相邻关系：如 RI、IR、IA、AI、AS、SA、SE、ES、EC、CE、RC 及 CR。属于这种关系的两种类型的个体之间共同点较多，现实型 R、研究型 I 的人就都不太偏好人际交往，这两种职业环境中也都较少机会与人接触。

相隔关系：如 RA、RE、IC、IS、AR、AE、SI、SC、EA、ER、CI 及 CS，属于这种关系的两种类型个体之间共同点较相邻关系少。

相对关系：在六边形上处于对角位置的类型之间即为相对关系，如 RS、IE、AC、SR、EI 及 CA。相对关系的人格类型共同点少，因此，一个人同时对处于相对关系的两种职业环境都兴趣很浓的情况较为少见。

人们通常倾向选择与自我兴趣类型匹配的职业环境，如具有现实型兴趣的人希望在现实型的职业环境中工作，可以最好地发挥个人的潜能。但职业选择中，个体并非一定要选择与自己兴趣完全对应的职业环境。一则因为个体本身常是多种兴趣类型的综合体，单一类型显著突出的情况不多，因此评价个体的兴趣类型时也时常以其在六大类型中得分居前三位的类型组合而成，组合时根据分数的高低依次排列字母，构成其兴趣组型，如 RCA、AIS 等。二则因为影响职业选择的因素是多方面的，不完全依据兴趣类型，还要参照社会的职业需求及获得职业的现实可能性。因此，职业选择时会不断妥协，寻求与相邻职业环境、甚至相隔职业环境，在这种环境中，个体需要逐渐适应工作环境。但如果个体寻找的是相对的职业环境，意味着所进入的是与自我兴趣完全不同的职业环境，则我们工作起来可能难以适应，或者难以做到工作时觉得很快乐，相反，甚至可能会每天工作得很痛苦。

（三）测评量表

本测验量表将帮助您发现和确定自己的职业兴趣和能力特长，从而更好地做出求职择业的决策。如果您已经考虑好或选择好了自己的职业，本测验将使您的这种考虑或选择具有理论基础，或向您展示其他合适的职业；如果您至今尚未确定职业方向，本测验将帮助您根据自己的情况选择一个恰当的职业目标。本测验共有七个部分，每部分测验都没有时间限制，但请您尽快按要求完成。

第1部分　你心目中的理想职业（专业）

对于未来的职业（或升学进修的专业）你也许早有考虑，它可能很抽象、很朦胧，也可能很具体、很清晰。不管是哪种情况，现在都请你把你最想干的3种工作或最想读的3种专业，按顺序写下来。

①____。

②____。

③____。

第2部分　你所感兴趣的活动

下面列举了一些十分具体的活动。这些活动无所谓好坏，如果你喜欢去参加（包括过去、现在或将来），就请在答题卷的相应题号上的“是”一栏的方框内打个“√”，如果不喜欢就请在“否”一栏的方框内打“√”。注意，这一部分测验主要想确定你的职业兴趣，而不是让你选择工作，你喜欢某种活动并不意味着你一定要从事这种活动。答题时不必考虑过去是否干过和是否擅长这种活动，只根据你的兴趣直接判断即可。请务必做完每一题目。

R型			I型		
你喜欢做下列事情吗？	是	否	你喜欢做下列事情吗？	是	否
1.装配修理电器。			1.阅读科技书刊。		
2.修理自行车。			2.在实验室工作。		
3.装修机器或机器零件。			3.研究某个科研项目。		
4.做木工活。			4.制作飞机、汽车模型。		
5.驾驶卡车或拖拉机。			5.做化学实验。		
6.开机床。			6.阅读专业性论文。		
7.开摩托车。			7.解一道数学或棋艺难题。		
8.上金属工艺课。			8.上物理课。		
9.上机械制图课。			9.上化学课。		
10.上木工手艺课。			10.上几何课。		
11.上电气自动化技术课。			11.上生物课。		
“是”的总数：			“是”的总数：		

续表

A型			S型		
你喜欢做下列事情吗？	是	否	你喜欢做下列事情吗？	是	否
1.素描、制图或绘画。			1.给朋友们写信。		
2.表演戏剧、小品或相声节目。			2.参加学校、单位组织的正式活动。		
3.设计家具或房屋。			3.加入某个社会团体或俱乐部。		
4.在舞台上演唱或跳舞。			4.帮助别人解决困难。		
5.演奏一种乐器。			5.照看小孩。		
6.阅读流行小说。			6.参加宴会、茶话会或联欢晚会。		
7.听音乐会。			7.跳交谊舞。		
8.从事摄影创作。			8.参加讨论会或辩论会。		
9.阅读电影、电视剧本。			9.观看运动会或体育比赛。		
10.读诗写诗。			10.寻亲访友。		
"是"的总数：			"是"的总数：		
E型			C型		
你喜欢做下列事情吗？	是	否	你喜欢做下列事情吗？	是	否
1.对他人做劝说工作。			1.保持桌子和房间整洁。		
2.买东西与人讨价还价。			2.抄写文章或信件。		
3.讨论政治问题。			3.开发票、写收据或打回条。		
4.从事个体或独立的经营活动。			4.打算盘或用计算机计算。		
5.出席正式会议。			5.记流水账或备忘录。		
6.做演讲。			6.上打字课或学速记法。		
7.在社会团体中做一名理事。			7.上会计课。		
8.检查与评价别人的工作。			8.上商业统计课。		
9.结识名流。			9.将文件、报告、记录分类与归档。		
10.带领一群人去完成某项任务。			10.为领导写公务信函与报告。		
11.参与政治活动。			11.检查个人收支情况。		
"是"的总数：			"是"的总数：		

第3部分　你所擅长或胜任的活动

下面从6个方面分别列举一些十分具体的活动，以确定你具备哪一方面的工作特长。回答时，只需考虑你过去或现在对所列活动是否擅长、胜任，不必考虑你是否喜欢这种活动。如果你认为你擅长从事某一活动，就请在答题卷的相应题号上的"是"一栏的方框内打"√"，如果不擅长，就请在"否"一栏的方框内打"√"。注意，你如果从未从事过某一活动，那就请考虑你将来是否会擅长从事该项活动。请你务必做完每一个题目。

<table>
<tr><td>

R 型

你喜欢做下列事情吗？　是　否

1.使用锯子、钳子、车床、砂轮等工具。
2.使用万能电表。
3.给自行车或机器加油使它们正常运转。
4.使用钻床、研磨机、缝纫机等。
5.修整木器家具表面。
6.看机械、建筑设计图纸。
7.修理结构简单的家用电器。
8.制作简单的家具。
9.绘制机械设计图纸。
10.修理收录音机的简单部件。
11.疏通、修理自来水管或下水道。
“是”的总数：

</td><td>

I 型

你喜欢做下列事情吗？　是　否

1.了解真空管的工作原理。
2.知道三种以上蛋白质含量高的食物。
3.知道一种放射性元素的半衰期。
4.使用对数表。
5.使用计算器或计算尺。
6.使用显微镜。
7.辨认三个星座。
8.说明白细胞的功能。
9.解释简单的化学分子式。
10.理解人造卫星不会落地的道理。
“是”的总数：

</td></tr>
<tr><td>

A 型

你喜欢做下列事情吗？　是　否

1.演奏一种乐器。
2.参加二重唱或四重唱表演。
3.独奏或独唱。
4.扮演剧中角色。
5.说书或讲故事。
6.表演现代舞或芭蕾舞。
7.人物素描。
8.油画或雕塑。
9.制造陶器、捏泥塑或剪纸。
10.设计服装、海报或家具。
11.写得一手好文章。
“是”的总数：

</td><td>

S 型

你喜欢做下列事情吗？　是　否

1.善于向别人解释问题。
2.参加慰问或救济活动。
3.善与人合作、配合默契。
4.殷勤待客。
5.能深入浅出地教育儿童。
6.为一次宴会安排娱乐活动。
7.帮助他人解决困难。
8.帮助护理病人或伤员。
9.安排学校或社团组织的各种集体事务。
10.善察人心或善于判断人的性格。
11.善与年长者相处。
“是”的总数：

</td></tr>
<tr><td>

E 型

你喜欢做下列事情吗？　是　否

1.学校里当过班干部并且干得不错。
2.善于督促他人工作。
3.善于使他人按你的习惯做事。
4.做事具有超常的经历和热情。
5.能做一个称职的推销员。
6.代表某个团体向有关部门提出建议或反映意见。
7.担任某种领导职务期间获过奖或受表扬。
8.说服别人加入你所在的团体(俱乐部、运动队、工作或研究组等)。
9.创办一家商店或企业。
10.知道如何做一位成功的领导人。
11.有很好的口才。
“是”的总数：

</td><td>

C 型

你喜欢做下列事情吗？　是　否

1.一天能誊抄近一万字。
2.能熟练地使用算盘或计算器。
3.能够熟练地使用中文打字机。
4.善于将书信、文件迅速归档。
5.做过办公室职员工作且干得不错。
6.核对数据或文章时既快又准确。
7.会使用外文打字机或复印机。
8.善于在短时间内分类和处理大量文件。
9.记账或开发票时既快又准确。
10.善于为自己或集体作财务预算(表)。
11.能迅速誊清贷方和借方的账目。
“是”的总数：

</td></tr>
</table>

第 4 部分　你所喜欢的职业

下面列举了许多职业，对这些职业的基本情况你或多或少都有所了解，并在此基础上形成了自己的评价态度。如果你对某项职业喜欢的话，请在答题卷的相应题号上的“是”一栏中打“√”，如果不喜欢则请在“否”一栏中打“√”。这一部分测验也要求每题必做。

R 型			I 型		
你喜欢做下列事情吗？	是	否	你喜欢做下列事情吗？	是	否
1.飞行机械技术人员。			1.气象研究人员。		
2.鱼类和野生动物专家。			2.生物学研究人员。		
3.自动化工程技术人员。			3.天文学研究人员。		
4.木工。			4.药剂师。		
5.机床安装工或钳工。			5.人类学研究人员。		
6.电工。			6.化学研究人员。		
7.无线电报务员。			7,科学杂志编辑。		
8.长途汽车司机。			8.植物学研究人员。		
9.火车司机。			9.物理学研究人员。		
10.机械师。			10.科普工作者。		
11.测绘、水文技术人员。			11.地质学研究人员。		
“是”的总数：			“是”的总数：		
A 型			S 型		
你喜欢做下列事情吗？	是	否	你喜欢下列职业吗？	是	否
1.诗人。			1.街道、工会或妇联负责人。		
2.文学艺术评论家。			2.中学教师。		
3.作家。			3.青少年犯罪问题专家。		
4.记者。			4.中学校长。		
5.歌唱家或歌手。			5.心理咨询人员。		
6.作曲家。			6.精神病医生。		
7.剧本写作人员。			7.职业介绍所工作人员。		
8.画家。			8.导游。		
9.相声演员。			9.青年团负责人。		
10.乐团指挥。			10.福利机构负责人。		
11.电影演员。			11.婚姻介绍所工作人员。		
“是”的总数：			“是”的总数：		

续表

E型			C型		
你喜欢下列职业吗?	是	否	你喜欢下列职业吗?	是	否
1.供销科长。			1.簿记员。		
2.推销员。			2.会计师。		
3.旅馆经理。			3.银行出纳员。		
4.商店管理费用人员。			4.法庭书记员。		
5.厂长。			5.人口普查登记员。		
6.律师或法官。			6.成本核算员。		
7.电视剧制作人。			7.税务工作者。		
8.饭店或饮食店经理。			8.校对员。		
9.人民代表。			9.打字员。		
10.服装批发商。			10.办公室秘书。		
11.企业管理咨询人员。			11.质量检查员。		
“是”的总数:			“是”的总数:		

第5部分　你的能力类型简评

下面表A、表B是你在6个职业能力方面的自我评分表。你可以先与同龄人比较一下自己在每一方面的能力,然后经斟酌以后对自己的能力作一评价。评分时请在表中适当的数字上画圈。数字越大表示你的能力越强。

注意,请勿全部圈画同样的数字,因为人的每项能力不可能完全一样。

表A

R型	I型	A型	S型	E型	C型
机械操作能力	科学研究能力	艺术创造能力	解释表达能力	商业洽谈能力	事务执行能力
7	7	7	7	7	7
6	6	6	6	6	6
5	5	5	5	5	5
4	4	4	4	4	4
3	3	3	3	3	3
2	2	2	2	2	2
1	1	1	1	1	1

表 B

R型	I型	A型	S型	E型	C型
体力技能	数学技能	音乐技能	交际技能	领导技能	办公技能
7	7	7	7	7	7
6	6	6	6	6	6
5	5	5	5	5	5
4	4	4	4	4	4
3	3	3	3	3	3
2	2	2	2	2	2
1	1	1	1	1	1

第 6 部分　统计和确定你的职业倾向

请将第 2 部分—第 5 部分的全部测验分数按前面已统计好的 6 种职业倾向(R 型、I 型、A 型、S 型、E 型和 C 型)得分填入下表，并作纵向累加。

测验	R型	I型	A型	S型	E型	C型
第 2 部分						
第 3 部分						
第 4 部分						
第 5 部分(A)						
第 6 部分(B)						
总分						

请将上表中的 6 种职业倾向总分按大小顺序依次从左到右重新排列：

____型、____型、____型、____型、____型、____型最高分←你的职业倾向性得分→最低分。

第 7 部分　你所看重的东西——职业价值观

这一部分测验列出了人们在选择工作时通常会考虑的 9 种要素(见所附工作价值标准)。现在请你在其中选出对你最重要二项因素，以及最不重要的二项因素，并将序号填入下边相应空格上。

最重要：________________________________。

最不重要：________________________________。

次重要：________________________________。

次不重要：________________________________。

附:工作价值标准

①工资高福利好。

②工作环境(物质方面)舒适。

③人际关系良好。

④工作稳定有保障。

⑤能提供较好的受教育机会。

⑥有较高的社会地位。

⑦工作不太紧张、外部压力少。

⑧能充分发挥自己的能力特长。

⑨社会需要与社会贡献较大。

⑩能从事自己感兴趣的工作。

二、哈佛职业生涯兴趣测验

第1部分　职业兴趣量表

下表列举了每类职业核心功能中具有代表性的活动项目。你可以根据自己的工作经验、亲朋好友的工作经验以及搜集到的职业、工作信息,选择每项核心功能的得分,从而快速判断你的职业兴趣是什么,其中:1分——我非常不喜欢这些活动,2分——我不喜欢这些活动,3分——我能接受这些活动,4分——我喜欢这些活动,5分——我非常喜欢这些活动。

核心功能	代表性的活动项目	1分	2分	3分	4分	5分
1. 运用科技	设计电脑程序,系统分析工作,解决工程问题,建筑,各种程度的产品设计,在制造工厂里工作,木工、电子产品、汽车、机械、光学、天文、摄影、制陶及其他工艺等方面的业余嗜好,阅读科技或上述任何领域的书籍。					
2. 量化分析	会计工作,各种类型的财务分析、统计分析,领导工作,以数学方法作决策,玩数学游戏或解答数学难题,预测经济。					
3. 理论发展与概念性思考	策略规划,市场分析,营销计划,策略顾问,讲授或选修企业理论课程,研究或提出经济理论,科学、哲学、数学或文学理论方面的业余兴趣。					
4. 创意性生产	各种性质的写作、艺术与设计工作,提出新的产品构想,艺术、工艺、时尚、室内设计、写作或者音乐方面的业余嗜好。					

续表

核心功能	代表性的活动项目	1分	2分	3分	4分	5分
5. 咨询与辅导	各种形式的顾问、辅导、训练或老师，涉及咨询、指导或教学角色的业余工作。					
6. 人员管理	各种直接、日常性的管理或监督角色，业余担任民间团体、宗教团体、学校团体的发起人或领导人。					
7. 企业控制	经营或打算经营自己的事业、担任或渴望担任组织中最高领导职位、拥有政府职位。					
8. 语言与思想	广告工作、公关活动、法律相关活动、撰写备忘录和报告、准备和发表与工作相关的口头报告、公开演讲、政府官员、媒体工作、对政治或辩论的业余嗜好。					

第 2 部分　职业核心功能的强度

当你获得从事某项职业或者工作的机会时，可以分析它是否能和你的职业核心功能相匹配。把你收集到的有关特定工作机会的资料，与下表中的 18 种职业核心功能的相关说明做对比，仔细思考这份工作在每种功能领域的活动强度，并逐一打分。如果已经在工作，也可以运用这个方法评估你目前的工作。

核心功能	强度说明	分数
1. 运用科技	这份工作不需要应用到科技，也不要求科技技能或知识。	1
	这份工作要求最低限度的科技技能与知识。例如要求使用 Word 文档和 Excel 表格等标准商用软件，以及使用传真机、电子邮件等办公设备和系统。	2
	这份工作中，科技技能与知识的应用很频繁，但并不是决定成功与否的关键因素。例如在销售科技产品中，可能会用到数据库、空白表单程序和电脑排版系统。	3
	这份工作成功的关键因素是应用科技技能与知识。例如为了做财务分析或市场分析，必须操作财务分析模型的软件。	4
	这份工作的主要内容就是应用科技技能与知识，这种能力也是成功与否的关键。例如研发管理、工程导向的技术顾问、生产流程工程、电子工程、信息系统分析与管理（或咨询）、电脑辅助设计技术研发等。	5

续表

核心功能	强度说明	分数
2. 定量分析	这份工作不需要应用定量分析。	1
	这份工作要求最低限度的定量分析。例如需要进行记录的业务员或其他客户服务的工作角色。	2
	这份工作中，定量分析的应用很频繁，但还不是决定成功与否的关键因素。例如需要做销售分析与预测的工作，或是编制与使用一套复杂的预算系统的管理职务。	3
	这份工作成功的关键因素是定量分析能力。例如定期进行现金流量分析、业务与市场趋势分析或一般企业财务报表分析的职务。	4
	这份工作的主要内容就是定量分析，这种能力也是成功与否的关键。例如股市分析、保险统计分析、市场研究分析、设计与建立财务和经济模型等。	5
3. 理论发展与概念性思考	这份工作不需要应用理论发展与概念性思考能力。	1
	这份工作要求最低限度的理论发展与概念性思考。例如负责找出新市场中潜在客户的采购模式与需求特性这类工作。	2
	在这份工作中，理论发展与概念性思考很频繁，但还不是决定成功与否的关键因素。例如需要做组织与项目设计的管理职务、作业或流程改造的咨询顾问等。	3
	这份工作成功的关键因素是理论发展与概念性思考能力。例如拟订营销策略或新事业发展流程、规划或咨询有关购并策略、拟订薪酬制度等。	4
	这份工作的主要内容就是理论发展与概念性思考，这种能力也是成功与否的关键。例如大学的企业管理教授、顾问公司的研究人员、政府部门的产业政策分析师等。	5
4. 创意性生产	这份工作不涉及创意性生产。	1
	这份工作要求最低照度的创意性生产。例如制作企业内部报告所需美的幻灯片。	2
	这份工作中，创意性生产力的应用很频繁，但还不是决定成功与否的关键因素。例如需要使用电脑制图，设计内部刊物或撰文，设计业务简报用创意性生产的幻灯片、图表等。	3
	这份工作成功的关键因素是创意性工作能力。例如公共关系、活动规划，设计企业内部训练与人才培育课程。	4
	这份工作的主要内容就是创意性生产，这种能力也是成功与否的关键。例如图表设计师、新产品设计师、建筑师等。	5

续表

核心功能	强度说明	分数
5. 咨询与辅导	这份工作不需要应用咨询与辅导。	1
	这份工作要求最低限度的咨询与辅导。例如专家型的独立工作者。	2
	这份工作中，咨询与辅导的应用很频繁，但还不是决定成功与否的关键因素。例如大多数中层主管，或生产现场领班。	3
	这份工作成功的关键因素是咨询与辅导。例如新进员工培训主管，或在高度压力的环境下，维系一个团队的人际关系，并带动成员努力作业的管理职务。	4
	这份工作的主要内容就是咨询与辅导，这种能力也是成功与否的关键。例如人力资源发展、针对投资大户的个人理财服务等。	5
6. 人员管理	这份工作不涉及人员管理。	1
	这份工作要求最低限度的人员管理。例如顾问、资产组合经理、银行家等专业角色。	2
	这份工作中，人员管理的应用很频繁，但还不是决定成功与否的关键因素。例如项目经理。	3
	这份工作成功的关键因素是人员管理能力。例如事业部主管、董事长等角色。	4
	这份工作的主要内容就是人员管理，这种能力也是成功与否的关键。例如统筹监督大批正式的蓝领、白领员工每天的工作，但并不涉及更广泛的组织性事务。	5
7. 企业控制	这份工作不涉及企业控制。	1
	这份工作要求最低限度的企业控制。例如在制造业中担任生产线主管。	2
	这份工作中，企业控制很平常，但还不是决定成功与否的关键因素。例如投资银行或投资公司交易与业务相台的主管。足球教练等。	3
	这份工作成功的关键因素是企业控制能力。例如工厂经理、区域业务经理等。	4
	这份工作的主要内容就是企业控制，这种能力也是成功与否的关键。例如总经理、律师事务所常务负责人，或是经常要出面谈业务的负责人。	5

续表

核心功能	强度说明	分数
8. 语言与思想	这份工作不需要语言与思想影响力。	1
	这份工作要求最低限度的语言与思想影响力。例如处理邮购订货电话的职务。	2
	这份工作中,语言与思想影响力的应用很频繁,但还不是决定成功与否的关键因素。例如管理由大量志愿者组成的组织,激励他们为组织的使命努力。	3
	这份工作成功的关键因素是语言与思想影响力。例如慈善机构的董事会成员。	4
	这份工作的主要内容就是语言与思想影响,这种能力也是成功与否的关键。例如业务员、劳资协调人员、财经媒体的撰稿人等。	5

第 3 部分　个人兴趣与工作匹配度量表

当你根据以上说明为某个工作机会打分以后,可以将你的个人兴趣和这份工作的八种职业核心功能等级做比较分析,如下表所示,从而判断这份工作是否符合你的兴趣。

核心功能	个人兴趣评价	得分工作评价得分	匹配程度(按 1～5 分,由完全不匹配到完全匹配)
1. 运用科技			
2. 定量分析			
3. 理论发展与概念性思考			
4. 创意性生产			
5. 咨询与辅导			
6. 人员管理			
7. 企业控制			
8. 语言与思想			

第三节　职业能力测评

GATB一般能力倾向测验

下面开始测验，测验的目的是了解自己更能胜任的职业，请真实作答。

第1部分　试题填答

一般学习能力倾向(G)

题号	内容	强	较强	一般	较弱	弱
1	快而容易的学习新的内容					
2	快而正确的解决数学题目					
3	你的学习成绩总处于					
4	对课文的理解、分析、综合能力					
5	对所学知识的记忆能力					

言语能力倾向(V)

题号	内容	强	较强	一般	较弱	弱
6	善于表达自己的观点					
7	阅读速度和理解能力					
8	掌握词汇量的程度					
9	你的语文成绩					
10	你的文学创作能力					

算术能力倾向(N)

题号	内容	强	较强	一般	较弱	弱
11	做出精确的测量					
12	笔算能力					
13	口算能力					
14	打算盘					
15	你的数学成绩					

空间判断能力倾向(S)

题号	内容	强	较强	一般	较弱	弱
16	解决立体几何方面的习题					
17	画三维的立体图形					
18	看几何图形的立体感					
19	想象盒子展开后的平面图					
20	想象三维的物体					

形态知觉能力倾向(P)

题号	内容	强	较强	一般	较弱	弱
21	发现相似图形中的细微差别					
22	识别物体的细节部分					
23	注意物体的细节部分					
24	观察物体的图像是否正确					
25	对物体的细微描述					

书写知觉能力倾向(Q)

题号	内容	强	较强	一般	较弱	弱
26	快而准确地抄写资料(如姓名、日期、电话号码等)					
27	发现错别字					
28	发现计算错误					
29	能很快查找编码卡片					
30	自我控制能力(如较长时间抄写资料)					

眼手运动协调能力倾向(K)

题号	内容	强	较强	一般	较弱	弱
31	玩电子游戏					
32	打篮球、排球和踢足球等一类活动					
33	打乒乓球、羽毛球运动					
34	打算盘能力					
35	打字能力					

手指灵巧度(F)

题号	内容	强	较强	一般	较弱	弱
36	灵巧地使用很小的工具					
37	穿针眼、编织等使用手指的活动					
38	用手指做一件小工艺品					
39	使用计数器的灵巧程度					
40	弹琴					

手腕灵巧度(M)

题号	内容	强	较强	一般	较弱	弱
41	用手把东西分类					
42	在推拉东西时手的灵活度					
43	很快地削苹果皮					
44	灵活地使用手工工具					
45	在绘画、雕刻等手工活动中的灵活性					

第 2 部分　结果统计

对每一种能力中每一个选项的选择次数进行统计，如一般学习能力倾向(G)中“强”选择了 1 次，就在下表中对应一格里填 1。再按照表中的计算公式，得出每一种能力的平均分。最后形成九种能力代码。

序号	能力名称	强	较强	一般	较弱	弱	平均分
1	一般学习能力倾向(G)						
		[()×1+()×2+()×3+()×4+()×5]÷5					
2	言语能力倾向(V)						
		[()×1+()×2+()×3+()×4+()×5]÷5					
3	算术能力倾向(N)						
		[()×1+()×2+()×3+()×4+()×5]÷5					
4	空间判断能力倾向(S)						
		[()×1+()×2+()×3+()×4+()×5]÷5					
5	形态知觉能力倾向(P)						
		[()×1+()×2+()×3+()×4+()×5]÷5					
6	书写知觉能力倾向(Q)						
		[()×1+()×2+()×3+()×4+()×5]÷5					

续表

序号	能力名称	强	较强	一般	较弱	弱	平均分
7	眼手运动协调能力倾向(K)						
		[()×1+()×2+()×3+()×4+()×5]÷5					
8	手指灵巧度(F)						
		[()×1+()×2+()×3+()×4+()×5]÷5					
9	手腕灵巧度(M)						
		[()×1+()×2+()×3+()×4+()×5]÷5					

序号	一	二	三	四	五	六	七	八	九
能力	一般学习能力倾向(G)	言语能力倾向(V)	算术能力倾向(N)	空间判断能力倾向(S)	形态知觉能力倾向(P)	书写知觉能力倾向(Q)	眼手运动协调能力倾向(K)	手指灵巧度(F)	手腕灵巧度(M)
平均分									

第四节　职业价值观测评

一、WVI 职业价值观测验

第 1 部分　试题填答

请仔细下面有 52 道题目，每个题目都有 5 个备选答案，请根据自己的实际情况或想法进行作答，在认同的答案上打“√”。每一题目上不要考虑太长时间，作答时不得漏题。

题号	题目	非常重要	比较重要	一般	较不重要	很不重要
1	你的工作必须经常解决新的问题	5	4	3	2	1
2	你的工作能为社会福利带来看得见的效果	5	4	3	2	1
3	你的工作奖金很高	5	4	3	2	1
4	你的工作内容经常变换	5	4	3	2	1
5	你能在你的工作范围内自由发挥	5	4	3	2	1
6	你的工作能使你的朋友非常羡慕你	5	4	3	2	1

续表

题号	题目	非常重要	比较重要	一般	较不重要	很不重要
7	你的工作带有艺术性	5	4	3	2	1
8	你的工作能使人感觉到你是团体中的一分子	5	4	3	2	1
9	不论你怎么干，你总能和大多数人一样晋级和加工资	5	4	3	2	1
10	你的工作使你有可能经常变换工作地点、工作场所或工作方式	5	4	3	2	1
11	在工作中你能接触到各种不同的人	5	4	3	2	1
12	你的工作上下班时间比较随便、自由	5	4	3	2	1
13	你的工作使你不断获得成功的感觉	5	4	3	2	1
14	你的工作赋予你高于别人的权力	5	4	3	2	1
15	在工作中，你能试行一些你的新想法	5	4	3	2	1
16	在工作中你不会因为身体或能力等因素，被人瞧不起	5	4	3	2	1
17	你能从工作的成果中，知道自己做得不错	5	4	3	2	1
18	你的工作经常要外出、参加各种集会和活动	5	4	3	2	1
19	只要你干上这份工作，就不再被调到其他意想不到的单位和工种上去	5	4	3	2	1
20	你的工作能使世界更美丽	5	4	3	2	1
21	在你的工作中，不会有人常来打扰你	5	4	3	2	1
22	只要努力，你的工资会高于其他同年龄的人，升级或涨工资的可能性比干其他工作大得多	5	4	3	2	1
23	你的工作是一项对智力的挑战	5	4	3	2	1
24	你的工作要求你把一切事情安排得井井有条	5	4	3	2	1
25	你的工作单位有舒适的休息室、更衣室、浴室及其他设备	5	4	3	2	1
26	你的工作有可能结识各行各业的知名人物	5	4	3	2	1
27	在你的工作中，能和同事建立良好的关系	5	4	3	2	1
28	在别人眼中，你的工作是很重要的	5	4	3	2	1
29	在工作中你经常接触到新鲜的事物	5	4	3	2	1
30	你的工作使你能常常帮助别人	5	4	3	2	1
31	你在工作单位中，有可能经常变换工作	5	4	3	2	1
32	你的作风使你被别人尊重	5	4	3	2	1
33	同事和领导人品较好，相处比较随便	5	4	3	2	1
34	你的工作会使许多人认识你	5	4	3	2	1

续表

题号	题目	非常重要	比较重要	一般	较不重要	很不重要
35	你的工作场所很好，比如有适度的灯光，安静、清洁的工作环境，甚至恒温、恒湿等优越的条件	5	4	3	2	1
36	在工作中，你为他人服务，使他人感到很满意，你自己也很高兴	5	4	3	2	1
37	你的工作需要组织和计划别人的工作	5	4	3	2	1
38	你的工作需要敏锐的思考	5	4	3	2	1
39	你的工作可以使你获得较多的额外收入，比如：常发实物、常购买打折扣的商品、常发商品的提货券、有机会购买进口货等	5	4	3	2	1
40	在工作中你是不受别人差遣的	5	4	3	2	1
41	你的工作结果应该是一种艺术而不是一般的产品	5	4	3	2	1
42	在工作中不必担心会因为所做的事情领导不满意，而受到训斥或经济惩罚	5	4	3	2	1
43	在你的工作中能和领导有融洽的关系	5	4	3	2	1
44	你可以看见你的努力工作的成果	5	4	3	2	1
45	在工作中常常要你提出许多新的想法	5	4	3	2	1
46	由于你的工作，经常有许多人来感谢你	5	4	3	2	1
47	你的工作成果常常能得到上级、同事或社会的肯定	5	4	3	2	1
48	在工作中，你可能做一个负责人，虽然可能只领导很少几个人，你信奉“宁做兵头，不做将尾”的俗语	5	4	3	2	1
49	你从事的那种工作，经常在报刊、电视中被提到，因而在人们的心目中很有地位	5	4	3	2	1
50	你的工作有数量可观的夜班费、加班费、保健费或营养费等	5	4	3	2	1
51	你的工作比较轻松，精神上也不紧张	5	4	3	2	1
52	你的工作需要和影视、戏剧、音乐、美术、文学等艺术打交道	5	4	3	2	1

第2部分　结果分析

请按以下题号统计分数（各小题分数加到一起），并找到最高的三项和最低的三项，并参照最后的13种价值观类型的含义进行解释。

序号	维度	包含题项	得分	序号	维度	包含题项	得分
1	利他主义	2、30、36、46		7	权力控制	14、24、37、48	
2	审美主义	7、20、41、52		8	经济报酬	3、22、39、50	

续表

序号	维度	包含题项	得分	序号	维度	包含题项	得分
3	智力刺激	1、23、38、45		9	社会交往	11、18、26、34	
4	成就动机	12、17、44、47		10	社会稳定	9、16、19、42	
5	自主独立	5、15、21、40		11	轻松舒适	12、25、35、51	
6	社会地位	6、28、32、49		12	人际关系	8、27、33、43	
				13	追求新意	4、10、29、31	

得分最高的三项			
得分最低的三项			

二、舒伯职业价值观量表

第 1 部分　试题填答

请仔细下面有 60 道题目，每个题目都有 5 个备选答案，请根据自己的实际情况或想法进行作答，在认同的答案上打“√”。每一题目上不要考虑太长时间，作答时不得漏题。

题号	题目	非常重要	很重要	重要	不太重要	不重要
1	能参与救灾济贫工作	5	4	3	2	1
2	能经常欣赏完美的艺术作品	5	4	3	2	1
3	能经常尝试新的构想	5	4	3	2	1
4	必须花精力去深入思考	5	4	3	2	1
5	在职责范围内有充分自由	5	4	3	2	1
6	可以经常看到自己的工作成果	5	4	3	2	1
7	能在社会上扮演更重要的角色	5	4	3	2	1
8	能知道别人如何处理事务	5	4	3	2	1
9	收入比相同条件的人高	5	4	3	2	1
10	有稳定的收入	5	4	3	2	1
11	有清静的工作场所	5	4	3	2	1
12	主管善解人意	5	4	3	2	1
13	能经常和同事一起休闲	5	4	3	2	1
14	能经常变换职务	5	4	3	2	1

续表

题号	题目	非常重要	很重要	重要	不太重要	不重要
15	能成为你想成为的人	5	4	3	2	1
16	能帮助贫困和不幸的人	5	4	3	2	1
17	能增添社会的文化气息	5	4	3	2	1
18	可以自由地提出新颖想法	5	4	3	2	1
19	必须不断学习才能胜任	5	4	3	2	1
20	工作不受他人干涉	5	4	3	2	1
21	常觉得自己的辛劳没有白费	5	4	3	2	1
22	能使你更有社会地位	5	4	3	2	1
23	能够分配调整他人的工作	5	4	3	2	1
24	能经常加薪	5	4	3	2	1
25	生病时能得到妥善的照顾	5	4	3	2	1
26	工作地点光线、通风好	5	4	3	2	1
27	有一个公正的主管	5	4	3	2	1
28	能与同事建立深厚友谊	5	4	3	2	1
29	工作性质常会变化	5	4	3	2	1
30	能实现自己的理想	5	4	3	2	1
31	能够减少别人的苦难	5	4	3	2	1
32	能运用自己的鉴赏力	5	4	3	2	1
33	常需构思新的解决方法	5	4	3	2	1
34	必须不断地解决新的难题	5	4	3	2	1
35	能自行决定工作方式	5	4	3	2	1
36	能知道自己的工作绩效	5	4	3	2	1
37	能让你觉得出人头地	5	4	3	2	1
38	可以发挥自己的领导能力	5	4	3	2	1
39	可使你存下很多钱	5	4	3	2	1
40	有好的保险和福利制度	5	4	3	2	1
41	工作场所有现代化的设备	5	4	3	2	1
42	主管能采取民主的领导方式	5	4	3	2	1
43	不必和同事有利益冲突	5	4	3	2	1
44	可以经常变化工作场所	5	4	3	2	1

续表

题号	题目	非常重要	很重要	重要	不太重要	不重要
45	常让你觉得如鱼得水	5	4	3	2	1
46	能经常帮助他人解决困难	5	4	3	2	1
47	能创作优美的作品	5	4	3	2	1
48	常需提出不同的处理方案	5	4	3	2	1
49	需对事情深入分析研究	5	4	3	2	1
50	可以自行调整工作进度	5	4	3	2	1
51	工作结果受到他人肯定	5	4	3	2	1
52	能自豪地介绍自己的工作	5	4	3	2	1
53	能为团体拟定工作计划	5	4	3	2	1
54	收入高于其他行业	5	4	3	2	1
55	不会轻易被解雇或裁员	5	4	3	2	1
56	工作场所整洁卫生	5	4	3	2	1
57	主管的学识和品德让你敬佩	5	4	3	2	1
58	能够认识很多风趣的伙伴	5	4	3	2	1
59	工作内容随时间变化	5	4	3	2	1
60	能充分发挥自己的专长	5	4	3	2	1

第 2 部分　结果分析

请按以下题号统计分数(各小题分数加到一起)，并找到最高的三项和最低的三项，并参照最后的 15 种价值观类型的含义进行解释。

序号	维度	包含题项	得分	序号	维度	包含题项	得分
1	利他主义	1、16、31、46		8	管理权力	8、23、38、53	
2	美的追求	2、17、32、47		9	经济报酬	9、24、39、54	
3	创造发明	3、18、33、48		10	安全稳定	10、25、40、55	
4	智力刺激	4、19、34、49		11	工作环境	11、26、41、56	
5	独立自主	5、20、35、50		12	上司关系	12、27、42、57	
6	成就满足	6、21、36、51		13	同事关系	13、28、43、58	
7	声望地位	7、22、37、52		14	多样变化	14、29、44、59	
				15	生活方式	15、30、45、60	

第四章

职业世界的探索与选择

人的职业生活是人生生涯的关键部分，个人对社会的贡献、对理想的追求、对生活方式的选择受到职业的影响，一定意义上你选择的不仅仅是一份职业，更是选择了未来的人生发展道路。大学学习时光是快乐的，大学生们怀揣着长辈的期望和对美好生活的向往，无一不想在毕业之后顺顺利利地找到一份满意的工作。职业世界对大学生而言既熟悉又陌生，因我们身边人处在职业世界中有一份谋生的职业而熟悉，又因我们未正式进入职业世界而陌生。探索职业世界是生涯规划的重点，生涯规划服务平台公开表示生涯规划需要知己知彼，方能抉择行动。大学生阶段正处于生涯发展的探索阶段，渴望探究，渴望了解真实的社会生活，了解多变的职业世界，认知工作的意义与价值，从而选择属于自己的成才之路。职业的探索与选择不仅是毕业生的紧急任务，也是普通大学生在学期间的重要任务之一。职业的选择不仅仅是找一份工作，也是个人在与职业环境的互动中，更加知道“我”想成为一个什么样的人，并且努力完成一系列生涯任务的生命历程。

生涯教育要为学生搭建探索社会的平台，使成长中的个体不断成熟，拥有理性，在现实与梦想不断对接的过程中帮助他们从学校的小舞台顺利过渡到社会的大舞台。职业世界是什么样的？怎样探索职业世界？大学所学的专业能够从事哪些职业？求职容易吗？本章将带领大家开展职业世界的探秘之旅。

第一节 职业概述

一、职业的内涵

职业(occupation)，根据中国职业规划师协会的定义通常是指个人服务社会并作为主要生活来源的工作，是指参与社会分工，用专业的技能和知识创造物质或精神财富，获取合理报酬作为物质生活来源，并满足精神需求的工作。职业是人们在社会中所从事的作为谋生手段的工作；从社会角度看，职业是劳动者获得的社会角色，劳动者为社会承担一定的义务和责任，并获得相应的报酬；从国民经济活动所需要的人力资源角度来看，职业是指不同性质、不同内容、不同形式、不同操作的专门劳动岗位。

中国有句古话："三百六十行，行行出状元。"如今，我们处在一个日新月异的新时代，职业也远远不止三百六十种。人力资源和社会保障部联合市场监管总局、国家统计局正式向社会发布一批新职业，包括"区块链工程技术人员""城市管理网格员""互联网营销师""信息安全测试员""区块链应用操作员""在线学习服务生""社群健康助理员""老年人能力评估师""增材制造设备操作员"9个新职业。这是我国自《中华人民共和国职业分类大典(2015年版)》颁布以来发布的第三批新职业。此外，人们熟知的"直播销售员""电商主播""带货网红"有了正式的职业称谓，将"公共卫生辅助服务员"职业下的"防疫员""消毒员"和"公共场所卫生管理员"3个工种上升为职业。新职业层出不穷是社会发展的一面镜子，是社会分工不断细化的必然，产业转型升级使得越来越多的职业正朝着高价值、数字化、个性化方向发展。

职业是每个人社会生活的重要组成部分，大学生选择一份适合自己的职业是实现美好生活的关键一步。大学生亦可以从行业、职位、组织和个人四个方面对职业进行自定义。首先，任何一份职业都处在一个或多个行业之中，行业的整体发展趋势也影响着职业的发展趋势，选择一份职业需要先考察行业发展前景。其次，每份职业在特定的组织内表现为具体的职位，每个职位都对应着一组工作任务，要完成工作任务，需要承担该职位的人具备相应的知识、技能、态度等，大学生需要根据心仪职位匹配能力。再者，不同的组织有自身的定位、机制和文化等，有必要多渠道了解心仪组织的情况，结合自我期望值做好选择和调整。最后，每份工作都有它的优缺点，不同的人对同一个职业感受也是不同的，职业在发展变化，人也应是发展变化的，根据不同阶段自身需求，选择适合自己的职业，适合自己的才是最好的，并做好职业生涯规划。

二、职业的特征

(一)职业的目的性

职业的目的性即职业以获得现金或实物等报酬为目的，职业的目的性体现了职业作为人们赖以谋生的劳动过程中所具有的逐利性的一面。职业活动中既满足职业者自己的需要，同时也满足社会的需要，把职业的个人目的性和社会经济性结合起来，职业便具有了生命力和影响力。

(二)职业的社会性

职业的社会性即职业从业人员在特定社会生活环境中所从事的一种与其他社会成员相互关联、相互服务的社会活动。职业是人类在劳动过程中的分工现象，它体现的是劳动力和劳动资料的结合关系，其实也体现出劳动者之间的关系，劳动产品的交换体现的是不同职业之间的劳动交换关系。这种劳动过程中形成的人与人的关系是社会合作，他们之间的劳动交换是不同职业之间的等价关系，这反映了职业活动和职业劳动成果的社会性。

（三）职业的稳定性

职业的稳定性即职业在一定时期长期存在，大的形式变化不频繁。职业产生后，具有较长的生命周期，保持相对稳定，当然这种稳定性是相对的，随着现代化快速发展，特别是科学技术的不断发展，促使原有职业活动发生变化，存在部分职业的消失和新职业的诞生。职业的稳定性不论是对个人还是对社会都是十分重要的，这关系一个人能否长时间拥有一份工作，一份职业能否长远发展。

（四）职业的规范性

职业的规范性即职业必须符合国家法律和社会道德规范。职业的规范性包括职业内部的规范操作要求性和职业道德的规范性。不同的职业在其职业活动过程中都有一定的操作规范性，这是保证职业活动顺利开展的前提和要求。当不同的职业在对外展现其服务时，还存在伦理范畴的规范性，即职业道德。这两种规范性构成了职业规范的内涵和外延。职业的规范性也要求大学生必须具备一定的专业知识和专业技能，包括较长时间专业知识的学习或技能培训。

（五）职业的群体性

职业的群体性即职业必须具有一定的从业人数。不同个体按某种特征结合在一起，进行共同的职业活动，相互交往，形成了职业群体，不同个体在职业活动中形成语言、习惯、利益、目的等方面的共同特征，也促使群体成员之间不断产生群体认同感。

三、职业的分类

（一）西方职业的分类

根据西方国家的一些学者提出的理论，在国外一般将职业分为三种类型：

(1)按脑力劳动和体力劳动的性质、层次进行分类。这种分类方法把工作人员划分为白领工作人员和蓝领工作人员两大类。白领工作人员包括：专业性和技术性的工作，农场以外的经理和行政管理人员、销售人员、办公室人员。蓝领工作人员包括：手工艺及类似的工人、非运输性的技工、运输装置机工人、农场以外的工人、服务性行业工人。这种分类方法明显地表现出职业的等级性。

(2)按心理的个别差异进行分类。这种分类方法是根据美国著名的职业指导专家霍兰德创立的人职匹配类型理论，把人格类型划分为六种，即实践型、研究型、艺术型、社会型、企业型和常规型，与其相对应的是六种职业类型。

(3)依据各个职业的主要职责或“从事的工作”进行分类。这种分类方法较为普遍，以两种代表示例。其一是国际标准职业分类。国际标准职业分类把职业由粗至细分为四个层次，即 8 个大类、83 个小类、284 个细类、1506 个职业项目，总共列出职业 1881 个。其中8个大类是：专家、技术人员及有关工作者；政府官员和企业经理；事务工作者和有关工作者；销售工作者；服务工作者；农业、牧业、林业工作者及渔民、猎人；生产和有关工作者、运输设备操作者和劳动者；不能按职业分类的劳动者。这种分类方法便于提高国际间职业统计资料的可比性和国际交流。其二是加拿大《职业岗位分类词典》的分类。它把分属于国民经济中主要行业的职业划分为23个主类，主类下分81个子类，489个细类，7200多个职业。此种分类对每种职业都有定义，逐一说明了各种职业的内容及从业人员在普通教育程度、职业培训、能力倾向、兴趣、性格以及体质等方面的要求，有较大的参考价值。

（二）中国职业的分类

根据中国不同部门公布的标准分类，主要有三种类型。

(1)根据国家统计局、国家标准总局、国务院人口普查办公室1982年3月公布，供第三次全国人口普查使用的《职业分类标准》。该标准依据在业人口所从事的工作性质的同一性进行分类，将全国范围内的职业划分为大类、中类、小类三层，即8大类、64中类、301小类。其8个大类的排列顺序是：第一，各类专业、技术人员；第二，国家机关、党群组织、企事业单位的负责人；第三，办事人员和有关人员；第四，商业工作人员；第五，服务性工作人员；第六，农林牧渔劳动者；第七，生产工作、运输工作和部分体力劳动者；第八，不便分类的其他劳动者。在八个大类中，第一、二大类主要是脑力劳动者，第三大类包括部分脑力劳动者和部分体力劳动者，第四、五、六、七大类主要是体力劳动者，第八类是不便分类的其他劳动者。

(2)根据国家发展计划委员会、国家经济委员会、国家统计局、国家标准局批准，于1984年发布，并于1985年实施的《国民经济行业分类和代码》。这项标准主要按企业、事业单位、机关团体和个体从业人员所从事的生产或其他社会经济活动的性质的同一性分类，即按其所属行业分类，将国民经济行业划分为门类、大类、中类、小类四级。门类共13个：农、林、牧、渔、水利业；工业；地质普查和勘探业；建筑业；交通运输业、邮电通信业；商业、公共饮食业、物资供应和仓储业；房地产管理、公用事业、居民服务和咨询服务业；卫生、体育和社会福利事业；教育、文化艺术和广播电视业；科学研究和综合技术服务业；金融、保险业；国家机关、党政机关和社会团体；其他行业。

(3)根据《中华人民共和国职业分类大典》将我国职业归为8个大类。我国第一部《中华人民共和国职业分类大典》颁布于1999年，近年来，由于经济社会的不断发展，我国社会职业构成发生了很大的变化。为适应发展需要，2015年新版《中华人民共和国职业分类大典》职业分类结构为8个大类、75个中类、434个小类、1481个职业。其中八个大类分别是：

第一大类：党的机关、国家机关、群众团体和社会组织、企事业单位负责人，其中包括6个中类、15个小类、23个职业；

第二大类：专业技术人员，其中包括11个中类、120个小类、451个职业；

第三大类：办事人员和有关人员，其中包括3个中类、9个小类、25个职业；

第四大类：社会生产服务和生活服务人员，其中包括15个中类、93个小类、278个职业；

第五大类：农、林、牧、渔业生产及辅助人员，其中包括 6 个中类、24 个小类、52 个职业；

第六大类：生产制造及有关人员，其中包括 32 个中类、171 个小类、650 个职业；

第七大类：军人，其中包括 1 个中类，1 个小类，1 个细类；

第八大类：不便分类的其他从业人员，其中包括 1 个中类，1 个小类，1 个细类。

(三)新职业的诞生

新职业是指经济社会发展中已经存在一定规模的从业人员、具有相对独立成熟的职业技能，《中华人民共和国职业分类大典》中未收录的职业。新职业一般要求有不少于 5000 人的从业人员，还要求有稳定性和独特技术性。新职业申报审核的程序是：机关、社会团体、企业、学校以及个人，可通过"中国劳动力市场网"向人力资源和社会保障部"职业技能鉴定中心"提出新职业建议，填写《新职业建议书》，由鉴定中心对新职业建议进行登记、汇总、分类，组织有关部门和行业的专家进行评审论证。对部分建议新职业，还需组织专家到工作现场进行调研。评审论证通过后，再通过互联网向社会公示，广泛征求意见，最后由人力资源和社会保障部定期对外发布。2020 年 7 月 6 日，人力资源和社会保障部联合市场监管总局、国家统计局正式向社会发布"区块链工程技术人员""城市管理网格员""互联网营销师"等 9 个新职业。这是我国自《中华人民共和国职业分类大典(2015 年版)》颁布以来发布的第三批新职业。

第一批新职业：2019 年 4 月 1 日，人力资源和社会保障部、市场监管总局、国家统计局正式向社会发布了人工智能工程技术人员、物联网工程技术人员、大数据工程技术人员、云计算工程技术人员、数字化管理师、建筑信息模型技术员、电子竞技运营师、电子竞技员、无人机驾驶员、农业经理人、物联网安装调试员、工业机器人系统操作员、工业机器人系统运维员 13 个新职业信息。

第二批新职业：2020 年 2 月 25 日，人力资源和社会保障部、市场监管总局、国家统计局联合向社会发布了智能制造工程技术人员、工业互联网工程技术人员、虚拟现实工程技术人员、连锁经营管理师、供应链管理师、网约配送员、人工智能训练师、电气电子产品环保检测员、全媒体运营师、健康照护师、呼吸治疗师、出生缺陷防控咨询师、康复辅助技术咨询师、无人机装调检修工、铁路综合维修工和装配式建筑施工员 16 个新职业信息。

第三批新职业：2020 年 7 月 6 日，人力资源和社会保障部、国家市场监管总局、国家统计局三个部门联合发布了区块链工程技术人员、区块链应用操作员、城市管理网格员、互联网营销师、信息安全测试员、在线学习服务师、社群健康助理员、老年人能力评估师、增材制造设备操作员 9 个新职业信息。

随着经济社会发展，新兴技术的应用和人们需求的提升，新产业、新业态、新模式不断涌现。为反映职业发展的变化，我国建立了发布新职业制度，国家对这些新职业进行征集、规范，并加以公布，有助于提升新职业的社会认同度、公信力，满足人力资源市场的双向选择需要，使国家职业分类体系更加科学完善。这对扩大高校毕业生就业创业岗位、促进转岗、失业人员再就业、规范灵活就业以及加强职业教育培训等，都产生积极的作用。

四、职业的意义

(一)职业是个人安身立命的重要手段

个人通过持续的职业活动，可以拥有稳定的经济收入，获取生活来源，可以购买住房、交通工具、食物和生活必需品等满足生存需要；可以购买奢侈品、外出旅行、参加兴趣班和外出聚餐等丰富精神生活；可以为存款结婚、养育后代和赡养老人等提供保障。职业是人类生存的重要手段，生产劳动是人类社会发展的重要活动，人们通过职业进行生产劳动，获取生存和发展所需的生活资料，是维持个人和家庭生活的基本条件。职业具有目的性，不仅体现在对个人财富的积累，也体现在对社会财富的创造，通过职业活动，实现物质财富和精神财富的积累。

(二)职业是个人社会活动的重要方式

一个人一生中一大半的时间都是围绕职业进行的，职业使人承担特定的社会角色进入特定的职业生活，职业活动情境给每个人带来不一样的社会生活体验，如教师体验备课上课、管理班级、组织考试等社会生活；警察体验维护治安、管理户籍、刑事侦查、交通安全等社会生活；快递员体验收货验货、送货上门、客户管理等社会生活。不同的社会生活反作用于职业生活，推动个人追求更高的人生目标，或是荣誉、权力、地位和财富，或是追求稳定、舒适、愉快、自由，影响着个人的价值观念、行为模式和前途命运。

(三)职业是个人发挥才能的重要平台

从事任何一份工作，不仅需要个人具备专业知识和技能，而且需要个人在职业发展中提升才能，使得个人兴趣和潜力得到充分发挥。离开职业活动，个人兴趣和才能就失去了良好发挥的平台。职业，对很多大学生而言不仅意味着物质生活的保障，更意味着个人价值的体现、个人理想的实现，据统计，人们给予职业对“自我实现”需求满足的平均期望值为 95，因此，应当考虑职业是否具有发展空间，满足个人更多的成就感，在社会生活中获得快乐避免焦虑。职业是个人发挥才能的重要平台，通过职业生活可以给人带来安全感、成就感、幸福感。

(四)职业是维持社会稳定的重要基石

职业是构成社会存在的基础，是构成社会运行的一种具体方式，也构成社会成员的阶层和地位的划分。职业涉及社会生活的方方面面，影响着人的社会关系，涉及社会的矛盾冲突，关系着社会财富和利益的分配。全社会应齐心协力做好就业工作，尊重每一份职业，遵守职业道德和规范，共同维持社会和谐稳定，共享改革发展成果。

第二节　新职业的发展趋势

一、新职业集中领域与动力机制

新职业是指经济社会发展中已经存在一定规模的从业人员且具有相对成熟的职业技能，而《中华人民共和国职业分类大典》中并未收录的职业。进入21世纪，为适应新职业不断出现和发展的新情况，我国于2015年修订并颁布新版国家职业分类大典，首次对127个绿色职业进行了标识。继新版职业分类大典颁布后，2019年4月、2020年4月、2020年7月，人力资源和社会保障部联合国家市场监管总局、国家统计局向社会发布了3批共38个新职业。与传统职业相比，国家发布的新职业有什么特点？新职业为发展的未来趋势如何？

（一）新职业集中在新兴产业和现代服务业两个领域

通过对近两年国家发布的新职业类别进行整体观察和深入分析发现，新职业在工作性质、工作内容、专业能力、工作关系以及评价标准等方面具有明显的特点。

第一、从岗位性质和行业分布来看，新职业的分布主要集中在新兴产业和现代服务业两个领域。大致来说，新职业的类别呈现出3个1/3的分布特点。其中，1/3是与新兴产业密切相关的工程技术类岗位，1/3是与互联网和信息化相关的数字化管理和服务类岗位，另外1/3是与健康养老咨询和服务相关的现代服务业类岗位。

第二、从工作能力构成来看，大部分新职业要求从业人员具备一定的数字化能力。与传统职业相比，数字化能力是大多数新职业能力要素的基本构成(经过三十多年的迅猛发展，互联网信息技术已经由过去的小众化、研究型转变为大众化、应用型)。不管是与区块链、物联网等相关的工程技术类岗位，还是城市管理网格员、互联网营销师、社群健康助理员、在线学习服务师等现代服务业类岗位，都或多或少需要一定的数字化能力。

第三、从工作产出来看，无形性的专业咨询服务成为新职业的普遍性工作内容。现代服务业类的新职业同样需要较高的专业技能，如连锁经营管理师、健康照护师、呼吸治疗师、出生缺陷防控咨询师、康复辅助技术咨询师、在线学习服务师、社群健康助理员、老年人能力评估师等新职业，主要是向客户提供专业咨询和专业建议，供客户决策参考。这在客观上也折射出我国经济发展的方向和由传统工业经济向智能制造、服务经济以及知识经济转型升级的发展趋势。

第四、从工作联系来看，新职业越来越凸显“连接最后一公里”的特点。这种连接是指在人与机器、现实世界与虚拟世界、商业与道德之间搭建的“最后一公里”的连接网络。其一方面体现为“硬”的物理连接，如区块链、物联网、互联网等行业的新职业，偏重从硬件上建立连接；另一方面表现为“软”的服务连接，如健康照护师、网约配送员等新职业，偏重于建立柔性连接。硬件的物理连接为柔性的服务连接提供了基础和保障，不仅帮助人们获得了专业产品和服务，也提升了人们的体验度和幸福感。

第五、从需求规模来看，新职业的未来市场需求非常大。根据人力资源和社会保障部中国就业培训技术指导中心联合钉钉发布的《新职业在线学习平台发展报告》，未来5年新职业人才需求规模庞大，预计云计算工程技术人员近150万、物联网安装调试员近500万、无人机驾驶员近100万、电子竞技员近200万、电子竞技运营师近150万、农业经理人近150万、人工智能人才近500万、建筑信息模型技术员近130万、工业机器人系统操作员和运维员均达到125万、数字化管理师从业人员超过200万，人才缺口近千万。

第六、从从业人群来看，“90后”“00后”是新职业的主流人群。在年龄维度上，“80后”“90后”是新职业的主力军，占比达83%。新职业主要分为两类：一类是全新职业，是指由经济社会发展、科学技术进步以及劳动组织方式变革而形成的新的社会群体性工作；另一类是更新职业，是指职业活动内容因科学技术更新和劳动组织方式变革而发生质的变化的社会群体性工作。新职业大部分是全新职业。一方面，“职业自由”成为年轻人追求的工作方式，其掌握多种职业技能，可以选择的职业超过两种以上，具有自主择业主动权。在这种情况下，职业不仅是谋生的重要手段，也逐渐成为体验不同生命历程和感受不同工作状态的重要方式。另一方面，全新职业的出现与“90后”“00后”“网生代”的成长背景有着密切的关联。从出生开始，无论是生活还是学习，“90后”“00后”都与互联网信息技术建立了紧密的联系。

（二）新职业产生的动力机制

新职业的产生是社会分工不断扩大的必然结果，社会分工的细化和市场规模的形成是推动新职业出现的两个关键要素。对于当下的中国来说，新职业集中涌现的动力机制可以归纳为社会消费新需求的推动、互联网信息技术的大众化以及职业选择的多元化三个方面。

第一、社会消费新需求的推动。新职业的出现归根结底是社会有需求。党的十九大报告明确指出：“中国特色社会主义进入新时代，我国社会主要矛盾已经转化为人民日益增长的美好生活需要和不平衡不充分的发展之间的矛盾。”社会主要矛盾的主要方面是供给侧，也就是发展的不平衡不充分。因此，解决社会主要矛盾的切入点应从矛盾的主要方面着手，即推进供给侧改革。供给侧改革有两个重点：一个是宏观层面的产业和企业改革，造就新行业、新业态；另一个是微观层面的人才支撑和保证，发展新就业、新职业。因此，供给侧改革落到基础层面就是要求实现新职业充分就业，新职业的集中涌现归根结底是源于对社会消费新需求的不断满足。

在中国这个超大规模市场中，随着越来越多的美好生活需求亟待获得满足，更多的新职业将会诞生。这些形式各异的新职业，正在成为中国数字经济的重要组成部分，推动中国经济结构的转型升级和高质量发展。新职业更加强调社会需求导向下的、社会分工细化下的专业能力，新职业的从业者不仅是服务的直接提供者，也扮演着咨询顾问、协助辅导等角色，需要提供相关服务的一揽子解决方案，具备与专业机构有效连接的特点，以便更及时、更精准地契合社会消费新需求的高质量发展趋势。

第二、互联网信息技术的大众化。如果说新时代的社会消费新需求只是为新职业的出现提供了可能性，那么互联网信息技术的普及则为新职业的出现提供了充分条件。职业是劳动分工的产物，新职业是劳动分工不断细化的结果。劳动分工的不断细化为社会提供了越来越多的专业化服务，提高着人们的生产效率和生活质量。但劳动分工的细化并不必然带来新职业，只有社会需求不断累积达到一定的规模效应，也就是细化的劳动分工具有一定的市场规模，才能够支撑新的劳动分工的生产和自身再生产的成本，即两者叠加才会催生新职业。在互联网信息技术普及之前，新职业的产生局限于特定的空间范围。一旦超过一个地区或者城市的空间边界，劳动分工的细化和市场规模就无法达到平衡，新职业便很难出现。随着近些年互联网信息技术特别是移动互联网的迅猛发展以及智能手机的快速普及，几乎每一个人都拥有能够与他人建立便捷连接的移动互联能力，再加上高铁和物流等行业的大规模发展，劳动分工的细化逐渐跨越城市空间甚至国家边界，从而生成更为巨大的有效市场，形成巨大的市场规模，最终促使新职业不断出现。

第三、职业选择的多元化。一代人有一代人的差异，随着时代的发展和社会的进步，人们对职业价值的认知和选择呈现出多元化趋势。“80后”之前的人们往往倾向于将党政机关、企事业单位作为优先甚至唯一的选择，这固然有其他领域就业机会较少等的影响，但从根本上来说还是缘于职业和就业价值观具有唯一性。从“80后”到“90后”“00后”，人们关于职业价值的认知和选择越来越多元化，体制内就业只是新生代的一个选择。随着独生子女新生代的到来，多数青年人拥有父母一代以及祖父母一代的代际财富积累保障，因而职业选择更多是根据自己的兴趣，而越来越少考虑社会的评价以及别人的看法，具有较高的自由度。职业选择多元化以及大城市的“陌生人社会”趋势，为人们特别是新生代选择和从事新职业提供了宽松的环境。

二、新职业的发展趋势

(一)经济全球化趋势

“一个美国人，上身英国斜纹软呢服、韩国衬衣，脚蹬意大利皮鞋，看看手腕上的瑞士表，瞟一眼新装了4个法国轮胎的德国车，用加拿大杯子倒上一杯滚热的哥伦比亚咖啡，放到爱尔兰亚麻桌上的中国丝绣杯垫上，那是一张用印度亚麻籽油漆装饰过的丹麦桌子，一边听着日本产的电视机里面播报的新闻，一边从摩洛哥公文包中拿出一支中国台湾制造的圆珠笔，写信给议会代表，了解为何美国的贸易不平衡。”这一事例被广泛引用来说明经济全球化。20世纪70年代，美国气象学家在解释空气系统理论时说到“亚马逊雨林一只蝴蝶翅膀偶尔振动，也许两周会引起美国得克萨斯州的一场龙卷风”，称之为“蝴蝶效应”。在经济全球化影响下，一方经济变动，会影响全球经济的联动，美国是汽车生产大国，据说如果一个美国人用10000美元购买通用汽车，其中1000多美元给了日本，250美元给了英国，400 美元给了新加坡，700 美元给了德国，3000 多美元给了韩国。我们熟知的华为公司拥有 19.4 万员工，业务遍及 170 多个国家和地区，服务 30 多亿人口。截至 2018 年年底，700 多个城市、211 家世界 500 强企业、48 家世界 100 强企业，选择华为作为数字化转型合作伙伴。华为公司也绝对称得上是第五代通信系统(5G)时代的耀眼新星，目前华为公司掌握数量最多的 5G 专利，占领接近一半的 5G 市场份额，来自世界各地的订单源源不断。经济全球化动态不仅指各经济体之间的合作，更是跨国公司的全球化布局，这让我们的世界联结成一个纽带，使劳动者拥有跨国工作机会和经验。当然，参与跨国工作需要大学生具备更高的素质，除了责任心和团队精神外，跨国公司还十分重视应聘者是否具备良好的学习能力和强烈的求知欲。跨国公司还非常强调人才的国际视野，国际化的公司都同时开发本国市场和海外市场，海外市场的发展往往更快，人才的流动性更强，不少跨国公司注重考查员工对海外文化的深入了解。许多跨国公司人力主管强调公司更看好沟通能力强、英文出色，计算机能力强，同时具备国际视野的毕业大学生。

(二)技术革命趋势

技术进步是经济长期持续增长的源泉，纵观工业革命以来的世界历史，每一次科学技术的大飞跃都推动了经济社会的大发展，产生了极为深远的影响，改变着我们的生活，如现在大多数人拥有个人电脑，平板电脑和智能手机，可以轻松实现不同平台的通信交流，这在过去，你可能需要写一封信沟通，这封信甚至需要几天才能交付到对方的手中；如现在我们可以不必去银行排队取款或转账，许多银行已经开通了手机银行，人们可以使用互联网发送和接收资金，出门购物也可以用信用卡、支付宝、微信完成在线账单支付；如在家庭生活中，在科技越来越发达的现在，发明了许多小机器可以让我们更轻松地去完成家务，各类智能家电也方便了我们的生活，提高了我们的生活品质；由于科技的发展，我们出行也变得越来越方便，逐渐普及的高铁、地铁等，日益发展的交通工具使运输更快、更方便。从前从南到北可能需要几天几夜的时间，现在因为交通运输工具的进步，时间被大大缩短了，这也催生了许多快递运输行业的发展。

就业就是最大的民生，对经济发展产生重要影响。新技术的进步会对就业产生双重影响，它会带来新的工作机会，但也因人工智能的发展，替代一些原有的岗位。过往的实践证明，新技术的进步并没有导致长期的大规模失业，它带来的新增就业机会要多于被替代的就业机会。疫情期间也加快新技术发展的步伐，智能工厂、智能制造得到进一步的发展。2020 年 2 月，中科曙光天津工厂接到疫区紧急需求，在自动化流水线、机器人、智慧立体仓库等智能化生产线的加持下，短短几天，数百台服务器等互联网设备迅速运抵疫情防控第一线，中科曙光天津工厂之所以能快速恢复生产，得益于公司在工业互联网方面的长期研发与投入。疫情期间，河南鼎能电子科技有限公司研发出新一代全自动口罩生产设备，每月可产出 50 条全自动生产线，每条生产线只需一人操作，每条生产线日产能达到 14 万只口罩。未来是科技创新发展的时代，北京师范大学互联网教育智能技术及应用国家工程实验室主任黄荣怀提道："智能时代的人才应具备数字化生存能力，应能主动适应社会的智能化发展、利用技术或工作为自身或他人服务。信息素养、计算思维、协作沟通能力、复杂问题解决能力、人机协调能力等将成为新时代人才重要的核心能力。”

(三)网络化趋势

网络化是指利用通信技术和计算机技术,把分布在不同地点的计算机及各类电子终端设备互联起来,按照一定的网络协议相互通信,以达到所有用户都可以共享软件、硬件和数据资源的目的。今天的世界是网络化的世界,从交通通信网、商贸物流网到产业协作网、资金融通网再到互联网、物联网、智联网等,网络化的影响无处不在。计算机网络在交通、金融、企业管理、教育、邮电、商业等各行各业中,甚至是我们的家庭生活中都得到广泛的应用。在疫情的影响下,在家办公火了,中央应对新型冠状病毒感染肺炎疫情工作小组在 2020 年 1 月 29 日的会议中指出,允许来自疫情高发地区人员、非紧迫工作岗位人员适当延期返程,对高风险人群延长居家留观时间或实行居家网上办公。面对庞大的市场需求,阿里钉钉、腾讯企业微信、蓝信、字节跳动飞书、华为云等多家办公软件纷纷为在线办公做出优化或推出免费服务。腾讯企业微信数据显示,2020 年 2 月 3 日节后开工第一天,数百万企业、数千万员工使用企业微信,几十万场会议在企业微信开展,约是去年同期的三倍。阿里数据显示,2 月 3 日当天有上千万企业组织、近 2 亿人通过钉钉在家办公、视频开会。“90 后”大学生在互联网的环境中学习、成长,据教育部长高等教育司司长吴岩提到,疫情期间的高校在线教学实践实现了全区域、全覆盖、全方位,截至 2020 年 5 月 8 日,全国 1454 所高校开展在线教学,103 万教师在线开出了 107 万门课程,合计 1226 万门次课程。参加在线学习的大学生共计 1775 万人,合计 23 亿人次。在线学习开设课程覆盖理、工、农、医、经、管、法、文、史、哲、艺、教等学科门类,课程类型包括公共课、专业基础课、专业课、理论课、实验课等多种类别,授课模式有直播课、录播课、慕课、远程指导等多种形态。随着我国基础建设的日趋完善,2019 年我国已实现对 98 的行政村进行第四代通信系统(4G)和光纤网络覆盖,这样的互联网覆盖率,已达到全球前五水平,网络化发展让在线教育传播到全国各地,使教育更加公平、效率和高质量,在线教育的浪潮正在迎面而来。大学生们可以利用网络在线学习,今后也同样可以依靠网络实现工作自由化,远程办公和在家办公将成为未来职业发展趋势。

(四)人工智能趋势

人工智能(Artificial Intelligence,即 AI)是研究、开发用于模拟、延伸和扩展人的智能的理论、方法、技术及应用系统的一门新的技术科学。人工智能是计算机科学的一个分支,生产出一种新的能以人类智能相似的方式做出反应的智能机器,该领域的研究包括机器人、语言识别、图像识别、自然语言处理和专家系统等。人工智能从诞生以来,理论和技术日益成熟,应用领域也不断扩大,可以设想,未来人工智能带来的科技产品,将会是人类智慧的“容器”。人工智能对职业的影响已不再仅仅是一种理论,它已经在现实中发生,世界经济论坛发布的《未来就业报告》研究结果表明,虽然由人工智能技术驱动的变化可能仍然处于初始阶段,但其影响已经遍及全球劳动力市场。2017 年 10 月,故宫全面实行网络售票,标志着中国国内景区售票系统的升级,随着电子信息化在生活的普及,网络售票制度既可以控制景区流量，方便游客游览，也可以节约景区的人员成本。当互联网和人工智能悄悄改变我们生活的时候，越来越多的自助设备取代人工，这也造成了景区窗口售票工作被取代。

2019 年 5 月，国务院印发《深化收费公路制度改革取消高速公路省界收费站实施方案》，交通部表示要在 2019 年底之前，ETC 使用率达到 90%以上，到 2020 年，将基本取消高速公路省界收费站，并实现机场、火车站、客运站、港口码头等大型交通场站停车 ETC 服务。随着 5G 时代的到来和人工智能、无感支付、自动驾驶等技术的发展，使高速人工收费员下岗失业。这也提醒大学生，面对人工智能的发展，需要培养人际交往能力，做到人工智能做不到的情感交流，选择以人为中心的职业，如教师、艺术家、设计师、销售、医生、律师、心理咨询师等；需要培养和机器打交道的能力，从事围绕机器开展工作的职业，如程序员、大数据工程技术人员等；需要培养自身的创意、创造、创新能力，创新是不竭的动力，让你成为不被机器取代的独一无二的人，可以选择如艺术家、设计师、创意师等职业。术业有专攻，大学生应树立不断学习、跨界学习、终身学习的理念，丰富知识面，提升职业技能，成为工作的行家里手。

（五）雇佣关系变化的新趋势

员工和组织之间的关系，早已在市场环境和商业模式的变化下，从雇佣关系逐步转变为合作关系，个人与组织之间的雇佣关系逐渐松散。

1. 共享员工制度

在新冠肺炎疫情中，共享员工这种新型雇佣模式悄然兴起。疫情期间，线下餐饮、酒店等服务行业受到冲击，大量员工无工可返，而在线生鲜电商生意火爆，拣货员、打包员、骑手等岗位人手紧缺，由此出现了临时性的用工模式——“共享员工”。从 2020 年 2 月起，包括餐饮、文娱、零售等行业 40 多家企业的超 3000 名“共享员工”加入盒马，沃尔玛全国 400 多家门店已入职兼职人员超 3000 人。随着各地各行业逐步复工，“共享员工”出现在更多的行业，比如联想集团首批开放武汉、合肥、深圳、惠州、成都 5 个城市的一些工作岗位，为当地没有开业的企业员工提供电脑、服务器、手机的组装、包装等临时工作机会。据联想集团相关负责人介绍，报名的主要是餐饮、酒店员工以及一些互联网客服人员，报名人数已超 500 人；苏宁物流发布“人才共享”计划，提供各类仓内分拣、包装以及社区骑手、快递配送等工作岗位；大润发联合欧尚全国近 500 家门店提供了大量理货、拣货、包装等岗位。可以明显看到，共享员工模式使企业的人力资源转变为人力资本，给员工提供多元化工作机会，促进社会整体经济收入提升，企业通过多元化用工形式减少成本压力，最大程度盘活企业资产，加强企业的灵活度。也相信，随着共享企业的增多，会出现专门从事共享员工管理的合法平台，共享员工不仅是疫情期间的应急措施，更是未来用工趋势。

2. 老年雇佣制度

2000 年迈入老龄化社会后，我国人口老龄化的程度持续加深。到 2022 年左右，中国 65 岁以上人口将占到人口总数的 14%，实现向老龄社会的转变。随着时间推移，老龄化带来的负面影响逐渐显露，劳动力成本上升、劳动年龄结构老化、人口红利消失、经济潜在增速下滑等将影响我国的社会经济发展。人口结构带来的劳动力短缺问题已引起政府的重视，60岁以上老年人的再就业呈现出从大企业向中小企业流动、从制造业向服务业流动、从全日制就业转向非全日制就业或自营业流动的趋势。电影《实习生》中男主角一位70岁的退休老人本(Ben)，就是老年雇佣制度的生动例子。他在一家公司呆了40年，之后退休，老伴去世，儿子在外地成家。突然间，他找不到自己存在的价值了，每次旅行回家，打开门，看到空荡荡的屋子，他没有归属感。一次机缘巧合，本看到一家电商新秀公司的实习生招募项目，于是他去应聘了，成了老板的实习生，每天重新西装革履地去上班，并帮助公司解决了不少难题，他也通过工作重新建立与人的联结，找到了老年生活的意义。随着社会发展、科学技术和医疗技术的进步，人的寿命不断延长，越来越多的国家显现老龄化现象，这也推动了我们思考更长远的职业生涯规划，为老年职业活动创造条件，发挥余热和精力继续参与社会工作。

3. 项目合伙制度

长期以来雇佣制是中国企业的主流模式，企业雇佣员工、资本雇佣劳动。企业与员工只是简单的雇佣关系，员工难以享受企业发展的成果，导致的后果是：员工行为容易短期化、企业成了培训中心，员工动力不足、出勤不出力，对企业的发展漠不关心、对于企业存在的问题也熟视无睹，企业的成败全系于一把手。

鉴于这种情况，为适应激烈的竞争市场，大胆地提出全面推进员工项目合伙制度。这一重大举措意味着雇佣制被打破，公司企业与员工不再是简单的雇佣关系，而是真正的事业合伙人关系。实行项目员工合伙制，员工通过占有一定比例的股份共享项目效益的红利，使员工的利益与企业的利益捆绑在一起，员工与企业不再是简单的雇佣关系，而是利益共同体。如华为公司，任正非本人仅仅持有华为总股权的1.4%，其他股权为员工共有，过去20多年间公司的总净利润还比支付给员工的总净利润少了许多，华为用这个办法把员工个人利益和公司利益绑定到了一起，所以华为的员工都很拼，主人翁精神比较强。与此同时，人才特别是关键人才在合伙制的模式下更具有话语权，发展空间更大，获得感更强。项目合伙制的成功推行将改变企业的成败系于一人的状况，企业发展的风险大大降低，员工和企业紧密联系、息息相关，全体员工心往一处想、劲往一处使，企业得到蓬勃发展、员工红利将不断提高。

(六)价值观变化的新趋势

就业市场的变化也体现在工作价值观的改变上，从传统的“我是革命一块砖，哪里需要往哪里搬”的集体主义工作价值观，到现在更加追求工作幸福感，追求自我价值的实现。与老一代员工相比，新生代员工更加看重自由，更喜欢从事拥有较多休假时间且节奏较慢的工作。他们要工作，更要生活，更加注重工作与家庭的平衡。他们认为在工作时间内需要努力工作，但在工作时间以外拒绝加班。他们深信，赚钱不是目的，只是实现目的的手段。《中国青年报》曾就工作价值观进行过一次调查，在4155名由“80后”“90后”组成的新生代员工样本中，有60.9%的被调查者反映，当今职场中，人们在人际关系的处理上浪费了过多精力，却忽略了对职业发展更重要的方面——工作能力的培养与提高；46.9%的人表示平衡工作和生活是人们的正常需求，而职位晋升则会增加工作压力，因此愿意为了家庭生活质量而放弃晋升；更有 51.5%的被调查者反映理想的工作不在于职位的高低，而在于能否实现自身的价值。由此可见，“80 后”“90 后”新生代员工对待工作的价值观发生了明显的变化。

在看到“80 后”“90 后”价值观出现变化的同时，也要看到其积极的一面。例如，“80 后”“90 后”员工对新科技的敏感，能够带来丰富的信息来源，帮助组织增强交换、加工、处理不同来源信息的能力，有利于激发创新。“80 后”“90 后”员工的求变求新，有利于形成建设性冲突，为问题的解决提供多种思路、方法和观点，提高组织决策质量。价值观的变化，也对组织管理文化提出了新的挑战，要在工作中积极地去引导员工的工作价值观向积极、健康的方向转变，改善员工的心态，提高员工的工作积极性，共同创造良好的工作环境，在工作中实现更好的自己，快乐的工作，幸福的生活。

三、新职业的发展意义

1. 有利于新职业的从业者实现个体价值

社会需求是推动社会发展的根本动力，满足社会需求的过程伴随着劳动分工的不断细化，而分工的细化能够实现社会细分需求或者特定群体需求的满足。正是在不断满足社会需求的持续演化过程中，每一个拥有独特能力的人都能够把自身的能力与社会细化需求匹配起来，在为他人创造价值的同时也实现自我价值。

劳动分工不断细化和市场规模不断扩大之间的动态平衡，使得每个人逐步迎来自由而全面的发展。随着人们需求的不断升级、劳动分工的持续细化以及互联网信息技术造就的细分需求市场规模的逐渐扩大，新职业不断涌现。原本在过去市场规模和社会需求限制下无法实现的劳动分工细化，通过互联网信息技术的普及得以实现，进而产生一系列新职业，并通过新职业的充分就业实现个人价值。

2. 有利于新职业的服务对象实现客户价值

新职业的出现能够满足人们对美好生活向往的细分需求、具体需求和特殊需求。美好生活的需求必然是多元性的，而且往往带有高质量、个性化、精准性、情感性等精神层面满足的内涵。对于消费者个人来说，新职业提供的技术或服务能够直接满足其个性化需求，帮助其增强生活体验、降低生活成本、提高生活质量。比如，在线学习服务师没有出现之前，因为存在时间和空间的限制，一些地方的消费者即使有着更高质量的学习培训需求，也还是很难实现或者实现的成本很高。而新职业的出现则为满足个性化需求和更高质量的需求提供了渠道和路径。

2020 年 1 月 13 日，阿里巴巴公布 2019 年阿里巴巴经济体诞生了超过 100 种新职业。新消费领域诞生的新职业最多，高品质消费需求催生了海鲜饲养员、水果猎人、大米经纪人等新职业；服务消费领域也诞生了服务体验师、情感工程师、垃圾分类师、负能量回收员等。这些新职业的出现源自对消费需求的创造性满足，新消费的形式新、产品新、服务新，职业也是新的。假以时日，这些小趋势的新职业未尝不会成为新职业目录的一部分。随着新职业目录的不断充实，更多的社会消费新需求将得到满足，人们的幸福感也会逐渐增强。

3. 新职业能够推动社会不断发展进步

新职业的出现本质上是能够为社会各行各业赋能的，通过推动各行各业的逐渐进步实现整个社会的不断发展。云计算、大数据、互联网等是新时代推动社会发展的利器。如上所述，新职业的一个基本特点是连接，这个连接的共同点是，处于各行各业的企业端一头连接着企业之外的消费者，一头连接着企业之内的生产者，发挥好“端”的角色是有效匹配和协同生产者和消费者的关键所在。对企业端来说，新职业提供的技术或服务能够创造价值，间接满足人们对更高质量产品或服务的需求。

比如，在农业领域，农民专业合作社等农业经济合作组织发展迅猛，从事农业生产组织、设备作业、技术支持、产品加工与销售等管理服务的人员需求旺盛，农业经理人应运而生。农业经理人可以通过科技和互联网为农业赋能，一方面，有效发挥农田潜力，把农民从烦琐的农业生产中解放出来；另一方面，实现农产品直接对接市场，减少中间流通的时间和成本。由此可知，新职业的发展为新经济、新业态的发展提供了人才支撑，能够推动经济社会高质量发展。

第三节　探索职业世界的维度

职业世界是一个人实现其生涯理想的重要平台和载体。伴随着经济社会的快速发展，科学技术的日新月异，现在职业世界的分工越来越细，新职业层出不穷，使整个职业世界呈现出更加丰富多彩，繁花似锦的景象。作为身处象牙塔中的大学生，由于还未正式进入社会职场，他们对职业世界既满怀憧憬和期待，又充满陌生和迷茫。因此，怎样引导大学生科学有效地探索职业世界就显得非常重要。职业世界作为一个外部平台，是由多种因素和维度交织在一起构成的一个综合系统。本节将主要从地域、行业、组织和职位四个维度引导大学生探索职业世界，以帮助大学生实现更好更全面的了解和认清职业世界，具体内容详见图 4-1。

一、地域探索

2020 年 5 月 29 日，《第一财经》杂志社的第一线城市研究所发布了《2020 城市商业魅力排行榜》，其中一线城市共有四个，分别为北京、上海、广州、深圳。新一线城市共有 15 个，分别是成都、重庆、杭州、武汉、西安、天津、苏州、南京、郑州、长沙、东莞、沈阳、青岛、合肥和佛山。榜单显示，一线城市“北上广深”的格局没有变化，与 2019 年相比，合肥和佛山取代了昆明和宁波，第一次进入新一线城市名单。当你毕业后，打算去哪里工作？是回老家还是留在上学的城市？是去一线城市还是去二三线城市抑或是县城？可能每个人都想

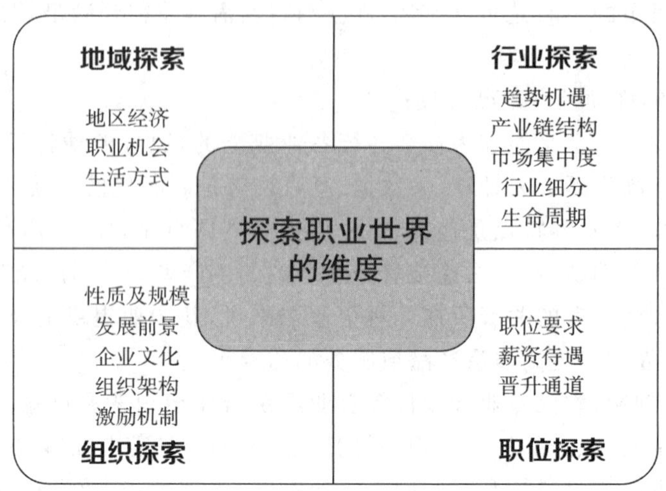

图 4-1 探索职业世界的主要维度

过这个问题，得出的答案也不尽相同。建议可以将一个城市的商业资源聚集度、城市枢纽性、城市人口活跃度、生活方式多样性、未来可塑性作为考量因素。

(一)地区经济

了解一座城市有哪些政府重点扶持的产业，该地区有哪些支柱产业，有哪些知名企业，是否为产业聚集区。产业聚集区的信息大家可以通过网络搜索获知，如珠江三角洲、长江三角洲、环渤海湾地区和以四川、陕西为主的西部地区是我国电子信息产业最为发达的地区，也是电子信息产业集群的主要聚集地。中国高新技术产业开发区是中国在一些知识与技术密集的大中城市和沿海地区建立的高新技术的产业开发区，福建省内的有福州高新技术产业开发区、厦门火炬高技术产业开发区、泉州高新技术产业开发区、莆田高新技术产业开发区、漳州高新技术产业开发区、三明高新技术产业开发区、龙岩高新技术产业开发区。金融产业就世界范围而言，纽约、伦敦和东京，成为全球最重要的金融产业聚集地，这些大都市吸引了全球最主要的银行、保险、证券、基金等金融机构，就国内而言，上海和北京集中了大量国内外的金融企业。中国国内包装印刷聚集区分布在广东省、浙江省、江苏省、湖北省、辽宁省、云南省、安徽省、四川省和福建省。

(二)职业机会

根据所要从事的职业，去产业聚集区和知名企业所在地工作。例如，想从事金融专业，可以去北上广深求职。人才作为一个城市发展的根基，为一个城市的建设注入了强大的力量，北上广深作为我国目前金融较为集中和发达的地区，以城市的魅力和行业福利吸引着金融专业人才。如想从事电商行业可以选择去杭州、北京、上海、成都等城市，杭州作为全国电商的大本营，聚集了浙江省 80％的电子商务企业，是电子商务投资最活跃的城市，也是电商趋势最早的感知者和推动者，知名企业有阿里巴巴、网易电商、云集、微拍堂等。杭州也拥有物流优势，中通、圆通、韵达、汇通、天天快递等快递公司，占据了中国快递行业的半壁江山。想从事制造业工作，可以选择去上海、深圳、北京、广州、苏州、武汉等城市，从地域来看，沿海城市群占据主导地位并带动毗邻城市发展，西部及东北地区城市持续发力，长三角地区进入全国50强的先进制造业城市就有19座，珠三角地区和环渤海地区各10座，西部地区5座，其他地区6座。求职时去产业聚集区、头部企业和知名企业所在地求职，有更大的机会获得一份工作。

（三）生活方式

每一个城市都有它的特点和性格，选择一个城市，也就意味着选择了某一种生活方式。大学毕业时，同学之间各自选择了不同的城市，不同的工作，开始了不同的生活，有的人恋家，选择了回家乡工作，能和家人近距离生活，有的人喜欢大城市的繁华，选择去了北上广深，有的甚至出国工作，选择了繁华的国际大都市，有的人喜欢远离尘世喧嚣，选择去山区、边陲小镇等地方工作。其实，每个地方都有它的独特魅力，大城市的繁华，小城市的安逸，就业的选择难有双全的办法，所有的选择都带有取舍，选择一个城市，便选择了它赋予了我们的生活，关键是看我们置身其中，能否怡然自得。

二、行业探索

根据新国家标准《国民经济行业分类》（GB/T4754—2017），行业分类共有20个门类、97个大类、473个中类、1380个小类。对于行业探索可以通过趋势机遇、产业链结构、市场集中度、行业细分、生命周期进行。可以借助行行查、萝卜投研网站及APP和小程序查询行业信息。

（一）趋势机遇

行业趋势机遇受到政策、产业升级、技术进步的影响。《2020年中国大学生就业报告》（就业蓝皮书）最新数据显示，全面放开二孩及现代家庭对优质教育的需求带动了幼儿与学前教育、中小学教育等相关职业需求的增长。随着人工智能、5G、工业互联网等快速发展，在线教育等为代表的新兴职业也成为应届毕业生就业增长点。从毕业生就业岗位的占比看，2019届本科毕业生就业最多的职业类是“中小学教育”（10.1%），2019届本科毕业生在“中小学教育”“幼儿与学前教育”职业类就业的比例，与2015届相比分别增加了1.4和0.8个百分点，随着教育事业的发展，未来将有更多大学毕业生投身教育行业。相关数据显示，2019年中国在线教育市场规模预计达3133.6亿元，同比增长，预计未来3年市场规模保持增速。北京大学深圳研究生院人文学院执行院长于长江提道：“疫情期间，不少尚未触网的潜在用户开始尝试线上教育，线上教育的整体渗透率与获客效率都将得到提高。”随着人们对线上教育认知的加深，在线教育行业发展趋势逐渐明朗，未来也将有更多的毕业大学生从事线上教育工作。

（二）产业链结构

产业链是指从原材料一直到终端产品制造的各生产部门的完整链条，主要面向具体生产制造环节。产业链向上游延伸一般使得产业链进入到基础产业环节和技术研发环节，向下游延伸进入到市场拓展环节。产业链结构即在行业当中会有一个产业全景图，如在线教育按照产业链分工，主要分为上、中、下游，上游是师资供应、内容提供商、平台提供商和技术提供商四类。在线教育师资供应来自高校、中学、小学、幼儿园和教育机构等。内容提供商主要提供教学资料（讲义、课件、音频、视频等）和辅助教学工具类产品。平台提供商旨在为内容提供商和终端用户之间提供中介平台，多是具有互联网思维的线上机构。除了提供内容、平台外还有一些提供技术支持的企业，如华平股份、优慕课、立思辰为远程教育系统提供支持。中游是教育服务的提供方，多指校外的辅导机构。下游是指最终消费的家长和学生。通过一个产业全景图，可以看到一个行业产业链之间的关系，可以开拓求职者的行业眼界。

（三）市场集中度

市场集中度是对整个行业的市场结构集中程度的测量指标，它用来衡量企业的数目和相对规模的差异，是市场势力的重要量化指标。市场集中度是决定市场结构最基本、最重要的因素，集中体现了市场的竞争和垄断程度。在中国，K12 教育指小学 6 年、初中 3 年和高中 3 年共计 12 年的基础教育，涵盖课外辅导培训等，K12 教育培训形式可分为民办教育、线下教育和在线教育。在中国各类培训品类中，K12 辅导是客群基数最大的。不仅基数大，因为升学排名的竞争性，K12 辅导的参培率很高，无论是排名靠前的尖子生，还是排名靠后的后进生，家长都有让孩子接受辅导的强烈意愿。客群基数大，参培率高，同时学生的培训周期长达 12 年，共同造就了中国最大的培训市场，近年来，我国 K12 市场规模总体呈逐年增长态势，2019 年市场规模近 4751 亿元，2019 年在线 K12 市场规模近 640 亿元。作为最大的培训市场，K12 辅导诞生了新东方集团、乐易学教育、学大教育、好未来（学而思）、掌门 1 对 1、爱学习教育集团（高思）、猿辅导、VIPKID、作业帮、跟谁学等品牌机构，2019 年在我国主要 K12 上市公司中新东方以 1233 个教学点数及 83 个覆盖城市数成为我国经营范围最广的 K12 公司，2019 年教育巨头新东方教师数量达 33900 个，学生数量 794 万个，好未来教师数量为 26003 个，学生数量为 1399 万个。在线教育的诸多细分行业中，在线 K12 辅导行业的市场规模最大，新冠肺炎疫情期间，线下辅导全面停课，在线教育渗透率大大上升，在线 K12 辅导的市场集中度也明显提高。

（四）行业细分

一个大行业下面细分成很多的小行业，这些细分的小行业是求职者具体工作的去处。比如谈到教育业，可以分为学前教育、初等教育、初中教育、高中教育、职业教育、高等教育、成人教育、特殊教育、线下教育、线上教育等。如互联网行业可以细分为电商行业、互联网金融、云计算和大数据领域、智能硬件领域、教育领域、影音娱乐领域等。从大学生求职的角度看，可以选择两三类细分行业，然后从行业分析、商业价值、产品分析等维度进行深入了解。

（五）生命周期

行业的生命周期指行业从出现到完全退出社会经济活动所经历的时间，行业的生命发展周期主要包括四个发展阶段：幼稚期、成长期、成熟期和衰退期。一份工作不仅是获取物质的途径，更是发挥一个人潜能和价值的平台，在求职时要选择朝阳行业和领先企业，像人工智能、新能源、生物医药、电商、在线教育等属于朝阳行业。互联网依然是热门行业，在互联网岗位方面，互联网技术人才，尤其是高端的互联网技术人才仍然存在巨大的需求量，互联网运营人才未来几年也将继续是热门职业。

【推荐阅读】

运用行行查网站探索行业数据

行行查是专业行业研究数据库，包含海量细分行业研究报告，研究信息覆盖大消费、节能环保、传媒娱乐、信息科技、地产金融、生命健康、先进制造、传统行业等领域。

方法步骤：

第一步：登录行行查官网，https://www.hanghangcha.com/。

第二步：输入行业名称，如在线教育，点击查一下，即可进入数据页面。

第三步：点击任一你感兴趣的数据，点击右下角可查看和阅读原文，点击左上角返回上一级页面。

三、组织探索

从广义上说，组织是指诸多要素按照一定方式相互联系起来的系统。从狭义上说，组织就是指人们为实现一个共同的目标，互相协作结合而成的集体或团体，如党团组织、工会组织、企业、军事组织等。这里所说的组织是指各级国家行政机关、事业单位和各类企业等，探索一个组织需要了解很多内容，具体包括组织的性质及规模、发展前景、企业文化、组织架构、激励机制。

（一）性质及规模

各级国家行政机关的性质是指依法成立、履行法定职权、纳入国家行政编制、由国家财政负担工资福利，其工作人员属于国家公职人员。事业单位性质是指由政府利用国有资产设立的，从事教育、科技、文化、卫生等活动的社会服务组织，一般是国家设置的带有一定公益性质的机构，但不属于政府机构，与公务员岗位不同。企业性质主要有国有企业、集体企业、联营企业、三资企业、私营企业和其他企业。组织规模是指一个组织所拥有的人员数量和这些人员之间的相互作用关系。大规模的组织是标准化的，因而能够完成复杂的工作，大规模组织也存在管理的难度，导致效率下降。小规模的组织具有较好的灵活性，能够迅速地对工作环境做出反应。组织的性质及规模各有特点，要大学生根据自身实力、定位和兴趣来判断该组织是否适合自己。

（二）发展前景

组织的发展前景与国家、社会对这个组织的需求程度息息相关，与组织自身实力息息相关。了解一个组织的发展前景就要调研目前该组织的发展阶段，是处于加速阶段还是减速阶段，以及随着经济社会的发展，未来该组织会有一个怎样的发展前景。比如公务员岗位由于收入较稳定、社会地位较高、退休后有保障等福利，吸引大多数毕业生报考，公务员考试热度居高不下，岗位需求量大，发展前景好。

（三）企业文化

企业文化是在一定的条件下，企业生产经营和管理活动中所创造的具有该企业特色的精神财富和物质形态。它包含企业愿景、文化观念、价值观念、企业精神、道德规范、行为准则、历史传统、企业制度、文化环境、企业产品等，企业文化是企业的灵魂，是推动企业发展的不竭动力。大学生求职时选择让你身心舒适的企业文化氛围，也是十分重要的。

（四）组织架构

组织架构是表明组织各要素之间相互关系的一种模式，是整个管理系统的框架。组织架构是组织的全体成员为实现组织目标，在管理工作中进行分工协作，在职务范围、责任、权利等方面所形成的结构体系，其本质是为实现组织战略目标而采取的一种分工协作体系。

（五）激励机制

激励机制是指组织通过特定的方法与管理体系，为组织里的成员提供各类物质和精神保障。它既是组织成员了解组织最关注的重要因素，也是提高成员对组织归属感和满意度重要条件。各类组织常见的激励机制主要包括薪酬激励、福利保障、发展空间、工作环境如图 4-2 所示。大学生求职时应提前了解组织激励机制，选择激励机制健全的组织，有助于大学生保持持续的激情和工作状态，增强对组织的认同感和归属感，从而提高工作业绩。

四、职位探索

探索职位，即重点探索某个职业对劳动者有什么要求，以及劳动者自身的条件能不能满足某个职业的要求。探索一个职位同样需要了解很多内容，包括职位要求、薪资待遇、晋升通道等。职位探索方法可以通过相关网站、APP探索职位信息。

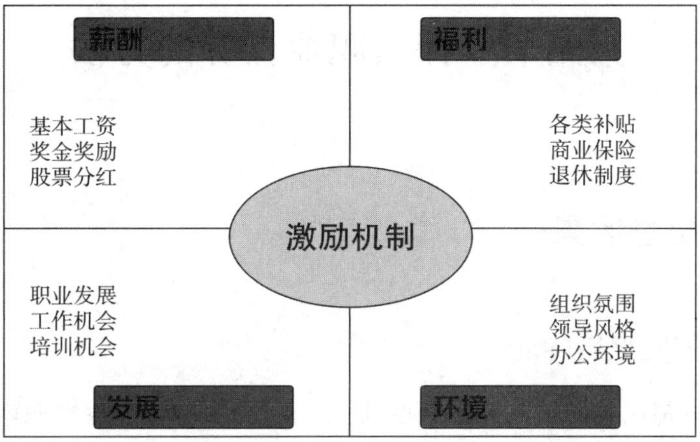

图4-2　激励机制示图

(一)职位要求

职位要求一般指的是单位和企业对所招聘的不同职位的工作人员所应具备的具体要求,如学历条件、专业认证、培训、经验、能力、人格特质、品德修养等。职业要求是岗位规范和岗位标准,是对职位任职人员所规定的要求和条件,是衡量求职者能否具备上岗任职资格的依据。

(二)薪资待遇

大多数人会把薪资待遇作为择业的关键因素,它很大程度上决定你的生活品质和职业动力。因此,在考量一个职位时,要重点调研职位薪酬标准和福利待遇等情况。比如基本月薪、绩效、提成、住房补贴、租房补贴、医疗保险、养老保险、失业保险、工伤保险、生育保险、餐补、年终奖金、工会福利、节假日天数、婚假产假制度、培训机会、户外活动等。

(三)晋升通道

一般来说,单位和企业都有相对固定的晋升通道和晋升机制,规定了职工的晋升条件、方法和流程。晋升通道是由较低层级职位上升到较高层级职位的过程。如会计—财务主管、经理—财务总监—首席财务官(CFO)等。求职时需要了解职位的晋升通道才能明白自己下一步要怎么工作,要达到什么样的标准才能获得晋升。

第四节　探索职业世界的方法

一、网络信息收集

（一）高校就业指导中心

目前，各高校都成立了就业指导中心，是专门指导服务大学生求职就业的机构，高校就业指导中心同上级主管就业工作的部门、社会各界以及用人单位均保持广泛而密切的联系，经过多年的就业工作协作的配合，已经建立和形成了良好而稳定的关系。高校就业指导中心主要利用中心网站、微信公众号发布招聘信息、招聘会信息和就业新闻。这些信息不仅数量多且及时准确，是毕业生收集就业信息的主要渠道，毕业生应经常浏览各高校就业信息网、就业信息发布栏、就业信息简报等，收集就业信息，根据招聘公告信息做求职准备。

（二）就业信息网络平台

现在大多招聘网站和微信公众号都是免费提供大学生搜集、查阅就业公告，收集就业信息。比如教育部新职业网、人力资源和社会保障部网站、高校人才网、全国大学生就业服务网、中国劳动力市场网、中国国家人才网、中国高校毕业生就业信息服务网、各省市事业单位招聘网等，以及 2020 年与新职业网合作的参加教育部“23456”校园网络招聘活动的前程无忧、智联招聘、BOSS 直聘、猎聘网、中华英才网等。百度百聘网也为用户提供全网职位查询，一键投递简历，每天为用户提供 5000 多万有效职位，覆盖 600 多个行业，已有数百家招聘网站加入百度百聘，包括 58 同城、赶集网、百姓网、丁香人才、看准网、智联卓聘、拉勾网、脉脉、内推网、小美工作、大街网、应届生求职网等。大学生们要将这些网站加入电脑收藏，每天习惯性点开查看网页招聘信息和新闻消息，为便捷省内外高校大学生检索，大多招聘网站还细分了地区和行业，大学生可以根据自己求职的地域、行业、企业、职位、兴趣点进行有效检索。

（三）用人单位官方网站

大学生如对具体的用人单位感兴趣，可以通过网络搜索该用人单位官网或者微信公众号，直接获取该用人单位招聘信息。还能通过用人单位网站信息，了解用人单位的准确全称、隶属关系、所有制性质、公司规模、组织架构、主营业务、地理环境、人事部门工作人员、联系方式、电子邮箱、通信地址等信息。

二、职业咨询

(一)老师、辅导员、学长和校友

在大一新生进入校园,开展入学教育时,课上课下专业老师会对我们开展专业教育,告诉我们应该如何学好专业知识,努力考取专业证书,锻炼专业技能,分享专业学长学姐就业情况和专业就业方向,辅导员在校园日常生活和班会中会渗透职业意识教育,发布就业信息,学长学姐在日常接触中会分享给我们专业学习和求职就业的经验,在校园座谈会和实习实训中我们会吸收到校友给我们分享的就业创业工作经验。我们这个专业将来就业方向是什么,我以后更适合从事什么行业,怎样做好自己的大学生涯规划和职业生涯规划,这些疑问无不指引着大学生积极学习,从大一开始就留心做好就业准备和搜集各种就业信息。

到大四毕业季时,学院的领导、老师、辅导员关心大家的就业进展,通过各种渠道网罗就业信息,并发布和推荐给各专业的同学。俗话说“脸皮厚吃不够,脸皮薄吃不着”,就业是关乎每个同学的人生大事,大家不妨多多请教,课堂上、办公室里、讲座中、微信上、参观时、实习单位等场合,只要有机会多和老师、辅导员、学长和校友沟通取经,了解企业文化、发展前景、薪酬待遇等,特别是“参军入伍”“西部计划”“选调生”“三支一扶”等基层就业项目的政策公告如果自己解读不透,更需要及时询问,如果看到好的、合适的工作应该取弄通弄懂,争取一次就业成功。

(二)社会关系网

在寻找就业信息的时候千万不要忘记了你周围的长辈、亲戚、朋友、朋友的朋友,也许他们会提供给你一些就业机会。实际上部分用人单位更愿意录用经熟人介绍和推荐的求职者,他们认为这样更便捷、可靠。从另一个方面看,招聘单位每天收到很多简历,筛选简历就需要花费很多的工作时间,且大部分简历内容相差无几,所以在招聘的时候用人单位更喜欢熟人推荐,通过介绍了解求职者水平、能力、需求、意向,不仅节约了时间,也更容易实现招聘目的,避免入职后离职情况的发生,保证了公司人才的稳定性。所以,大学生应当适当搭建社会关系网,积极寻求亲朋好友的推荐,这也是一个切实可行的就业方法。

(三)专业人士、专业咨询机构

大学生可以向职业规划从业专业人士进行职业交流和探讨,也可以寻求专业的职业咨询机构的服务。把自己关于职业蓝图方向不明的种种困惑交给职业咨询专业人士和机构,由专业职业规划师运用职业规划专业知识、心理学、社会学等多学科的知识,提供寻找职业以及职业发展过程中遇到的有关问题的建议、信息和帮助,如就业咨询、创业指导、人才素质测评、职业生涯规划等相关业务的人力资源开发咨询服务。找专业人士和机构咨询前,要明白自己的需求类型,综合比较各家机构的专业度,要通过正规的渠道了解专业人士和机构的信息，保护人身和财产安全。

三、生涯人物访谈

生涯人物访谈，是指在求职的过程中，通过与一定数量的职场人士的访谈来了解自己感兴趣的行业、职业和单位的“内部”信息的一种职业探索方法。生涯人物访谈作为突破就业指导教育的教学手段，将问题做为中心、将答案作为导向，有效强化大学生就业指导教育的社会性、针对性、实践性和反思性。经过生涯人物访谈，大学生具有和职场人员面对面沟通的机会，扩大了就业人际关系网，可有效监测与修改以往获取的职场信息，了解该职位岗位的实际工作情况，明确自身和岗位的匹配度，判断你是否对该工作感兴趣，从而树立求职信心。但是在进行生涯人物访谈时候要注意不要利用生涯人物访谈来找工作或者开展职业面试，这样会造成尴尬的场面。

(一)访谈对象

访谈对象至少符合以下一个要求：

(1)对生涯规划或职业有较高的热情、满意度或成就感；

(2)有较高的职业技能、职业成就或有丰富的职场经验；

(3)工作经验累计达到三年或者五年以上。

(二)访谈方式

可选择现场访谈、网络访谈、视频访谈、电话访谈等。尽量选择面对面现场访谈。

(三)访谈流程

1. 访谈前准备

(1)确定访谈主题，寻找访谈对象，可以寻找校友、老师、长辈、朋友、知名人物等。

(2)若干名同学组成一个小组，在前期资料收集的基础上，利用头脑风暴，罗列出共同的、感兴趣的问题，并将问题分类，设计访谈提纲。

(3)访谈前电话联系访谈对象，进行自我介绍，说明下是通过什么途径获得到对方联系方式和信息的，说明访谈意图和访谈可能需要占用到对方的时间。感谢对方愿意接受访谈并约定具体日期、时间、地点。

2. 访谈进行时

(1)注意访谈礼仪，双向互动，真诚待人。

(2)征得访谈对象的同意，才可录音、录像、拍照。

(3)根据访谈提纲进行，始终把握访谈的节奏，不能聊开了延伸太多，忽略了核心问题，但也需要根据访谈情况，及时调整访谈问题，不能太死板。

(4)认真做好访谈笔记。

3. 访谈结束后

(1)小组成员在各自总结基础上，做小组汇报，对访谈进行有效梳理，检查是否还有疑问或者补充之处，根据情况可以再及时致电或者发邮件请教访谈对象。

(2)根据小组成员特长，可以将访谈心得整理成电子版本(幻灯片或 word)、读书笔记、简报、思维导图等形式。

(3)整理访谈记录，内容包括访谈对象的基本信息，如姓名、职业、从业经历、主要业绩等，访谈内容、小组成员访谈心得、组员分工说明等。访谈从准备到结束需小组成员全员参与，访谈记录尽可能详细。

(4)将访谈记录发给访谈对象审阅，征求对方同意是否可以将访谈记录作为宣传或者今后给学弟学妹经验分享的素材，如有不足之处需及时修改再跟进，得到确认后，应再次致谢。

4. 访谈提纲(仅供参考)

问题1:您是如何找到这份工作的?

问题2:目前，行业内要求从事这份工作的人应该具备什么样的教育和培训背景?

问题3:您认为做好这份工作应该具备哪些知识、技能和经验，在大学期间应该如何规划自己的学习、工作和生活?

问题4:您认为什么样的个人品质、性格和能力对做好这份工作来讲是重要的?

问题5:行业内，单位对刚进入该领域工作的员工一般会提供哪些培训?

问题6:在行业内，本科毕业生先从什么样的工作岗位做起，能学到更多的知识，有利于未来发展，还是读研读博更有益于自身发展?

问题7:怎样做好职业生涯规划?

问题8:最近该行业因科技、市场、竞争等发生变化了吗?

问题9:您如何看待该单位的组织文化?

问题10:从事这份工作薪酬待遇如何?需要经常加班吗?

问题11:您在做这份工作的时候，什么是最成功，什么是最具有挑战性的?

问题12:从事这份工作，哪一点是让您最引以为豪的?

问题13:据您了解，有什么权威信息渠道可以帮助我们更加深入了解这个领域?

问题14:对于一个即将进入该领域工作的大学生，您的建议是什么?

问题15:您有熟人推荐能够成为我们下次访谈的对象吗?当我打电话给对方的时候，可以提您的名字吗?

(四)实习、实践锻炼

“纸上得来终觉浅，绝知此事要躬行。”大学生可以通过实习、实训、兼职、实地参观获得求职的直接经验。利用大学寒暑假和大四实训、实习机会开展实践活动，这是每个大学生最真实了解职场的机会，可以了解到较为全面的职业信息，感受最真实的职场生活。

1. 实习、实践的意义

(1)大学生就业形势日益严峻，部分大学生对社会认识不足，缺乏实际工作经验，找工作的时候显得困惑，时常碰壁，实习、实践是大学生们接触社会的途径，加深对社会和职场认知，与社会接轨，与职场接轨，增强适应能力，完成心理转换，树立正确的择业观和创业观。

(2)可以提高工作能力，学校里学习到的专业知识和技能在职场的实际运用过程中始终存在着一定的差距，通过实习、实践平台大学生可以不断探索，查缺补漏，制订科学可行的学习和求职计划，为校园专业学习、将来求职和职场生活打下良好的基础。

(3)可以让大学生理解父母的辛苦，学会感恩，实习、实践让大学生体验到了真实的职场生活，对大学生的成长起到重要作用，锻炼了能力、磨炼了意志、成熟了思想，勇于承担社会责任。

(4)培养大学生的综合素质，职场生活不仅需要专业知识和工作技能，还需要具备职场礼仪、职业规范、时间管理等通用技能，实习、实践有助于大学生养成良好的职业道德，提升抗挫折的心理素质和自身综合素质。

(5)学会与人友好相处，职场不是校园，领导和同事也不是老师和同学，在日常工作中，学习如何把握与领导、同事相处的分寸，多观察身边同事为人处世之道，能够使自己今后更好地融入职场生活，构建良好的人际关系，受到公司的青睐。

(6)真正的工作中常常会遇到多任务共进的情况，如何分配好自己的工作时间，提升工作效率，形成一套自己的工作方法论就显得尤为重要，通过实习、实践，有助于培养良好的工作习惯，形成让自己职业生涯受益无穷的工作方法。

2. 实习、实践信息的搜集

(1)各学院专业实训、实习安排。

(2)高校就业网站、公众号和校园论坛。

(3)实习招聘公众号。如火星实习、智联招聘、前程无忧、实习僧、CANDY 实习吧等。

(4)老师、辅导员、家长、亲朋好友、学长等社会关系网的推荐。

(5)查阅媒体广告。如就业刊物、报纸、就业栏目广播、电视频道等。

【案例阅读一】

职业人物生涯访谈——金融机构案例类

访谈时间：2018 年 9 月 5 日　　访谈方式：当面采访

访谈人：李巧媛　　被访谈人：孔凡栋

被访谈人简介：孔凡栋，2005—2012 在山东大学经济学院取得经济学学士及经济学硕士，2012 年就职于易方达基金管理有限公司，2015 年加入融通基金管理有限公司，现任北方分公司总经理，具有外贸、银行、券商、基金公司等实习及工作经验。

李：您好，请问如何选择决定自己的职业？为此做出哪些准备？

孔：实践出真知，通过多次实习经历，选择适合自己的发展方向。我的本科是国际经济与贸易专业，但是在实习中我了解到我的兴趣在金融行业，相比于行政类工作，我更喜欢业务类，综合很多个人因素，我选择了基金。

李：这个工作要求有什么样的技能？如果想雇佣一个人来做这项工作，会希望受雇者具有什么样的资质？

孔：如果我想要去招聘一个人的话，首先我看重的是品性，人品是底线，很重要的一个方面是这个人的担当意识，是否具备高度的责任感；其次是专业知识储备，而并非经验，因为大家都刚毕业，经验并不丰富；最后是工作中所需要具备的能力，比如学习能力、人际交往能力，团队协作能力等。

李：在学历方面，本科生和研究生应聘这份工作的录用率是否存在很大的差别？

孔：从基金公司的角度来看，对于多数基金公司，会更加倾向于招聘研究生，原因有几个方面：一是研究生在心态方面会更加成熟稳重；二是研究生在专业知识结构上会更加丰富完整；三是伴随年龄和学历的增长，将进一步发展逻辑思维，从而工作中应具备的基本能力会有明显提升。但在实际情况中，没有完全取决于研究生学历的硬性标准，还是取决于个人，如果个人各方面优异并且适合这份工作，我们也会选择招聘。

李：本科、研究生毕业生进入公司，都要进行培训吗？

孔：是的，都会进行培训，分为两个阶段的内容。第一阶段是常规性的员工入职培训帮助你系统地了解工作情况，更快地融入新的工作环境；第二阶段在工作中有针对从事岗位的专项职业培训，使职业和能力进行更好的匹配。

李：大学教材书籍中学到的知识有多少是可以运用到工作中的？

孔：没有经验的毕业生最初分配到的都是专业性不强、简单机械化重复的工作，对个人的学历，知识，技巧要求不高，这是工作的初级阶段。但任何工作都有初级向高级的过渡，在高级阶段，学历的优势就会显现出来。学历更高，知识储备更丰富，积累的技巧会更多，这些无形的培养在某一天当你需要运用到专业知识的时候，会让你更加得心应手，很快进入角色中。另一方面我们学习到的部分知识并不直接应用到工作中，理论和实践本身存在着缺口，但在学习的过程中会加深我们对一些事物的理解。

李：这份职业有哪些让您喜欢的地方？

孔：首先这份职业与我个人性格相匹配，从事这项工作确实是适合我的；其次这个行业具有良好的发展前景，进入大资管时代，对理财、投资的需求越来越多样化，要求也更高，在这样的发展条件下，我们有可为。最后所有的基金公司都遵循市场化原则，只要付出努力，职业发展基本都会达到自己的目标。

李：这份工作的典型工作日是怎么样的？

孔：工作弹性比较大，具有时间自由支配权。时间支配取决于个人取舍，于我个人而言，我会主动选择放弃休假，花更多的时间在工作上。就工作性质而言，如果想拿一份好的业绩和结果，必然要牺牲休息时间和精力；如果不想花太多的时间在工作上，短期之内相对会轻松，但从长期来看面临着优胜劣汰的选择。

李：这个行业的人才供需状况怎么样？每年会招收多少人？

孔：这一行每年都在招人，一方面业务规模扩大，人员匹配的需求也在扩大；另一方面，金融行业的人员流动性非常大，我们每年都会招很多人，但是具体的人数是不确定的，要根据需求来决定。

李：行业地区分布状况是怎么样的？

孔：基金公司从分布上集中在北京、上海、深圳地区，也有其他注册地，比如天津，但是非常少，核心地就集中在北上深地区。

李：职业发展前景如何？人工智能对金融行业产生了冲击，那么行业是否面临着很多的困难？

孔：比较看好，发展空间非常大。人工智能的出现为行业提供机会而不是替代。很多人都认为人工智能对金融行业产生了很大的冲击，但我的观点是任何的高科技都为行业的发展提供更大的便利性，从行业本质上讲，人的重要性是非常突出的，无论投资，或是市场方面，人永远是无法替代的。

李：其他还有哪些职业与这个行业紧密相关？

孔：从整个金融行业来看，银行、券商、保险、基金等都是息息相关的，包括同人员的流动基本都在这些行业中，是大系统中的循环。

李：对进入该行业有什么建议？

孔：进入基金行业，首先要明确适合的岗位，分为三大类体系，市场，投研或是中后台，不同岗位各有侧重点：投研需要储备更多的专业知识和理论框架，以及更高的学历要求；中台方面比如要做风控，那需要去考取法律方面的一些证书，提前做相关准备；前台需要的一方面是个人的综合能力以及性格的完善，另一方面是专业知识的储备，考取含金量很高的证书比如ACCA、CPA、CFA等在这个行业中至关重要，是个人的加分项。

李：谢谢您。

孔：不客气。

总结：实践出真知，职业生涯规划要趁早。做出价值判断与选择，扬长避短，全方位发展自己，真正从内外提升实力，才能使自己在职场中实现价值，有所作为。

（资料来源：山东大学经院学生会微信公众号，2018年9月14日。）

求职问"道"——杨伊宁：金杜律所实习经验分享

实习生：杨伊宁，国际法学院涉外法律人才试验班16级学生

实习时间：2019年暑假

实习单位：北京市金杜律师事务所。事务所成立于1993年，金杜总部设于北京，在上海、深圳、成都、广州、重庆、西安、杭州、天津、苏州、香港等地以及日本东京、美国硅谷、纽约均设有分所。秉承创始合伙人不断创新及追求卓越的现代法律理念，金杜已成为中国

律师业中规模最大并居于领先地位的综合性律师事务所，拥有1000余名律师、代理人及专业人员，全球就职员工超过5000余名，为全球不同需求的客户提供着优质的法律服务。2019年12月22日，获“一带一路·合规之路”十佳律师事务所奖。

一、实习经历

我是在2019年暑期作为“铸金计划”实习生在金杜的争议解决部—跨境争议组实习。整个申请过程可以大致的分为线上申请——第一轮面试——笔试——第二轮面试四个阶段。

线上申请包括参加金杜举办的校园宣讲会，金杜开放日和通过系统填写个人简历等，这其中最值得关注的是校园宣讲会。个人认为，无论是想要成功地进入金杜实习，或仅仅想借此了解律所的运作模式和人才需求，金杜的校园宣讲会都是不可多得的机会。可以说，校园宣讲会是“考前透题”，可以从中得知本年金杜对实习生的要求的侧重点、对本科实习生的比例把握等关键信息，从而有针对性的指导后续的简历撰写和面试准备等。

第一轮面试是在投递简历通过初筛后，人力资源总监和专业律师同实习生第一次单独交流的机会，此次面试是金杜为了确定实习意向，并就简历和实习生进行更加细致的交流，并不会涉及太多专业问题，整体的面试氛围比较轻松，大家可以在保证真实的基础上适当突出自己的个人特色，以便给律师留下深刻的印象。同时大家可以提前准备中英文自我介绍，流利的自我介绍可以给律师和人力资源总监留下比较好的第一印象，也可以大大减轻面试的紧张感。（我把自己的自我介绍录了下来，去面试的那天早上在坐地铁时循环播放，面试时发现嘴比脑子反应得都快。）

笔试是金杜办公室举行，考题依照各个部门的需求各有区分。争议解决部的题目是一个综合的案例题，涉及民法中第三人和担保的部分，要求最终形成一份案例分析和幻灯片，并在第二轮面试中做准备。整体来说笔试的题量比较大，而且既考察分析，还考察展示。因此平时的积累比较重要，并且要重视课上锻炼准备的能力。

第二轮面试是紧接着笔试之后，面试人是相应部门的合伙人和人力资源总监，在面试中要求就笔试的案例题进行分析，并回答合伙人提出的专业问题。跨境争议组还可能在这次面试中考察英语水平。个人认为要稳住心态，最大的目标就是抱着解决问题本身的态度尽可能地展示能力。平常也需积累解决专业问题的思路和锻炼口语水平。

总结下来，金杜的面试过程考察的还是比较全面的，比较看重平时的积累，需要实习生在日常学习时注重专业和英语知识。

虽然在金杜实习的时间也有限，但最大的感受是金杜时时刻刻都在展现的专业程度和人文关怀。在正式上岗之前，金杜会统一为实习生举办专业培训，交流会、辩论赛等活动，迅速有效地帮助实习生查缺补漏，在工作期间，金杜则为所有实习生提供数据库、后勤保障等服务，帮助实习生全力学习和工作。这样积极的氛围能够帮助所有的工作人员发挥自己的聪明才智，形成非常良好的氛围。尽管我的实习经验有限，但通过和其他同学交流，我们一致认为目前金杜的综合水平非常优秀，是不可多得的发展平台。

我的日常职责主要是进行法律检索，形成检索报告，同时也兼顾翻译英文材料、审阅合同、会议记录等，这些需要能够熟练运用数据库检索、撰写报告和法律英语水平。一方面需要平日积累，大家可以有针对性的参与这方面的课程，另一方面金杜会在培训期间对这些工作进行细致的培训，大家只要用心学习既可。

二、实习心得

实习最棘手的问题就是如何能够准确地发现问题，直白来说就是缺乏实务经验。实习生的工作大部分都是有定式的，细心认真的态度很大程度上能避免许多问题，但是更重要的是如何主动发现问题，从律师给的一个法律检索中发现更多有可能涉及的问题，或者从一份看似完美的合同中找出缺陷，这些都非常具有挑战性。所以在实习的时候要时刻想到实习只是一个工作的开始，不能为获得的初步成果就沾沾自喜，而要静下心来积累更加内核的知识，同时锻炼和有经验的律师沟通的能力，从他们那里获取经验。

实习经验，可能对于有些同学来说并不新奇，对于有些同学来说十分陌生，但总体来说，本科阶段的实习讲求脚踏实地，因而首要任务是尝试能够独立地发现问题—思考问题—解决问题，并能有效地表达出来，在这基础上不断提升，总体是一个螺旋式上升的过程。在面对“成年人世界”的毒打时多多少少都会有些心酸，但大家只要始终保持学习精神，勇于尝试，就可以迅速地通过一次短暂的实习实现巨大的蜕变。

（资料来源：法大国经学生会微信公众号，2020 年 3 月 16 日。）

【拓展阅读】

“后浪”们，4 个要点准确找实习，快收藏吧！

今年秋招大幕已开启，除了应届毕业生需要找工作外，还有很多在校生跃跃欲试，想提前体验一把职场生活，找个合适的实习工作。实习不仅是从校园正式踏入社会的一个过渡期，同时还可以积累某个专业领域的工作经验，实习经历还是大学生找工作的加分项。但实习岗位纷繁众多，鱼龙混杂，如何找到对未来职场有价值，同时又适合自己的实习并不容易。今天，就给大家介绍找实习的 4 个要点。

一、锁定目标行业，找心仪岗位

明确行业目标是确定岗位的基础。俗话说隔行如隔山，不同行业的同一岗位要求都有明显差异，所以准备实习前，需要对行业以及相关岗位进行大致了解，尽量选择与你的目标就业岗位相关的实习工作。

作为在校生，还可充分利用学校提供的实习资源。在高校的就业指导中心，有指导老师或志愿者为大家解答行业与就业方面的问题，帮助大家进行职业规划。就业指导中心还会与企业进行校企合作，提供适合本校学生的实习岗位。

春招秋招期间，学校为了促进毕业生就业，会举办各种类型的招聘会或双选会，邀请企业和学生参与，其中经常包括实习岗位。受疫情影响，今年的招聘会和双选会大多改为线上进行，大家可以在学校指定网站上参加，与企业“近距离”沟通。

学会利用行业协会发布的信息。比如中国银协、中国互联网金融协会、中国质量协会等等。这些协会的官方网站、公众号上经常有行业相关的专题研讨会或者在线答疑、行业发展报告等信息，可以通过多种方式了解目标行业的发展情况。

不要忽略亲朋好友掌握的资源。朋友、家人或熟人资源相对可靠，可以通过联系朋友们，或者询问父母亲戚、熟人等是否知道相关职位信息和职位要求，或许还能获得不错的实习岗位资源。

二、把握机会，积极与招聘方联系

确定好目标行业后，就可以进行实习招聘信息的搜索了。找公司，可以先从公司的运营情况，公司背景和口碑等入手。如果是规模较小的创业公司，还需要对其“验明真身”，建议大家登陆国家企业信用信息公示系统（http://www.gsxt.gov.cn/），查看企业具体信息，如果企业并未在系统公示，那么就要小心了，很可能这个信息并不存在。

具体的实习招聘信息，可以登录权威的招聘网站查找，如新职业网（https://www.ncss.cn/）、国聘（https://www.guopin.com/）、前程无忧（https://www.51job.com/）、智联招聘（https://www.zhaopin.com/）等等。或者关注高校就业信息网、各地高校毕业生就业信息网、企业招聘官网等官方网站、微信公众号上发布的实习招聘信息。

找到感兴趣的实习招聘信息后，应及时与招聘公司取得联系，避免岗位招满或过期。一般而言，从招聘公告上就可以直接获取联系方式。如果个人条件符合企业实习岗位要求，且没有其他特殊说明，在招聘的规定期限内，你的相关材料（例如求职信和简历）可以直接通过企业公布的渠道提交。

三、做足准备，确定实习岗位细节

针对不同岗位，准备侧重点不同的简历。简历中，着重描述与实习岗位要求相关的经历和能力。企业一般根据岗位来筛选简历，如果你有与岗位匹配的经历，将会是你进入面试的加分项。

收到面试通知后，尽量多了解要面试的公司，尤其是公司的主营业务和价值观点，以便面试时应对面试官这方面的提问。此外，还要多学习面试常见问题的回答技巧，多做实战练习。如会问到期望薪资，可以巧妙回答“我相信公司会给我一个合理的报酬”。一般来说，公司实习岗位的薪资都有专门的规定，不会因为实习生本人的素质有太大起伏。

公司提供给实习生的薪酬，一般仅够维持当地基本生活，要根据自己的经济情况确定是否能够接受公司提供的薪酬。实习工作的在岗时间一般不严格要求，可能是每周几天，或者要求全职。所以还要考虑到上下班通勤时间，个人是否能接受。这些都要在接受公司的录用信前确定。

四、规避风险，警惕诈骗

找实习时，面对网络上的海量招聘信息，还要特别警惕诈骗陷阱。首先，需要交钱、证件的企业一定有问题。有的企业在入职时会向求职者收取各种费用，如培训费、抵押费、保证金等。遇到这类情况，要坚持拒交费，确保自己的合法权益不受侵害。用人单位要求收取你的学生证、身份证、银行卡作为抵押的话，千万不要交，避免个人信息被非法盗用。此外，要求你发展成员，推荐熟人加入，并从中提成的话，就要十分警惕是否落入了传销组织。冷静判断，及时拒绝，切勿被利益冲昏头脑，保护好自身安全。

警惕牟取中介费的黑心职业中介。有一些中介以介绍高薪实习为由，向求职者收取高昂的中介费，拿到钱后就“销声匿迹”。现在网络信息发达，建议大家找实习时，通过企业官方或第三方的权威招聘平台求职，不要通过中介。

警惕实习协议中的“霸王条款”。有些黑心企业还会在实习协议里设置“霸王条款”，比如实习必须满××月，否则需要支付×××元违约金。在签协议时，一定要逐字逐句阅读实习合同，看清合同中是否存在类似“霸王条款”，如有则不要签字，避免入坑。另外，还要注意有些企业以招聘为幌子，让求职者提交创意作品、策划方案等等，实则是为了免费利用求职者的劳动成果，并不会录用。

以上仅是求职陷阱中的一小部分，在找实习时，一定要擦亮眼睛，注意甄别诈骗信息。最后祝大家都能找到有价值、又适合自己的实习岗位，多多积累工作经验，职业发展顺利！

（资料来源：新职业网资讯微信公众号，2020 年 8 月 20 日。）

思考题：

1. 什么是职业？一份工作对于你而言，意味着什么？
2. 未来职业发展趋势是怎样的？这些趋势对你的职业规划有什么影响？
3. 哪些因素影响了你的职业选择？
4. 探索职业的方法有哪些？列举两种具体方法，并分析它们的优缺点。

第五章
商科专业与职业

福建商学院是福建唯一一所以“商”为名的百年省属高等学府。学校坚持以商为本，聚焦新商科，统领学院归建、学科凝练和专业设置。

受新冠肺炎疫情影响，福建商学院2020届毕业生的就业率为87.61%。艺术设计学院毕业生就业率最高为95.14%，金融学院次之，为91.40%。其中，艺术设计学院服装与服饰设计专业就业率为100.00%，实现了全体毕业生的就业；会计、建筑智能化工程技术和环境艺术设计等14个专业毕业生就业率也均超过90%。

第一节　商科学院专业介绍

福建商学院现有国际经贸学院、金融学院、财务与会计学院、外国语学院、海外教育学院等14个二级教学单位，开设会计学、国际商务、电子商务、财务管理、审计学、经济统计学、金融工程等33个本科专业，初步形成了以管理学、经济学为主体，管、经、工、文、艺等相互支撑、交叉渗透、协调发展的学科体系。学校现有专任教师604名。具有中、高级职称的专任教师263人，占比43.40%；具有博士、硕士学位的专任教师498人，占比82.40%。

一、财务与会计学院

进入新时代，财务与会计学院坚持以“党建引领、内涵发展、创新驱动、产教融合、特色办学”为原则，积极探索“工学结合、学用创”相融的人才培养模式，弘扬“严谨、勤奋、求实、创新”学风，打造“重基础、强能力、宽视野、守诚信”育人特色，以“行业性、特色化、高水平”作为建设发展定位目标，努力夯实教育基础，不断提高办学层次和办学质量，为培养符合新时代要求，道德修养好、专业基础实、实践能力强、综合素质高，具有创新精神、创业能力和社会责任感的“新商科”高级会计、财务管理、审计应用型人才作贡献。

（一）财务管理

1. 专业特色

本专业培养具备经济管理、金融商贸、法律人文知识，掌握大智移云、平台经济技能，拥有公司理财、资本运作专长，熟悉财经政策、会计准则、税收制度法规，从事财务、会计、审计、金融、管理咨询的应用型、复合型、创新型的高级财务管理人才。

2. 就业方向

上市公司、非上市公司、国家机关、事业单位、金融机构、境外企业、会计师事务所、税务师事务所、资产评估事务所从事财务、会计、审计、金融、管理咨询等相关工作。

（二）审计学

1. 专业特色

本专业培养具备人文精神、科学素养和诚信品质，掌握经济、管理、法律、会计与审计等方面的理论知识和专业技能，熟悉税法及国家相关法规政策，通晓会计准则和审计准则，能在国家机关、企事业单位和国内外社会审计组织从事会计、审计、管理咨询工作的应用型专门人才。

2. 就业方向

在国家机关、企事业单位和国内外社会审计组织从事会计、审计、管理咨询工作。

（三）会计学

1. 专业特色

本专业培养具备经济、管理、金融、法律等方面知识，掌握现代会计和税务理论、专业知识和业务技能，以及大数据、人工智能、云计算等新技术人才，熟悉国内外相关法规政策，会计准则与税收制度，能在国家机关、企事业单位从事会计、管理咨询工作，能实现信息技术与会计融合发展的外向型、复合型的管理会计人才。

2. 就业方向

在国家机关、事业单位和国内外企业、金融机构、会计师与税务师事务所从事会计、管理、审计、金融等相关工作。

二、国际经贸学院

学院秉承“经邦济世、贸达天下”的办学理念，培养素质与能力融合型商科人才，打造以红色文化为中心的国贸素养品牌，开展多样的团学活动，培养广大青年学生养成良好的精神风貌，促进教风、学风建设。学院致力于立足服务经济的应用研究，积极推进产教融合。努力推进对接产业的教学改革，承担省级本科重大教改项目、应用经济学省级应用型学科建设等本科质量工程，校企合作共建“eBay跨境电商学院”是易趣网（eBay）中国首家电子商务产业学院，培育葫芦文产等全国图书电商三强企业。

(一)国际商务

1. 专业特色

本专业主动适应中国(福建)自由贸易试验区、“一带一路”建设以及区域经济建设和产业结构调整升级、社会发展的需要,培养具有闽商素养和国际视野,掌握国际商务、跨境电商和国际交流等方面的基础理论和综合知识;具备较强的商务操作能力,能够在涉外商务部门及企业从事国际贸易、项目策略、市场营销等国际化经营和管理工作的高素质应用型人才。绝大多数学生就业于对外贸易和涉外商务部门,20.00%毕业生成长为福建省主要的外贸公司高管,涌现出一批省内外知名的校友创业企业,被誉为“福建外贸人才培养摇篮”。

培养的学生能熟练运用英语与国外客户进行交易磋商,在校期间可同时获得外贸单证员、跟单员、业务员、国际贸易从业技能综合实训证书等职业资格证书。毕业生在“互联网+”大赛、电子商务三创赛、全国跨境电商大赛、全国新零售大赛等比赛中获得各类奖项。

2. 就业方向

可在外贸公司及自营工厂等企业从事进出口贸易工作,面向外贸单证员、跟单员、业务员及跨境电商运营等外贸岗位。

(二)电子商务

1. 专业特色

本专业培养系统掌握网络商务、移动商务和网络营销等基础理论知识和基本职业技能,毕业后能从事电子商务(跨境电商)项目规划、互联网业务操作、电子商务(跨境电商)经营与管理、电子商务平台建设、商务数据分析与处理等工作的高素质应用型、创新型电子商务人才。主要课程有:电子商务概论、跨境电子商务、网络营销学、电子商务网站建设管理、Photoshop 图像处理、电子商务法、网店运营管理、数据化营销、移动电子商务等。本专业依托省电商行业指导委员会秘书长单位,建有电商创客空间、创新创业基地,是福建省唯一的电商职教公共实训基地、首批省级电商师资培养培训基地等。学生专业素质高,在“互联网+”大赛、电子商务三创赛、全国跨境电商大赛、全国新零售大赛等比赛中获得各类奖项,培养了全国图书电商十强等“85 后”系友。

2. 就业方向

政府部门电子政务岗位;电子商务公司运营管理专员岗位;外贸公司跨境电商运营专员和中小微电商公司业务岗位;新零售行业运营管理岗位。

(三)国际经济与贸易

1. 专业特色

本专业定位于服务“中国(福建)自由贸易试验区”和“21 世纪海上丝绸之路核心区”建设的国家重大战略需求,紧跟数字贸易发展新形势,培养具备国际经贸相关的经济、管理、法律等基本知识，掌握国际经济与贸易的基本理论，具有较强分析和解决国际经贸实际问题的基本能力，拥有国际化视野，德智体美劳全面发展的国际经贸应用型人才。

2. 就业方向

在涉外企业、金融机构、科研院所等企事业单位和政府部门，从事国际贸易实务操作、国际市场分析、跨国经营管理与政策研究等工作。

(四)贸易经济

1. 专业特色

本专业服务于福建省发展数字经济对内贸人才的需求，以培养新时期新闽商为专业特色。在人才培养方面，致力于培养具有闽商精神，具备经济学思维能力，掌握贸易学基本理论知识和实操技能，能够运用现代信息技术从事商贸业务经营和商贸企业管理的应用型、复合型和创新型人才。

2. 就业方向

本专业毕业生主要适宜在内外贸企业、数字经济企业、工贸电商企业和各级政府经济相关部门从事内外贸企业数字化经营管理，国内市场调研与预测、经济活动数据分析和运用、理论政策研究和内外贸业务交易等工作。

(五)跨境电子商务

1. 专业特色

本专业培养系统掌握网络商务、移动商务和网络营销等基础理论知识和基本职业技能的高素质应用型、创新型电子商务人才。

2. 就业方向

毕业后能从事电子商务(跨境电商)项目规划、互联网业务操作、电子商务(跨境电商)经营与管理、电子商务平台建设、商务数据分析与处理等工作。

三、金融学院

金融学院围绕国家经济社会发展和福建省委提出的加快建设“机制活”的新福建建设目标需要，以21世纪海上丝绸之路(以下简称“海丝”)核心区和自贸试验区建设为引擎，在学校建设“新大学、精学科、特专业”新商科应用型本科院校目标的引领下，深入推进应用型本科转型，扩大办学规模，聚焦内涵建设，优化资源配置，通过差异化的专业人才培养目标、产学协同创新的人才培养模式、高水平的课程体系和“双师双能”型高素质师资队伍，培养具有多元知识结构、掌握“大数据＋”经济金融、财经数据分析等知识应用和更强的市场操作能力的、面向银行、证券、保险等金融机构和咨询公司的高素质应用型创新型经济金融人才。

(一)经济统计学

1. 专业特色

本专业旨在培养使学生掌握现代统计学的核心知识与框架，具备扎实数学、统计学、计算机科学、经济学和金融学理论基础，熟练掌握计算机语言和统计软件，不仅善于注重统计学术创新、更能将先进的统计方法和分析技术用于分析解决经济、金融等的实际问题，基础宽厚、视野广阔、素质全面、富有创新意识和创造能力的应用型人才。

2. 就业方向

毕业后可在金融机构（银行、证券公司、保险等）、各级政府部门、市场中介机构、邮电通讯、互联网公司等企事业单位，从事市场调查与分析、经济统计与分析、金融统计与管理、数据采集和数据分析、信息处理和数据挖掘等开发和应用性工作，亦可继续考研深造。

(二)金融工程

1. 专业特色

本专业主要讲授金融学、金融工程和金融管理方面的基本理论和基础知识，培养学生进行投融资、定价、风险管理方法与技能的基本训练，使学生具备设计、开发、综合运用各种金融工具创造性解决金融实务问题的基本能力，拥有开展公司理财、投资战略策划、金融风险管理及金融产品定价的素养，成为能在跨国公司和金融机构及企事业单位从事金融财务管理、金融分析和策划等的高素质复合型现代金融人才。

2. 就业方向

商业银行、投资银行、证券公司、基金公司、信托投资公司、资产管理公司等金融机构从事投资分析与决策、金融产品设计开发和金融风险管理等工作，或者在大型企业从事投资业务和管理工作。

(三)保险学

1. 专业特色

本专业旨在培养具有扎实保险理论功底，掌握保险和精算专门技能，具备创新意识和实践能力的高素质复合型人才。能在一线从事保险咨询、保险业务拓展、保险查勘定损、保险核保核赔、风险管理咨询、金融营销、投资理财咨询、证券交易操作等实务工作的高素质应用型专门人才。

2. 就业方向

银保监会、社会保障部门等从事保险监管、管理与社会保障服务等工作；在各种互联网平台、电商平台从事大数据风险监控、预警与应急处置等工作；高等院校和科研机构从事保险模式改革、保险产品优化设计、保险政策评价等方面的研究工作。

四、传媒会展学院

学院下设会展系、管理工程系、传媒教学部三个系(部)，本学院注重项目导向教学，应用信息技术解决社会、经济、传播、工程等方面的管理问题，培养德、智、体、美全面发展，具有闽商素养，具备策划、创意、设计、营销、运营、管理理念，服务福建自贸区和“一带一路”核心区建设的高素质应用型、技术型管理专业人才。

(一)会展经济与管理

1. 专业特色

本专业以“项目导向、任务驱动”为主要教学方式，培养德、智、体、美全面发展，具有闽商素养及现代会展(主题活动)创意策划、营销、设计、管理理念，从事展会(主题活动)主办组织、承办企业的项目开发、招商、招展、策划企划、展会项目评估、运营管理等工作；适应组展企业、各类大型企业的市场部、业务部、策划部公关部、人力资源部等岗位，服务于福建自贸区和“一带一路”核心区建设的高素质应用型会展(主题活动)专业人才。

2. 就业方向

国际高端论坛、国际性展览主承办方组织机构、集中于大城市的各级会展行政管理部门，各类活动的主承办方组织和企业，展览公司、会议公司、会展服务公司、大中型企业(参、观展企业)、展会物流公司、展馆管理公司、文化广告传媒公司、节事策划与管理公司、大型旅游管理类公司等会展相关企业。

(二)工业工程

1. 专业特色

本专业旨在培养具有现代生产管理理念以及相适应的文化水平和良好职业道德，能灵活应用工业工程理论与工具对生产运作、质量管理、物流管理、信息系统、电子商务、行政管理等生产或服务系统，进行系统性运筹分析评价、设计与开发、持续优化与创新等综合运营管理的应用型人才。

2. 就业方向

毕业生可在机械、电子、轻纺、化工等传统制造业，物流、零售、电商、咨询等现代服务业，以及政府部门、社会机构等行政事业单位，从事生产管理、质量管理、系统仿真、设施规划、信息管理、系统创新等工作。

(三)会展

1. 专业特色

(数字)会展专业属于管理学与文学的交叉专业，是一门跨学科复合型专业。是全国第一个授予(数字)会展专业管理学位的高校，它以服务地方政治、经济、文化建设发展需求为导向，主动适应福建省会展行业会展设计和(参展)企事业单位展示领域蓬勃发展的需要。

2. 就业方向

本专业的培养侧重于数字传播技术以及平面设计技术的培养，侧重于跨界符合能力的培养，从事会展、展馆、文博、文旅、媒体、设计、宣传推广等行业企事业，从事会展活动项目展示、宣传；数字展馆和数字展览的设计与制作、摄影、摄像、视频后期剪辑包装、广告创意设计等工作。

五、外国语学院

学院围绕商学院“新”“精”“特”战略定位，秉承“一带一路，语言铺路”理念，优化应用型学科专业布局，以外国语言文学学科建设与发展为核心，重点建设商务英语、日语专业及大学英语课程，发展小语种专业与多语种培训，内培外引高层次人才，构建“海丝语言服务研究中心”，大力提升科研水平和办学实力，创造党建和思政教育品牌。

(一)商务英语

1. 专业特色

本专业培养具备扎实的英语基本功，宽阔的国际视野，专门的国际商务知识与技能，掌握应用语言学、应用经济学学科和工商管理学科等相关基础理论与知识，熟悉国际商务活动规则，具有较强的跨文化商务交际能力与较高的人文素养，能熟练运用英语从事国际商务工作和参与国际商务竞争与合作的应用型人才。

2. 就业方向

毕业后可在各类外向型企业、涉外商务机构等从事中高级口笔译、涉外高级文秘、商务管理、外贸洽谈、驻外商务代理、涉外公关、涉外导游、进出口业务员、跟单员、单证员、平台运营员、品牌运营员、品类主管等。

(二)日语

1. 专业特色

本专业突出“厚基础、宽口径、重实践、强能力”的特色，力求培养具有良好的综合素质，扎实的日汉双语基本功，丰富的文化知识，能将日语语言与其他专业相结合，适应“一带一路”背景下新时代福建经济发展建设的复合型应用型日语人才。一二年级平台阶段，重点突出基础训练，实行专业教育，要求学生学习中日语言、文化、历史、政治、科技等方面的基本理论和基本知识。三四年级专业阶段，学生学习日语专业技能和商务、旅游、外贸等相关行业知识，培养自己具有从事翻译、电子商务、外贸等相关工作的专业素质和社会适应能力。

2. 就业方向

毕业生可以从事商务管理人员、翻译人员、经贸谈判人员、日资企业工作人员、外贸销售人员、对日导游、日语学校教师等岗位的工作，其中专业优秀学生可推荐择优赴日就业。

此外，还可通过参加研究生考试、赴日留学等渠道提升自己的学历和能力。

六、工商管理学院

工商管理学院依托省级工商管理应用型学科、应用经济学学科及省级精品专业，秉持服务区域经济的发展理念，不断深化产教融合、形成“工学结合、产学研一体化”的人才培养模式，培养工商管理复合性高素质应用型创新型高级专门人才。与福建自贸区福州片区管委会、福建省贸易促进中心、台湾文经推广协会、台湾冷链协会、福建省物业管理协会、福建省连锁协会、福建省老字号协会、台湾超捷物流集团、世茂集团、保利集团、百丽集团、百胜集团、沃尔玛公司、娃哈哈公司、利郎公司等政府机构、行业协会、国际与国内大中型企业等建立了长期稳定的办学合作关系。

（一）物业管理

1. 专业特色

物业管理专业是福建省级示范性专业，历史悠久，基础深厚。实施校企双导师制，接轨行业。依托理实合一教学平台，实现素养教育。主要培养具有良好的政治素质、人文素质和专业素质，具有宽厚的经济管理学科、物业及房地产领域的基础理论和知识，熟悉物业经营管理过程，了解房地产及物业的政策和法规制度，掌握物业运营的基本方法和技能，具备在物业及房地产相关领域从事经营管理的综合能力的创新创业型商科人才。

2. 就业方向

在物业及房地产相关领域的企业和各级政府部门从事管理、经营、研发、法务工作，也可在其他企事业单位从事行政管理、项目拓展、经营管理工作。

（二）市场营销

1. 专业特色

本专业由福建商学院与台湾育达科技大学合作创办，创新传统的闽台“校校企”合作办学模式，全套引进台湾课程体系、原版教材，完全由台湾优质教学团队实施课程教学、社团辅导、实习就业指导等。主要培养掌握市场营销、策划、调查预测、销售管理、推销策略等专业知识和基本技能，具有较强营销策划、调查预测、市场开拓、产品推销、区域销售和组织管理、公关及广告设计等专业技能的高级职业技术应用型人才，学生第三学期赴台研修，与台湾学生共同学习生活、辅导 LCCIEB 国际证照考试，参访台企、获实习机会，提升就业能量与视野。

2. 就业方向

可在各类金融机构、外贸公司、旅游公司、房地产公司、中外合资企业、各企事业单位等从事营销调研、营销咨询、营销战略策划及其他营销实务等工作。

(三)物流管理

1. 专业特色

采用“基于新商科的多业态协同创新型人才培养”的人才培养模式，强力对接行业最新领域；拥有多位名牌大学博士及企业高管在内的省级教学团队；校内现代物流实训中心和智慧物流实验教学示范中心均为省级实验教学示范中心，另有省内领先的冷链实训中心和省级电商物流协同创新中心。本专业在近十年内，斩获省级、国家级职业技能大赛多项奖项。

2. 就业方向

可在企业、物流园区从事供应与采购、企业物流管理等工作，也可在各级经济管理部门以及各类港口、码头和机场、海关口岸等企事业单位从事物流管理相关工作。

(四)人力资源管理

1. 专业特色

创办早、质量高。创办于2002年的人力资源管理专科专业(省级精品专业)是福建省高校较早开设该专业的学校之一，专业建设质量评估在全省排名第一。需求对、模式好。人力资源管理专业紧密对接行业需求，经多年探索形成了“工学结合、实境教、教做一体、能力梯进”的专业人才培养模式。师资精、实力强。本专业教学团队是校级优秀教学团队、校级教改先进集体，经验丰富、结构合理、实力雄厚，教师毕业于北京大学、武汉大学、华东师范大学、华中科技大学、福建师范大学等名牌或老牌高校，100%具有硕士或博士学位。荣誉多、级别高。团队教师曾主持和参与教育部人文社科规划基金项目、省社科规划项目、省科技厅软科学项目、人社厅招标项目以及省政府发展研究中心决策咨询研究重大项目等十余项，出版了一系列高质量的专业著作教材，专业教师多次获得省社科优秀成果一等奖、省级教学成果优秀一等奖、二等奖等奖励；本专业学生荣获多项国家级、省级人力资源管理大赛、大学生职业生涯规划大赛奖励。口碑好，品牌响。本专业历年均实现毕业生高就业率、专业职业高对口率、用人单位到校招聘高回头率，专业毕业生获得好口碑，人才培养品牌响。

2. 就业方向

本专业主要面向国家机关公共管理部门、国内外企事业单位或管理咨询机构的人力(人才)资源管理与开发相关岗位，从事组织工作设计、人才招聘管理、人力(人才)资源培训与开发、员工绩效与薪酬福利管理、劳动关系与社会保障管理和办公行政等工作。

(五)零售业管理

1. 专业特色

本专业以“智慧零售＋社群经济”的特色，培养具有社会责任、实践能力、创新创业精神，掌握智慧零售经营管理理论，熟悉新型零售企业运营管理，具有零售企业商业模式构建、零售数据分析、零售渠道管理以及社群新零售管理能力，适应零售业发展的新趋势，服务于福建新经济建设的应用型、复合型零售中高层的管理人才。

2. 就业方向

相关公务员岗位；零售行业中高层管理岗位；企业事业单位的项目拓展、营销管理、客户管理等相关岗位；相关领域的教学和科研岗位。

七、旅游与休闲管理学院

旅游与休闲管理学院创建于1997年，是福建省最早开办旅游专业的教学单位之一。成立以来，已向社会输送合格专业人才3000多人，旅游与休闲管理学院现有学生近1000人，旨在培养面向现代旅游企业经营管理需要的高素质技能型专门人才，努力拓宽专业口径，加强基础教学，强化学生实践，注重技能培养，在应用型人才培养上形成特色，毕业生整体综合素质强、实践能力高、工作适应快，获得用人单位的广泛好评。旅游与休闲管理学院建有多个设施齐全的综合实验实训中心，同时与省内外30多家旅游企业集团、高星级酒店、旅行社、旅游景区等企业开展合作，建立稳固的学生实习预就业基地。

(一)酒店管理

1. 专业特色

酒店管理专业以“循行导教”的人才培养理念为指导，以省级教学名师和省级教学团队为主体，培养具有较高的思想道德素质、人文素质、业务素质和身心素质，系统掌握现代酒店与旅游管理专业理论，具有国际化视野及酒店经营与管理能力，熟悉酒店业运作规则，具有良好的实践操作能力，职业发展潜力大的高素质应用型和创新型人才。

2. 就业方向

可在旅游管理部门从事行政管理工作、在大中型酒店管理集团及旅游相关延伸行业(俱乐部、邮轮、高尔夫、度假村、酒庄等)、连锁酒店、餐饮集团等从事经营、策划、服务和管理工作，以及在旅游企业从事教育、培训、咨询、策划机构等相关工作。

(二)旅游管理与服务教育

1. 专业特色

本专业旨在坚持立德树人根本任务，主动适应福建省自贸区、“一带一路”建设以及区域经济建设和产业结构调整升级的需要，培养德、智、体、美、劳全面发展，具备旅游行业企业管理服务知识，掌握现代旅游经济管理和教育学基础理论，具有爱岗敬业、守正创新和团队协作精神、富有诚信品质和人文科学素质、具备经营管理和教育教学能力，能够在旅游行业企事业单位、职业学校、职业培训机构、研学教育机构从事旅游相关开发、运营、管理、品保、策划、教学、培训、咨询、辅导等工作的高素质应用型创新型专业人才。

2. 就业方向

能够在旅游行业企事业单位、职业学校、职业培训机构、研学教育机构从事相关开发、运营、管理、品保、策划、教学、培训、咨询、辅导等工作。

(三)烹饪与营养教育

1. 专业特色

本专业培养具备现代烹调、营养、餐饮管理等方面的知识和能力，能在高星级酒店和社会知名餐饮企业从事技术与管理工作的高层次技术技能型人才。本专业学生主要学习烹调制作工艺、科学营养配餐、餐饮企业管理等方面的基本理论和基础知识，受到烹调操作、营养分析、餐饮管理方法与技巧方面的基本训练，具有分析和解决现代餐饮制作与管理问题的基本能力。

2. 就业方向

可从事高星级酒店和社会知名餐饮企业技术与管理工作、职专院校和培训机构相关专业的烹饪教育和培训工作、企事业单位相关部门营养指导和膳食管理工作、自主创业。

八、艺术设计学院

艺术设计学院创办至今已有将近20年的历史，前身为于2000年创办的福建商业高等专科学校商业美术系，2017年11月更名为福建商学院艺术设计系，2019年5月正式升格为福建商学院艺术设计学院。目前已基本形成并将继续打造“一院两系四专业”的中长期发展构架。学院设有完善的教学硬件设施和校内外实验室，其中有激光雕刻实验室、基础写生实验室、艺术设计学专业实验室、丝网印刷和喷绘色彩实验室、装潢样板实验室、平面设计室、空间设计室、服装专业学生制衣坊、服装综合实训中心、雕塑实训室、书画实训室、陶瓷创作实训室、定格动画工作室、二维动画创作实训室、漆画工艺室、服装工艺实训室、篆刻实训室，以及有福商美术馆(福商非物质文化遗产展示中心)、福商艺苑展示厅、福商纺织服装展示馆等。

(一)艺术设计学

1. 专业特色

本专业培养适应文化艺术创意产业发展需求，具有艺术设计创新视野和艺术设计理念的专业人才。即具备艺术设计学专业理论知识，掌握先进的艺术设计理念，具备分析、研究和解决相关问题的能力；具备较高的设计实践技能，能在相关机构、企事业单位、文化创意领域从事创意策划、设计工作的复合型、创新型、实践动手能力强的艺术设计人才。

2. 就业方向

毕业后可在艺术设计行业、视觉传达设计、文化传播及新媒体领域、品牌时尚、项目策划设计、展示等企事业单位的创意管理及设计等岗位工作，就业面宽广。

(二)环境设计

1. 专业特色

本专业培养适应文化艺术创意产业发展需求、具有创新视野和设计理念的建筑室内、外空间环境设计专业人才，能够分析、研究和解决艺术设计相关问题的能力，具备较高的环境设计实践技能，能在建筑、园林、室内外装饰装修从事设计创意、制作与项目管理的高水平应用型新商科人才，符合毕业条件的将授予艺术学学士学位。

2. 就业方向

城市规划、建筑设计、室内设计、园林景观设计、展示设计等企事业单位从事创意、策划、设计、管理等工作。

(三)视觉传达设计

1. 专业特色

本专业培养适应文化艺术创意产业发展需求，具有开阔的设计文化视野，体现创新时代需求，掌握系统的视觉传达设计专业理论和专业知识，具备平面设计媒体和现代数字媒体方面的知识和实践能力，能在设计领域、文化创意、企事业单位等部门，从事视觉传达设计与传播，以及创意、策划、设计管理等方面工作的高素质、创新型高级专门人才。

2. 就业方向

毕业后可在视觉传达设计、艺术创意、文化传播及新媒体领域、品牌时尚与策划、展示设计等企事业单位的设计创意和设计管理等岗位工作，就业面宽广。

(四)工艺美术

1. 专业特色

本专业师资力量雄厚，双师型教师具备丰富的实践经验，工艺美术大师亲自教学，为学生提供最佳的实践指导，竞争力强，就业率高。

2. 就业方向

毕业后能够在文化艺术部门、传统及现代手工艺加工领域、设计公司、学校、企事业单位从事传统及现代手工设计、研发、制作、教育、研究、管理等工作，在公司从事工艺品设计师，美工、软装设计师、产品设计等工作，在企事业单位的策划部门担任美术宣传、美术编辑，以及非物质文化遗产等相关工作。

九、海外教育学院

海外教育学院倡导“学本领、闯天下、做有为青年”的人才培养理念，已与德国、澳大利亚、加拿大等国家和中国台湾、香港等地区的六所知名大学建立了合作关系，常年招收留学生，开展汉语文化教育，为学生创造留学机会，为教师拓展进修渠道，成为福建商学院沟通世界的桥梁。

(一)电子商务(闽台)

1. 专业特色

以“全人育人”为教育理念，与台湾育达科技大学合作，全套引进台湾课程体系、原版教材，由育达博士教学团队实施教学管理、课程讲授、社团辅导、实习就业指导等，并与本科学分衔接，做到“国际通识、实用教学、言传身教”，完全培养掌握社会经济发展新技术、新业态、新模式，让通识教育“软实力”与专业课程“硬本领”巧妙融合，学生毕业时，即能兼具硬专业与软实力的全人化高端人才。

2. 就业方向

以“商务精英、职业经理”为目标，致力于培养具有互联网思维、创新创业精神和商业运营能力的新闽商人才，毕业后能在工业电商、农业电商或商贸流通业电商等行业领域从事传统电商、移动电商、跨境电商、微信电商等方向工作，成为“有创意、懂技术、熟市场、擅企划、会营销”的电子商务应用型高级专业人员。

（二）市场营销（闽台）

1. 专业特色

本专业由福建商学院与台湾育达科技大学合作创办，创新传统的闽台“校校企”合作办学模式，全套引进台湾课程体系、原版教材，完全由台湾优质教学团队实施课程教学、社团辅导、实习就业指导等。主要培养掌握市场营销、策划、调查预测、销售管理、推销策略等专业知识和基本技能，具有较强营销策划、调查预测、市场开拓、产品推销、区域销售和组织管理、公关及广告设计等专业技能的高级职业技术应用型人才，学生第三学期赴台研修，与台湾学生共同学习生活、辅导 LCCIEB 国际证照考试，参访台企、获实习机会，提升就业能量与视野。

2. 就业方向

可在各类金融机构、外贸公司、旅游公司、房地产公司、中外合资企业、各企事业单位等从事营销调研、营销咨询、营销战略策划及其他营销实务等工作，

十、信息工程学院

信息工程学院“物联网应用技术”专业获得中央财政支持的高等职业院校提升专业服务产业发展能力项目，被评为福建省高职院校示范性专业。校内建有移动通信实训室、数据通信实训室、物联网云平台实训室、楼宇智能化综合实训室、新大陆物联网实训室、智能家居体验馆等多个实训室，同时与多家知名互联网企业签订了校外实习实训基地协议。

（一）通信工程

1. 专业特色

培养综合素质高、实践能力强、具有创新创业精神和开放视野，具备通信基础理论和专业知识，系统掌握现代通信技术，能适应信息与通信工程领域生产、建设、管理、服务、技术创新的需要，并具有创新能力、工程素养与团队协作精神的应用技术型人才。

2. 就业方向

从事现代通信和商务云领域技术研究、工程设计、系统开发、设备制造、网络运营、技

术管理等工作的应用技术型人才。

（二）物联网工程

1. 专业特色

物联网工程专业是一门涵盖了传感器技术、数据技术、射频识别技术、嵌入式系统设计、互联网技术以及云计算技术等多技术综合专业，主要研究如何通过信息传感设备采集物体信息并与互联网结合，最终形成一个巨大的网络。

2. 就业方向

毕业生可以进入电子信息产业、国防工业、政府机关等相关企事业单位，从事物联网的通信架构、网络协议和标准、无线传感器、信息安全的设计、开发、管理与维护工作；也可以从事智能交通、智能医疗、智能家居、智能物流、智能电力等行业的系统集成与物联网协议开发工作。

（三）数据科学与大数据技术

1. 专业特色

本专业培养适应社会经济发展和社会主义现代化建设需要，具有高尚健全的人格、宽厚的专业基础和综合人文素养，具备良好的信息科学和数据科学知识及应用能力，掌握大数据采集、处理、分析与应用等方面知识与技术，具有一定的大数据分析、处理、挖掘、可视化、大数据系统集成、管理维护的实践技能，能够在金融、电子商务、商超等商务型行业从事大数据分析、处理、服务、开发和应用工作的复合型应用技术人才。

2. 就业方向

毕业后能从事各行业大数据分析、处理、服务、开发和利用工作，承担大数据系统集成与管理维护等方面的工作。能担任大数据分析师、大数据架构师、大数据运维工程师、软件工程师、信息系统管理与维护工程师等岗位。

第二节　职业信息收集和处理

职业是劳动者能够稳定从事的有报酬的工作。每个人都希望能拥有一个好的职业，所谓好职业就是能在工作岗位上发挥自身特长，从而取得成功的职业。想要获得好职业，了解了自己的特长、优势是不够充分的，还需要了解职业的特点和要求，因此在职业生涯规划前，需要获取职业信息，并且对职业信息进行鉴别处理。

一、职业信息的获取收集主要渠道

（1）高校就业指导中心就业信息网发布的信息和高校招聘会。它是毕业生就业的主渠道，在就业信息网和“双选”招聘会上，毕业生可供选择的机会比较多，相对于社会上人才市场的招聘会，供需双方面对面交谈的机会更多一些。

(2)通过国家主管部门、劳动人事部门获取信息。这些部门对用人单位的需求情况比较了解，对社会劳动力、人才需求情况比较清楚，获得的信息比较可靠，有较强的指导性。

(3)通过媒体、人才市场中介服务机构和职业介绍服务机构获得信息。报纸、杂志、广播、电视等媒体信息传播速度快、涉及面广，是毕业生就业巨大的信息源，随着劳动力市场的发展和完善，人才市场服务机构和职业介绍服务机构将成为毕业生获得信息的渠道之一。

(4)通过网络获得信息。网上求职是最方便快捷、低成本的方式方法，但是信息量大，也具有一定的迷惑性。

(5)通过社会实践获得信息，教学实习、社会实践、参观调查不仅能巩固毕业生所学知识，加深对职业及用人单位的了解，还可在第一时间获得用人单位的需求的信息。

(6)通过亲朋好友介绍获得信息。通过家人、亲戚、朋友等于社会上建立起来的人际关系网。

二、职业信息鉴别和处理

大学生可以通过各种渠道取得就业信息，信息的获取方式和来源渠道各不相同，真假难辨，这就需要大学生们对职业信息做必要的辨别处理，判断信息的真实性、可信性。

(1)需要充分了解用人单位情况，了解用人单位准确全称。用人单位的隶属关系，了解单位性质，如国企、私企、股份制等，了解用人单位的需求专业、层次等，了解用人单位规模、发展前景、地理环境、经营范围和种类等，了解用人单位福利待遇等，了解用人单位联系方式、通信地址等。

(2)综合分析自己的实际能力，专业知识的学习比其他非专业人员更有优势。①技术能力主要是大学生使用计算机的能力，英语会话和阅读能力，在财会、管理等方面的能力等。②各项荣誉的积累，如优秀学生干部、三好学生等。③兴趣爱好、性格特征，了解自己所追求的是什么，擅长的领域。④特定素质，比如逻辑思维、抽象思维、反应能力等。

(3)明确目标和现实之间的差距。长期以来，大学生的期望比较高，目标与现实之间，两者之间存在一定的距离。在寻找工作前要认清现实，否则，盲目自信容易导致失败。明确自己与目标的差距，并为之努力，才能更好地实现目标。

三、福建商学院2020届毕业就业分析

2020届毕业生就业质量调查面向全校10个学院(38个专业)共计3769人发放就业质量调查问卷，累计回收问卷2384份，回收率为63.25%。

(一)2020届毕业就业单位分布

1. 就业单位性质

问卷调查结果显示，在民营企业就业的2020届毕业生共748人，占就业毕业生总数的61.92%；此外，在其他企业152人、国有企业104人，分别占就业毕业生总数的12.58%、8.61%。可见，民营企业成为吸纳学校2020届毕业生就业的主体。

2. 就业单位规模

问卷调查结果显示，学校2020届就业毕业生在“20人及以下”规模单位中就业的比例最高，为25.83%；在“501人及以上”和“21～50人”规模单位就业比例次之，分别为20.61%和20.36%。此外，还有毕业生分布在“51～100人”“101～300人”和“301～500人”规模单位中，所占比例分别为13.91%、14.07%和5.22%。

(二)就业行业分布

问卷调查结果显示，2020届就业毕业生就业领域分布较为广泛，其中从事“信息传输、软件和信息技术服务业”“批发和零售业”和“教育”行业的毕业生人数均超过100人，占比分别为14.82%、13.82%、9.52%。此外，从事“文化、体育和娱乐业”“金融业”“住宿和餐饮业”和“房地产业”的毕业生人数占比均超过5.00%。

(三)就业职业分布

问卷调查结果显示，2020届就业毕业生就业职业分布比较广泛，其中从事财务/人力资源/行政、销售/客服/市场、服务业和传媒/印刷/艺术/设计的毕业生人数均超过100人，占比分别为21.11%、21.03%、10.93%和10.18%。

(四)就业专业相关度

问卷调查结果显示，2020届就业毕业生工作与专业相关度为53.23%。其中，表示“非常相关”的占比18.21%；“比较相关”的占比20.78%；“相关”的占比14.24%。从各学院2020届就业毕业生工作与专业相关度来看，财务与会计学院毕业生现有工作与专业相关度最高，为81.68%；传媒与会展学院和艺术设计学院次之，分别为63.06%和60.94%。

从各专业2020届就业毕业生工作与专业相关度来看，会计、财务管理、环境艺术设计、税务和电子商务等14个专业的就业毕业生工作与专业相关度均高于60%，其中会计专业最高，为84.91%；财务管理和环境艺术设计专业次之，分别为79.71%和79.17%。

第六章

职业生涯决策与行动、反馈修正

当我们面临不同的生涯选择时，所作的决策正确与否，决定着目标的成败。因此，首先大学生开展职业生涯规划必须掌握生涯决策的科学系统方法；其次制订相关的职业规划方案，必须掌握目标设立与分解的方法、制订周详的行动计划和阶段任务，并且付诸行动。最后通过行动时，不断反省、总结自己的经验教训，修正对自我认知和定位，使职业生涯规划、目标更加适应职场的要求，更加适应环境变化，为下一轮的职业生涯决策做参考。

第一节 职业生涯决策

经过自我探索和职业探索，大学生需要综合各方面信息，利用科学的生涯决策方法进行初步职业生涯抉择。正确的决策能指引我们沿着正确的方向和合理的路线前进，直至最终实现目标；而错误的决策则使我们与成功背道而驰，导致目标无法实现。

一、职业生涯决策的概念、类型、原则

决策是一件不容易的事情，每一天我们都在不断地做决定，每天的生活都充满了成百上千对日常琐事的决定。有些选择对我们而言很容易做出决定，然而有些选择对我们而言却很难决定下来，做决定的难易取决于我们面临的现实选择，一个决定越重要，决策可能也就越困难。那么我们要去了解决策，从而更好地做决策。

(一)决策的概念

决策是为了实现某些目标，采用一定的科学方法和手段，从两个以上的方案中选择一个满意方案的分析判断过程。它是建立在决策者对自身和周边环境分析的基础上，确定行动目标，并对实现目标的若干可行性方案进行比较和选择，最终确定一个最为优化合理的方案的分析决断过程。简单说，决策就是做决定、做选择的分析判断过程，即面临选择—分析判断—做出决定，最后确定一个最为优化合理的方案。

(二)职业生涯决策的概念

英国经济学家凯恩斯曾说过："一个人选择目标或职业时，会选择使用使其获得最高报酬，并将损失减至最低所用的方法。"在职业选择过程中，我们需要学会通过科学的方法，帮助我们做出有利于我们未来职业发展的决定，这就是职业决策。1947 年，美国学者杰普森·大卫(Jepsen David)最早提出了职业生涯决策的概念。所谓职业生涯决策，是个人在综合个人自我认知与社会职业认知的基础上，采用职业生涯决策的方法与技能进行分析、判断、选择，目的是选择出一个最满意的职业生涯方案。完成这一过程要经历生涯觉醒、自我探索、职业分析、资料收集、确定目标、制订行动方案等一系列活动。由此可知，职业生涯决策不仅只是对行动方案的最后"拍板"，而是一个的复杂的认知过程、动态的系统决策过程。

职业生涯决策是个人在职业理想与客观现实之间谋求平衡的调试过程。个人根据自我探索得出的职业理想与客观现实之间往往存在差距。作为职业生涯决策者需要在两者之间寻求平衡甚至妥协，当客观现实不能满足职业理想时，就必须承认现实，降低要求，在自我反思之后，做出科学、合适的职业生涯决策。

(三)职业生涯决策的内容与类型

生涯决策是一个问题解决的过程。部分学者将职业生涯重大决策中所需要解决的问题归纳为下列问题：

①升学或求职的选择问题。

②对所从事行业的选择问题。

③对行业中某种工作的选择问题。

④对工作地域的选择问题。

⑤获得一份工作的策略选择问题。

⑥从数个工作机会中选择其中一个问题。

⑦对生涯发展目标或升迁目标的选择问题。

对大学生而言，常见的职业生涯决策问题主要应用于就业方向的选择(升学或求职)、转换等决策问题。有学者对大学生常遇到的生涯决策问题进行总结如下：

①我到底是考研、还是工作、还是出国？

②我准备跨校跨专业考研，您觉得行吗？

③我应该去北京工作，还是留在家乡呢？

④我应该去哪个行业工作、高校、企业、政府？

⑤我应该去国有企业、民营企业还是外资企业工作？

⑥我应该去大企业的小岗位，还是小企业的重要岗位？

⑦我同时被两家或三家公司录用，我该去哪家？

由上述生涯决策问题的罗列，我们从宏观、中观到微观层面归纳出以下三类职业生涯决策问题的类型。

1. 职业方向的选择和优化问题

职业生涯决策者在对自我认知与环境认知的调试平衡基础上，形成若干个可选择的职业发展方向，从中进行比较评估，尽量选择“人职匹配、职业发展路线实现最优化”的职业发展方向。

2. 不同阶段职业目标的确定问题

在确定了职业发展方向后，还要进一步明确不同阶段的职业目标，包括短期、中期、长期甚至终身目标，并对不同阶段目标的具体岗位、组织类型、工作区域等做出选择。

3. 职业规划发展过程要素与行动方案的确定问题

在不同阶段目标确定的基础上，职业生涯决策者需要明确目标实现过程中的行动计划的设计、可能面临问题的解决方案、可利用的资源支持等。

(四)职业生涯决策的原则

在进行职业生涯决策时，第一要注意的是尽量做到“人职匹配”。第二要克服决策时的完美主义倾向，“永远没有最好的决策，只有当时当下相对更好的选择”。职业生涯的决策没有标准答案，如果真要找出决策正确与否的衡量标准，那就是每个人内心的天平。因为决策都是在不确定情况下做出的选择，且每个选择都有利有弊，决策者对每个不确定性问题的选择又会引发下一个不确定性问题。因此，决策者需要综合自己和外部职业环境的各方面因素进行科学合理的分析、判断，来选择出对自己最有利、最优的一项。职业生涯决策的原则应遵循以下四大原则。

(1)择己所爱(个人兴趣)。调查表明，兴趣和成功的概率有着明显的正相关。因为一个对所从事职业感兴趣的人，往往能发挥其才能的80%甚至90%以上，且能够保持长时间的高效率。而对所从事职业不感兴趣的人，则只能发挥其才能的20%到30%，且容易精疲力竭。在职业生涯决策时，尽量选择自己所感兴趣的行业、职业，才能体会到更多的职业幸福感。

(2)择己所能(个人能力)。尽量使自己的能力、潜能与所决策的职业冲突较少，或具有个人优势的行业，使职业生涯决策能发挥自己的优势与特长。

(3)择世所需(职业世界)。生涯决策必须充分尊重社会发展规律以及社会对人才的需求。职业决策者需要了解当前的社会职业需求状况，也要善于预测未来行业或职业发展的方向，做到职业决策有一定的远见。

(4)择己所利(就业收益)。每个人衡量收获的标准不同，通常应该包括物质上的收益和精神上的收获。根据决策者自己对利益的衡量标准进行职业生涯决策，使做出的职业生涯决策能让自己在收益上实现最大化，在精神上获得内心的价值认同。

二、决策的风格

我们在决策时会形成自己的决策风格(decision making style)，决策风格是人们在做决策时表现出来的行为偏好和心理倾向，反映了个体在决策的过程中习惯的反应模式，是个人关于决策行为的个性特征在职业决策过程中的体现。决策风格是影响决策效果与决策效率的一个重要因素。

(一)影响决策风格的因素

在研究决策风格的形成原因时，大体可归纳为三类倾向：个性决策论、情势决定论、相互作用决定论。决策风格既受个性影响(包括气质、性格等心理特征)，又受决策任务与决策环境的影响。因此，在研究决策风格形成的时候，需要考虑个性和情势环境的同时，也考虑两类因素的相互作用。

(二)丁克里奇的八种决策风格

在决策过程中，不同的决策风格做出的决策可能是不一样的。因此，决策者的决策风格对职业决策影响很大。丁克里奇(Dinklage)在1968年，通过访谈研究确定了成人做职业生涯决策时所采用的策略和决策类型。丁克里奇将个人决策风格归纳为以下八种类型。

(1)冲动型。这种决策风格的决策人抓住遇到的第一个选择，不再考虑其他的选择，他们的想法“先决定，以后的事情再说”，例如有人先找到一份工作，不多加考虑再做决定，直接想着有工作干着再说，这种决策方式风险太大，等看到有更好的选择时自然追悔莫及。

(2)宿命型。这种决策风格的决策人将决定权留给境遇或命运。总会说“我这个人永远也不会走运”，在人生转折关头，将自己的生活主导权交给外界，显得无力和无助，人生态度消极低沉，这样的人容易成为环境的“受害者”。

(3)顺从型。这种决策风格的决策人在决策时顺从别人的计划而不是独立地做出自己的决定。他们相信“他们都觉得好，我就觉得好。”比如很多人从大一还没思考自己的职业方向，就跟风报考研班、雅思班、考公班等，从众的人固然在追随群体的过程中获得了一种虚拟的安全感，但却忽略了自身的独特性，其选择在很大程度上并不适合自己。

(4)拖延型。这种决策风格的决策人习惯于把问题往后推迟，比如“我还没有准备好工作，所以打算先考研”。拖延型的人总是希望“也许事情过几天就自动解决了”，但是问题总是不会自动消失，并且可能因为拖延而更加难以解决。

(5)犹豫型。这种决策风格的决策人在决策前过度搜集信息，使用信息时又顾虑重重，反复比较，当断不断，心境表现常常是“我就是拿不定主意”，从而痛苦挣扎。这类人和“冲动型”相反，收集再多的信息，做再多的分析比较都无法做出一个决策。

(6)直觉型。这种决策风格的决策人总是将直觉感受作为决策的基础，在决策前因为“感觉到是对的”而做决策，但不能说明原因。直觉对人们在环境情况无法获得充分信息时会有效，但可能会不符合事实，有时候直觉也可能会影响决策人的判断。

(7)麻痹型。这种人接受做决策的责任，但是感觉过于焦虑而不能对决策做出有建设性的工作。他们知道自己应该开始了，可内心深处总是笼罩着“一想到这种事就怕”的阴影、结果，他们无法真正为决策和决策的后果承担责任。

(8)计划型。使用如同标准化决策模型所推荐的理性策略。做决定时会倾听自己内在的心声,也考虑外在环境的要求,以做出适当且明智的抉择。

上述几种决策风格没有绝对的优劣之分,各有其适用的范围和局限性。例如,直觉型决策反映了决策者能够迅速提取相关信息的能力,或者也可以说他是一个反应快的理性决策者。冲动型在决策后有时候也会给自己带来惊喜。决策都存在风险性,决策风格既受个性的影响,又受到环境的塑造,并非绝对无法改变。

(三)哈伦的决策风格类型分析

根据学者哈伦(Harren)的决策风格类型分析观察,大部分人的生涯决策方式可以归纳为直觉型、依赖型、理智型三种,另外还有犹豫不决型等。

1. 直觉型

直觉型以自己在特定情境中的感受或情绪反应做出决定。这种类型的人做决定时全凭感觉,较为冲动,较少会系统地收集其他的相关信息,但他们能为自己的抉择负责。例如,小萍是一个美丽聪慧的女孩,她在为自己做各种决定时,常常凭借自己的感觉或情感。当初在高三时她毅然放弃推荐保送同济大学的名额,宁可辛苦复习,参加高考,就是为了圆自己和家人的一个“复旦梦”。在她如愿以偿考入复旦经济学专业后,在大学三年级,她又开始准备考研,想跨专业考本校法理学的研究生,原因是她对法律产生了兴趣。在考研失败后,酷爱旅行的她,凭着冲劲与直觉到一家旅行社上班,现在正在埋头考导游证呢!她常以迅雷不及掩耳的速度,在生涯抉择路口走自己的路,做出令周围人咂舌的决定。同时,她又勇于为自己的决定负责,从不后悔。

2. 依赖型

依赖型是指等待或依赖他人为自己收集信息并替自己做决定,有的甚至到处求神问卜,找算命先生帮助。决策时不去系统地收集信息,决策较为被动与顺从,十分在意他人的意见和期望,从而做出选择。对于此类的人而言,社会赞许、社会评价、社会规范是他们决定的标准,他们的口头禅是:“爸妈叫我去……”“我的男朋友/女朋友希望……”“他们认为我很合适”“他们认为我可以……可是……”

3. 理智型

理智型决策合乎逻辑,系统地收集充分的生涯相关信息,且分析各个选项的利弊得失,按部就班,以做出最佳的决定。例如,小莉准备投入保险行业,在转行的前一年,她和保险从业人员有很多接触。为了训练自己突破人我之间的距离,以及能在短时间内与陌生人建立良好关系的能力,小莉还报名参加了人际关系训练课程。经过很多利弊分析与筹划,最后在家人的支持下,小莉于5月正式投入保险行业。她相信这是最适合她的选择。

4. 犹豫不决型

此类型的人虽然收集很多的相关信息,问东问西,但常常处在挣扎、难以下决定的状态中。例如,有位研究生在“百度知道”发布求助“电业局和和设计院,我该怎么选择”;“我的问题是我本科读的建筑学,侧重于建筑设计,而研究生读的是规划,侧重于规划设计,正在面临毕业,现在的选择是进入电业局,还是应该去设计所,也就是设计些变电站、机站之类的，编制应该是全民编制的，属于正式编制，好处就是福利不错，安稳，相对轻松，年薪最多 10 万元。还有就是去建筑设计院或者规划设计院，那里面市场竞争激烈，做得好则超过电业局的收入，做得不好则低于电业局的收入，但是接触到的群体可能会更广泛一些。但以后的事情也很难说，在电业局或许还有精力做些其他事情，而设计院则没有。大家帮我看看，在电业局和设计院中我该如何选择？还有就是建筑院和规划院哪个好？大家是如何理解的？”

表 6-1 所列的每一句陈述，是一般人在处理日常事务及生涯决定时的态度、习惯及行为方式，请评量每一陈述句与你实际情形的符合程度。

表 6-1 决策风格类型测试

情景陈述	符合/不符合	类型
1. 我常仓促做草率的判断	□ □	★
2. 我做事情时不喜欢自己出主意	□ □	•
3. 碰到难做的事情，我就把它放到一边	□ □	▲
4. 我会多方收集决定所必需的一些个人及环境材料	□ □	■
5. 我常凭一时冲动行事	□ □	★
6. 做事时我喜欢有人在身旁，以随时商量	□ □	•
7. 遇到需要做决定的，我就紧张不安	□ □	▲
8. 我会将收集到的材料加以比较分析，列出选择的方案	□ □	■
9. 我经常改变我所做出的决定	□ □	★
10. 发现别人的看法与我的不同，我就不知怎么办	□ □	•
11. 我做事总是东想西想，下不了决心	□ □	▲
12. 我会权衡各项可选择方案的利弊得失，判断出此时此地最好的选择	□ □	■
13. 做决定之前，我从未做任何准备，也为分析可能的结果	□ □	★
14. 我很容易受别人意见的影响	□ □	•
15. 我觉得做决定是一件痛苦的事情	□ □	▲
16. 我会参考其他人的意见，再斟酌自己的情况来做出最适合自己的决定	□ □	■
17. 我常不经慎重思考就做决定	□ □	★
18. 在父母、师长或亲友催促做决定之前，我并不打算做任何决定	□ □	•
19. 为了避免做决定的痛苦，我现在并不想做决定	□ □	▲
20. 经过深思熟虑之后，我会明确决定一项最佳的方案	□ □	■
21. 我喜欢凭直觉做事	□ □	★
22. 我常让父母、师长或亲友为我做决定	□ □	•
23. 我处理事情经常犹豫不决	□ □	▲
24. 当已经决定了所选择的方案，我会展开必要的准备行动并全力以赴做好它	□ □	■

记分方式:将同一类型的得分(符合的1分)记入测试结果表6-2中,哪种类型得分最高,可能你就属于哪种决策类型。

表6-2 决策风格类型测试结果

题号组	1、59、13、17、21	2、6、10、14、18、22	3、7、11、15、19、23	4、8、12、16、20、24
得分				
决策类型	冲动直觉型	依赖型	逃避忧郁型	理性型

三、决策中的困难挑战

(一)决策的风险与责任

我们每天无时无刻不在做决定,但是了解决定可以分为哪几类吗?

(1)确定无疑的决定。所有的选择及其结果都是清楚明白的决定。比如,一幢教学楼有左右两个楼梯,而上课的教室位于大楼的右侧,从右边的楼梯上楼到教室要近一点,那么,去该教室上课的同学可能就会选择走右边楼梯。

(2)有一定风险的决定。这时有多种选择,每种选择的结果虽然不完全确定,但个人在一定程度上知道什么样的选择可能会有什么样的结果。比如,一个大学生决定中午在食堂吃什么,因为他天天都在这个食堂吃饭,所以大体上他知道食堂提供的各种饭菜的滋味如何,是否适合自己的喜好。但有一些饭菜,他从来没有品尝过,另外食堂师傅的炒菜水平也可能有波动,因此对于各种选择的结果并不能完全确定。

(3)不确定的决定。对于有哪些选择,各种选择相应会产生什么样的结果,几乎完全不清楚。比如,你想投资炒股,但是你对股票完全不懂,对于股市行情就不能判定。

在生活中,我们做决定时,往往会有主观因素使我们无法拥有最全面的信息,无法做出最合理的决定。大多数的决定都需要提前预测结果,都具有一定的风险与责任。在做出决定的同时,需要承担决定的结果和责任。需要承担决策的结果和责任,因此在现实中我们常常会面临职业生涯决策的困难。比如:当自己的意愿与父母立场对立时,怎样决策?当自己的职业目标不符合社会需求时,怎样决策?当我们面临对各选项,自己却不知道该如何选择时,怎样决策?从造成决策困难的原因看,生涯决策困难来自内在阻力和外在阻力。内在阻力主要是由于缺乏自我了解、信心不足、兴趣与能力冲突等,外在阻力主要包括生涯资料的提供、他人的支持不足等。从决策的时间过程上看,生涯决策困难包括职业生涯决策意识的困难、决策前的困难、决策中的困难、决策后执行过程中的困难等。如下表6-3所示,同学们在遭遇职业生涯决策困难时,需要分析自己是在决策全过程中哪一环节的具体决策中遇到困难,并通过掌握职业生涯决策的科学方法和技能,有针对性地解决困难。

表 6-3　职业生涯决策的困难分类表

困难类型	困难项目
生涯决策意识的困难（决策意识）	①未觉察到做决定的需要。 ②不知道做决定的过程。 ③知道要做决定，但逃避承担做决定的责任。
收集信息的困难（决策前）	①不充分、不一致的信息。 ②过量的信息带来的困难。 ③不知道如何收集资料，例如：在何处收集，如何组织，如何评估等。 ④因信息与个人的自我概念不一致而不愿意接受信息的有效性。
产生、评估、选择替代方案的困难（决策中）	①由于面临多种生涯选项而难以做决定。 ②由于个人的条件限制，如健康、资源、能力、教育等，而无法产生足够的生涯选项。 ③由于害怕失败、害怕社会不认同、害怕承诺或投入行动等焦虑情绪，而无法做决定。 ④人际关系、冲突、情境、资源、健康等因素局限个人的选择。 ⑤不知道评估的标准（价值、兴趣、性格、能力、资源、健康、年龄、个人环境等）。
计划执行中的困难（决策后）	①不知道形成计划的必要步骤。 ②不知道在未来的计划中需要完成哪些事情。 ③不愿意或无能力获得必要的信息以形成计划。

（二）决策的复杂性

决策也会有同时受到多方面的影响，说明了决策有其复杂性。著名的职业辅导理论家克朗伯兹（John D. Krumboltz）影响决策因素分为以下四类。

（1）遗传和特殊能力。在遗传方面，每个人都有一定的特质，如种族、性别、天赋等，在特殊能力上例如一些先天的艺术能力，在某些程度上会影响个人生涯。

（2）环境和重要事件。环境包括自然环境（如自然资源分布、自然灾害等）和生活环境（社会、经济、家庭等活动），个人的教育水平，生活地区也有很大的影响。另外像改革开放等社会政治经济变革，也会改变很多人的生活轨迹。

（3）学习经验。学习是指每个人在日常生活中不断积累的经验和认识，如各种工具性学习、行为和认知、观察学习。每个人在其成长过程中都积累了无数的学习经验，个体的学习经验是独特的，而这对于个体的职业生涯选择又具有重要的影响。

（4）任务取向的技能。受到上述种种因素的影响，个人在面临一项任务决策时，会表现出特定的工作习惯、解决问题的能力、心理状态、情绪反应和认知的历程，这称之为“任务取向的技能”。

在克朗伯兹所说的四类影响职业决策的因素中，前两类因素（遗传和环境）通常都在个人的控制之外，而后两类因素（学习经验和任务取向的技能）则是个人在成长过程中可以不断积累和更新的。克朗伯兹认为：上述四种因素交互作用的结果，形成了个人对自我和世界的推论或信念这些推论不一定完全正确，要视个人的学习经验是否丰富而定。

四、职业生涯决策的过程

生涯决策具有困难挑战和复杂性，为了在决策时减少风险，尽可能充分考虑到决策所涉及的多方面，决策过程中有一定的步骤和技术可以遵循。我们推荐使用“CASVE循环”方法。

CASVE循环分析法是认知信息加工理论中的第二个层次，即决策技能领域的部分，解决的是对信息和方法进行运算加工的问题，也就是了解自己该如何做决定。它既是决策过程的关键环节，又提供了一个如何做决策的完整方法论。CASVE循环由五个环节构成：沟通、分析、综合、评估和执行。

（一）沟通（communication）：识别问题的存在

这个阶段对决策者而言，要意识到自己需要做出选择。这一步是决策的开始，个人如果没有意识到问题的存在，后面的决策步骤则无从谈起，沟通包括内部沟通和外部沟通。内部沟通包括情绪信号和身体信号：比如，你所接收到的信息给你的职业计划带来的焦虑感（不满、厌烦、失望）；外部沟通包括老师、父母、媒体传递给你的有关职业规划的询问，其他人对你的职业评价。在这个阶段，我们通过各种感官和思考充分接触问题，发觉存在一个差距已不容忽视。

（二）分析（analysis）：考虑各种可能性

这一阶段对决策者而言，就是要了解自己的需要和可能的选择。为了避免决策时冲动、盲目，决策者需要将问题的各个组成部分相互联系起来，对现状进行评估：充分完善自己在兴趣、技能、价值观、职业、学习机会，工作组织、行业类型等自我知识和职业知识领域信息并对所有的信息进行思考、观察、研究和分析。分析阶段还需要把各种因素和相关知识联系起来，例如，把自我知识和职业选择联系起来；把家庭和个人生活的需要融入职业选择中。

（三）综合（synthesis）：形成可能选项

这一阶段对决策者而言，就是要扩展和压缩选项清单，从而制订消除差距的行动方案。这一阶段是在分析的基础上，把分析阶段提供的各种信息放到一起进行综合和加工，制订出解决问题或消除差距的行动方案。在此阶段，个体首先搜索查找各种解决问题的可能性，扩展解决问题的选项，对每一个选项进行思考，然后再逐步缩小选项的范围，保留下最好的，通常要减缩到3—5个最可能的选项。

（四）评估（value）：对选项排列次序

这一阶段对决策者而言，该阶段的目标就是选择一个职业或专业。对综合阶段得出的职业选择清单，从可行性和满意度两方面进行具体的评估，并将评估结果进行排序，得出最终的选择。在评估中，每个人都必须面对这两个方面的抉择。

一是对个人而言，哪个选择是最好的。或者说，对自己生活中重要的人（如父母亲友）而言，哪个选择是最好的。二是对社会而言，哪个选择是最好的。每一种选择都要从对自己和对他人的代价和利益两方面进行考虑。在CASVE循环的沟通阶段（C）会确定存在于现实与理想状态之间的差距。在评估阶段（V）对评估结果进行排序时，通常将能够最有效地消除这个差距的那个选项排在第一位，次好的选择排在第二位，以此类推。

（五）执行（execution）：形成目标策略，采取行动解决问题

这阶段对决策者而言，就是要将思考转化为行动，从而采取行动落实选择。执行是整个CASVE循环的最后一个部分，它意味着根据你最终选择的目标，制订行动计划，并付诸行动，解决在沟通阶段所确定的职业问题。

需要注意的是，决策是一个循环的过程。也就在是说，在执行（E）阶段结束之后，又要回到沟通（C）阶段，继续对自己的决定及其结果进行评估循环。衡量的标准就是反思自己所做的选择是不是最好的或最合适的，自己所期盼的理想状态是不是已经实现。由此可能进入新一轮的CASVE循环决策过程，如图6-1所示。

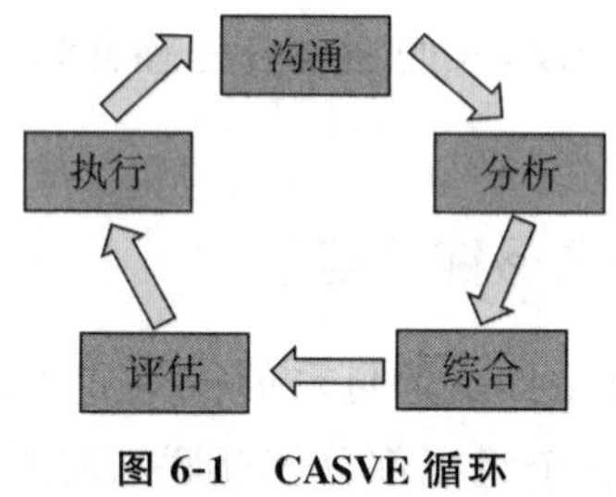

图6-1　CASVE循环

五、职业决策的其他辅助方法

职业决策是一个复杂的认知过程，需要先对自我进行评估，再对决策机会进行评估，而态势（SWOT）分析法、决策平衡单都是决策过程中的测评方式。

1. 态势（SWOT）分析法

态势分析法又称SWOT分析法，是由20世纪80年代初美国旧金山大学的管理学教授海因茨·韦里克（Heinz Weihrich）提出的，在市场营销管理领域被广泛使用，主要用来帮助决策者在竞争环境中制订适合企业发展的竞争战略。在大学生职业生涯规划中，常常被用于解决个人求职和生涯发展等决策问题。它通过分析自己在技能、能力、兴趣、价

值观等方面的优缺点，以及所感兴趣的不同职业道路的机会和威胁，帮助大学生较客观、全面地分析自己的现实情况。其中，S(strengths)代表优势，W(weaknesses)代表劣势，O(opportunities)代表机会，T(threats)代表威胁。所谓 SWOT 分析，指的是在 S、W、O、T 这 4 个维度上进行分析，然后通过矩阵交叉的分析，找出适合自己的基本策略。从整体来看，SW 主要用来分析内部条件，OT 则主要用来分析外部条件。

1. SWOT 分析法的实施步骤

在运用 SWOT 分析法进行职业选择与生涯决策时，我们可以按照以下四个步骤进行。

(1)步骤一：分析自己的优势和劣势(自我认识)

这是运用 SWOT 分析法进行职业生涯决策的前提条件，即清楚知道自己的优势，并将自己的生活、工作和事业发展都建立在这些优势之上。全面、客观、深刻地了解自己的劣势，才能有针对性地进行提升和弥补，或放弃自己不擅长的职业领域。可以制作一个优缺点分析表格，列出自己的优势和劣势。

①对个人优势方面的评估。优势，指个体可控并可利用的内在积极因素。具体的内容可以从以下方面评估：

a. 你的内在优秀品质是什么？你是否勤奋刻苦，你是否具有较强的沟通能力？可以综合运用自我评价、请他人评价(家人、同学、朋友、领导、老师、职业生涯规划专家等)、运用专业的个性测量工具的方法，了解个人优秀品质对自己职业生涯有利的因素。

b. 大学期间你学到了什么？在大学的学习生涯中，专业课程的学习让你学习到了哪些知识？在学校学生工作中有什么样的经验积累？在毕业实习和社会实践中，你提升和升华了哪些知识或技能？在专业知识水平上，是否有提升，能否学以致用？

c. 大学期间你曾经做过什么？收获了什么？在校期间你担任过哪些学生干部职务，参加或举办过什么校园活动、社会实践、学科竞赛等。从中你收获到什么？

d. 做过最成功的事情是什么？如何成功的？从中发现了自己什么长处？通过回顾自己认为曾做过的最成功的事情，分析自己获得成功的方法途径，并从中总结启发出自己身上的长处。

②对个人劣势方面的评估。劣势，指个体可控并应努力改善的内在消极因素。具体的内容可以从以下方面评估：

a. 反思个人人格特质中的弱点。金无足赤，人无完人，是人就一定有缺点。了解自己个性中的不足以及不喜欢、不擅长做的事，才能有针对性地弥补提升或规避相关领域的职业。可以坦诚地找身边的同学、老师、领导、父母等聊一聊自己的缺点不足。再综合自己感觉的弱点，形成对自己性格弱点更全面、更理性、准确的评估。

b. 经验或经历中所欠缺的方面。对照你意向的职业，考虑下在你人生经历中，有哪些经历或经验是欠缺的。对于能弥补的经历或经验，就认真对待，创造条件完善经验；对于无法弥补的经历或经验，要慎重思考缺失可能造成的影响。

c. 做过最失败的事是什么？如何失败的？如何做来防止再次失败？同样要回顾自己认为曾做过的最失败的事情，分析自己失败在哪里？是因为欠缺了什么导致了失败？

从中总结出自己身上的不足（如心理素质不够、组织领导能力不足、做事虎头蛇尾等）。

（2）步骤二：分析外部机会和威胁

在不同的行业中，会面临不同额外部机会和威胁，因此我们需要了解自己的外部机会和威胁从而更好地去面对。

①机会（机遇）分析。机会，指个人不可控，但可利用外部积极因素。外部环境为每个人提供了成长发展的机会和有利条件。社会变革、科技创新、市场竞争都能带来各种机会（机遇）。面对机会，不同人有以下五种不同的行为反应——创造机会＞寻找机会＞等待机会＞错过机会＞漠视机会。我们如果做不到创造机会，但至少可以做一个努力寻找机会的人，抓住身边的机会，为未来的机会创造条件，不让自己错过机会，更不能对机会持逃避或视而不见的态度。

②威胁（挑战）分析。威胁，指个体不可控，但可以使其弱化外部消极因素。外部客观环境是不受人所控制的。激烈的求职者竞争、所学专业（或学历层次、学校层次）与职业需求不匹配、市场不景气、国际环境等导致意向企业不招聘等，都可能是来自外部的威胁与挑战。面对威胁与挑战，既不能自怨自艾，也不能逃避漠视，而应该通过自己的努力，化挑战为力量，努力弱化外部威胁（挑战）的影响，在困境中成功逆袭、提升自己。

【案例阅读】

杨丹的SWOT分析与职业决策

杨丹是广州某著名大学独立学院国际贸易专业的学生，业余时间兼修了电子商务专业课程，并于2010年本科毕业。她在毕业前利用SWOT分析工具，为自己做了职业规划并且最终找到了一份在职业中学当网管的工作。

一、SWOT分析

S（优势）：

（1）爱好方面：喜欢能让自己静下心来的工作环境，能自己控制、安排的工作，跟人打交道的工作。

（2）喜欢思考问题，有一定的分析能力，有寻根究底的兴趣，一定要将事情想清楚；有浓厚的学习兴趣和一定的实力，比如英语水平不错；逻辑性和条理性较好，书面表达能力较强。

（3）做事认真、踏实，生活态度积极，善于发现事物和环境积极的一面；有责任心、爱心，并且喜欢工作；心思细腻，考虑问题比较细致、周到。

（4）待人真诚，放得开，乐于与人交往和沟通，善于开导别人；当过班干部，组织过集体活动，有一定的组织管理能力和经验。

（5）在学校时交了不少朋友，构建了良好的人际关系。

W（劣势）：

（1）不喜欢机械性重复的工作，也不喜欢没有计划没有收获的忙乱，不喜欢应酬和刻意的事情。

(2)工作、学习有些保守,学习速度较慢;口头表达有时过于细节化,不够简洁;创新能力有待提高。

(3)竞争意识不强,冒险精神不够,对环境资源的利用不够主动,也就是快速适应环境的能力不够;做事不够果断,尤其做决定的时候容易犹豫不决;做事有时拖拉,不够雷厉风行。

(4)父母在一座小城市,一般工人家庭,无法在资金、人脉上帮助自己。

O(机会):

(1)就专业方面来说,中国的国际化程度越来越高,外语的使用越来越广,就业机会较多;现在是一个计算机信息的时代,国际、国内贸易的形式地使用电子商务进行交易,就业机会较多。

(2)在广州有很好的商务机会,是国内出口企业较多的城市。

(3)学校提供了一些很好的学以致用的机会,可以积累一定的实践经验,同时有很多的机会与各行业人士接触、交流、学习,提高自身素质。

(4)考虑能很好地发挥自己与人沟通能力的职业,如教育行业,既能体现自己的优势,又跟个人专业结合,对竞争性要求也相对低一些。

(5)扩招使各类学校都需要素质良好的师资。

(6)教师是一个永远需要的岗位;待遇水平不错,受人尊重。

T(威胁):

(1)金融危机、人民币升值等原因,使中国的出口下降,外贸行业的就业机会非常悲观;就业形势严峻,大批没有工作经验的学生就业困难。

(2)在金融危机中受到的影响也较大,目前外贸行业就业机会极少。

(3)外贸与电子商务专业都是重视实操的专业,自己的实践经验太少。

(4)尽管中国的网民人数已经超过美国,网上交易额也在不断增长,但与专业相关的职业如外贸行业、电子商务行业,市场化程度较高,对竞争能力有较高的要求,而这正是自己的劣势。

(5)自己没有教育行业的任职资格;学历水平相对于当教师来说也不足。

(6)竞争激烈。

二、3～5 年的职业目标

如果要从事教师的职业,杨丹认识到自己的学历还需要再提高,有必要继续深造。但考虑到个人及家庭条件,还是先工作两年积累些经验,然后再去学习比较好。因此,她把未来 3—5 年的职业目标设定为:

(1)进入教育行业。

(2)考上华南师范大学的教育专业研究生。

(3)毕业后成为教师。

(4)在经济上,财务独立就可以了。

(资料来源:汤海滨,王克进著,《职业规划——理论、测评与分析》,清华大学出版社,2017 年版。)

(3)步骤三：构造 SWOT 矩阵

将调查分析、总结出的个人优势、劣势和外部机会、威胁等各种因素，根据轻重缓急或影响程度等排序方式，构造生涯决策的 SWOT 矩阵。在各种因素的排序过程中，将那些对个人职业生涯发展有直接的、重大的、大量的、迫切的、久远的影响因素优先排列出来，而将那些间接的、次要的、少许的、不急的、短暂的影响因素排列在后面。构建矩阵的方法可参考以下 SWOT 矩阵模型，见表 6-4。

表 6-4　生涯决策 SWOT 矩阵模型

优势(strengths)	劣势(weaknesses)
指个体可控并可利用的内在积极因素： (1)工作经验 (2)教育背景 (3)丰富的专业知识和技能 (4)特定的可转移技能(如沟通、团队合作、领导能力等) (5)人格特质(如职业道德、自我约束、承受工作压力的能力、创造性、乐观等) (6)广泛的个人关系网络 (7)在专业组织中的影响力	指个体可控并努力改善的内在消极因素： (1)缺乏工作经验 (2)学习成绩差，专业不对口 (3)缺乏目标，且对自我的认识和对工作的认识都十分不足 (4)缺乏专业知识 (5)较差的领导能力、人际交往能力、沟通能力和团队合作能力 (6)较差的寻找工作的能力 (7)负面的人格特征(如职业道德败坏、缺乏自律、缺少工作动机、害羞、情绪化等)
机会(opportunities)	**威胁(threats)**
指个体不可控，但可以利用的外部积极因素： (1)就业机会增加 (2)在教育的机会 (3)专业领域急需人才 (4)由于提高自我认识，设置更多具体的工作目标带来的机遇 (5)专业晋升的机会 (6)专业发展带来的机会 (7)职业道路选择带来的独特机会 (8)地理位置的优势、 (9)强大的关系网络	指个体不可控，但可以使其弱化的外部消极因素： (1)就业机会减少 (2)由同专业的大学毕业生带来的竞争 (3)具有丰富技能、经验、知识的竞争者 (4)拥有较好的寻找工作技巧的竞争者 (5)名校毕业的竞争者 (6)缺少培训、在学习造成的职业发展障碍 (7)工作晋升机会十分有限或者竞争激烈 (8)专业领域发展有限 (9)公司不再招聘与你同等学力或专业的员工

(资料来源：孙鑫，李华著，《大学生职业生涯规划与就业指导》，中国电力出版社，2016 年版。)

(4)步骤四：分解 SWOT 矩阵模型，得出生涯决策

将 SWOT 矩阵模型进行分解，将矩阵中上下对应的 SO——优势与机会加以充分发挥；将 WO(劣势与机会)——为抓住机会而对劣势加以弥补，使弱势与机会此消彼长；将 ST(优势与威胁)——对优势进行调整、提升、发挥以抵御威胁；将 WT(弱势与威胁)——对个人劣势加以改善，减小威胁的影响或制订规避威胁的策略。最后得出相应的生涯决

策方向。

(5)步骤五:对 SWOT 矩阵进行定量赋值

单纯确定个体的优势、劣势、机会、威胁的各个具体因素,只是 SWOT 的初步分析阶段,要得到更科学的职业生涯决策,则需要进行定量的 SWOT 分析。给 SWOT 矩阵中四个象限的每一项因素配以权重,并根据权重进行定量分析。基于每项评判因素对于具体行业的重要性来设定每项因素的权重分数。可以根据你的需要,把最重要项目的权重赋值 10 分、甚至 100 分或者 1000 分,其他被比较项目的权重也随之改变。还要特别注意两点,一是应该根据当时当地的人才市场的具体情况,用数量化的方式把个人优势、机会结合起来,与劣势、威胁相比较,才能清晰地分出自己选择这项职业是否比他人具有优势,从而得出最优的职业决策。二是应尽可能地参考该行业长期经营和管理所形成的每项评判内容的重要程度,或者参考职业生涯规划专家的看法来赋值,不能仅凭个人感觉。

2. SWOT 分析法的评价

(1)SWOT 分析法的静态性造成的缺陷及应对对策

生涯决策本质上是动态、连续、发展的,是一系列不断递进的阶段组成的,是某个选择方案被选择、履行和不断规划调整的必然结果。而 SWOT 分析法是基于时间截面段的静态分析方法,还不能够结合过去、现在和未来的发展趋势做出综合评判。个体在进行职业生涯规划决策中实施 SWOT 分析,通常是依据自己当时的现状和观点分析自己和职业环境,而忽视了很多未来环境发展的可能性。

因此,个体在使用 SWOT 分析法进行职业生涯决策时,一方面要加强信息及时反馈,尽量站在未来的立场上衡量自身值得赞赏和仍需要改进的地方;另一方面要密切注意职业环境的变化,通过网络、报纸杂志等媒介来追踪最新的职业趋势,根据具体的环境变化及时修正和调整自身的 SWOT 矩阵,从而做出更准确的决策。

(2)SWOT 分析法的主观性影响决策准确性及应对对策

在进行 SWOT 分析法进行决策分析时,个体可能会做出不太客观的自我评估。具有不同人格特征的评价者(如悲观主义者和乐观主义者)面对相同的人和事,可能会得出截然不同的分析结果。

因此,个人在进行评估时,务必要认清辨识自己的优势和劣势对于自己未来职业道路决策的重要意义,避免仅凭主观印象评估,既不能过度谦虚,也不能过度自信,要敢于面对自己的不足,才能做出准确的决策。同时,可以尽量争取到家人、朋友、同学、老师、职业生涯辅导专家的帮助,获得对自己的全面信息。也可以采用一些职业测评工具、个人特质测量表来帮助自己形成自我认识。

(二)决策平衡单

1. 决策平衡单介绍

当一个决策者对两个或两个以上不同的职业选择进行生涯决策时,如果能够对所面临的选择进行更直观、清晰的量化分析时,生涯决策就会更容易、更准确。1977 年,美国心理学家詹尼斯和曼恩(Janis & Mann)基于卡茨(Katz)的职业决策理论的生涯决策技术，设计出生涯平衡单。他们将重大事件的思考方向集中到四个主题上：自我物质方面的得失；他人物质方面的得失；自我赞许与否；社会赞许与否。

后来，我国台湾地区的生涯规划辅导专家金树人先生将“自我赞许与否”与“社会赞许与否”改为“自我精神方面的得失”和“他人精神方面的得失”，从而使决策平衡单中对重大事件所造成得失影响的思考方向集中在了“自我—他人”以及“物质—精神”这两个维度上。

2. 决策平衡单的使用步骤

(1)列出有待你深入考量的潜在职业选项(2—5 个)，填入决策平衡单第一行。

(2)列出考虑的因素。根据个体关注的内容，在“自我—他人”以及“物质—精神”所构成的四个方面范围内，将影响自己做出决定的考虑因素一一列出。

(3)基于对自我需求和价值观的准确了解，为每个考虑项目(即影响因素)分配权重。可以根据平衡单上的考虑项目的重要性和迫切性，从 1—5 中选择一个整数填入表格中的权重栏内。若权重越高，表明该项考虑因素对你的重要性越大，其中 5 代表“非常重要”，3 代表“一般”，1 代表“最不重要”。

(4)按照各项职业选项满足个体价值观和考虑因素的得失程度，为不同的考虑因素进行得失打分(分值在“－5—＋5”分之间)。若数值为正，表示该考虑项目在对应的职业选项中能满足个体需要和价值观。若数值为负，则表示该考虑项目在对应的职业选项中不能满足个体需要和价值观。在具体数值上“＋5”表示完全满足，“0”表示不知道或无法确定，“－5”表示完全不能满足。注意，对所有选项的全部考虑因素给分完毕后，应对分数进行审核，可以进行二次调整和修改。

(5)计算加权分值。将每个考虑因素的分值乘以其权重，所得的分数即为加权分。

(6)每列选项的加权分数相加，就是该职业选项的总分。

(7)得出决策结果并反思。根据每个职业选项的得失分数相加，得出该职业选项的总分。对各职业选项的总分按由高到低排序，分数最高者为最优决策选项。

完成上述六个步骤后，决策者还应做如下反思：

①这个结果是否使原来比较模糊的选项变得清晰？

②有没有遗漏什么重要的因素？

③你是否认可这个结果？如果不太认可这个结果，原因是什么？是否需要重新调整以上因素的权重？有必要的话，可以再适当调整平衡单，直到认可评估结果。

【案例阅读】

小张是一名大四毕业班学生，在面临求职方向选择时，他从自我、他人、物质、精神四个维度为自己设计了一张如下的生涯决策平衡单，并结合自己的专业特长、兴趣爱好、实习经历、家人期望等因素，进行量化分析。

小张的生涯决策平衡单

选择项目	权重（1～5倍）	选择一 国贸专业的研究生		选择二 英文记者		选择三 导游	
加权分数 考虑因素		得＋（加权分）	失－（加权分）	得＋（加权分）	失－（加权分）	得＋（加权分）	失－（加权分）
个人物质方面的得失：							
1. 个人收入	3	＋0(＋0)		＋3(＋9)		＋4(＋12)	
2. 未来发展	3	＋5(＋15)		＋4(＋16)		＋2(＋10)	
3. 稳定性	2	＋3(＋6)		＋2(＋4)		＋0(＋0)	
4. 休闲时间	2		－1(－2)	＋0(＋0)			－2(－4)
5. 对健康的影响	1	＋2(＋2)		＋2(＋2)			－1(－1)
他人物质方面的得失：							
1. 家庭经济	3		－2(－6)	＋2(＋6)		＋4(＋12)	
2. 家庭地位	2	＋5(＋10)		＋4(＋8)			－2(－4)
3. 与家人相处的时间	2	＋2(＋4)		＋1(＋2)			－1(－2)
个人精神方面的得失：							
1. 创造性	5	＋3(＋15)		＋4(＋20)		＋5(＋15)	
2. 多样性和变化性	4	＋3(＋12)		＋5(＋20)		＋5(＋20)	
3. 影响和帮助他人	4	＋3(＋12)		＋4(＋16)		＋5(＋20)	
4. 自由独立	3		－1(－3)	＋3(＋9)		＋4(＋12)	
5. 被认可	3	＋5(＋15)		＋3(＋9)		＋4(＋12)	
6. 挑战性	3	＋3(＋9)		＋5(＋15)		＋5(＋15)	
7. 应用所长	5	＋2(＋10)		＋5(＋25)		＋4(＋20)	
8. 兴趣的满足	4	＋4(＋16)		＋5(＋20)		＋4(＋16)	
他人精神方面的得失：							
1. 父亲	3	＋5(＋15)		＋4(＋12)		＋3(＋9)	
2. 母亲	3	＋5(＋15)		＋3(＋9)			－1(－3)
3. 朋友	2	＋3(＋6)		＋4(＋8)		＋3(＋6)	
4. 老师	1	＋5(＋5)		＋4(＋4)			－2(－2)
加权后合计		＋167	－11	＋214	0	＋179	－18
加权后得失差数		156		214		161	

第二节 职业生涯行动

古人云："知易行难。"唯有行动才能让你的梦想和目标从思想领域步入现实。因此，职业生涯决策制订下来后，就必须掌握目标设立与分解的方法、制订周详的行动计划和阶段任务，并为自己设计一份职业生涯规划书，通过实实在在的行动来缩小现实与目标之间的差距，最终实现职业生涯目标。

一、制定目标的原则

一个人只有在头脑中对自己的职业发展方向有清晰的概念，他的生命才会有意义和方向，而这也许是他人生中最珍贵的财富之一。制定目标的 SMART 原则，是由明确(specific)、可量化(measurable)、可达到但有挑战性(achievable but challenging)、目标有意义、有价值，并有奖惩的措施(rewarding)、有明确的时间限制(time-bounded)五个原则组成。

1. 明确性

不要用含糊笼统的语言，而是使用明确的语言。比如用说"我今天下午利用两个小时的时间完成职业规划材料收集"代替说"我的目标是更好地利用时间"。

2. 可量化

目标要可量化，才能有一个衡量成功与否的标准，从而准确评价你是否达到目标。比如"加强社会实践"，应该为"在这学期内参加学生社团，并访谈两位抗疫英雄"。

3. 可达到但有挑战性

这是说，以个人能力和性格特点，实现这个目标是现实的、可能的，但是又有一定的难度。比如说，你在大学毕业后进入企业，相关工作经验是不足的，但是又计划在两年内成为大公司的中层经理，这是不可行的。但如果改变成为十年内成为大公司的中层经理，那就容易达到，没有挑战性。因此应该改变计划成为两年内掌握各项技能，为成为中层经理奠定基础。

4. 目标有意义、有价值，并有奖惩的措施

这是说，实现这个目标可以给人带来成就感、价值感，并可能有所奖励；比如说如果你能按计划在暑假撰写出并发表一篇文章，那么你可能会认定自己有一定的写作能力，并且开学后安心学习，反之，就需要利用课余时间写。

5. 有明确的时间限制

不能将目标宽泛的制定在大学毕业前完成，而是需要有一个阶段性目标，并且在一定时限中落实，以天、周、月、学期为单位制定目标。

采用以上的五个原则制定的目标，可以更有实现的可能。

二、制订可行的行动计划

(一)目标的分解

在职业生涯总目标确定以后,如何对职业生涯规划进行管理,这就需要对目标进行分解。职业生涯目标分解是根据观念、知识、能力差距,将职业生涯的远大目标分解为有时间规定的长、中、短期子目标,直至将目标分解为某确定日期可以采取的具体步骤。目标分解是将目标清晰化、具体化的过程,是将目标量化成可操作的实施方案的有效手段。

1. 鱼骨目标分解法

步骤一:在"鱼头"位置写明要实现的目标(所确定的目标应符合 SMART 原则)。

步骤二:在"鱼尾"位置写上对现状评估的分值。即如果完全实现目标是打 100 分,那么目前应该评多少分,分值写在鱼尾位置。

步骤三:分解目标,将总目标按照任务内容划分为几个子目标模块,并写在"鱼身"的框体内。

步骤四:在"鱼骨"位置,写上继续细化实现目标的行动。

如图 6-2。

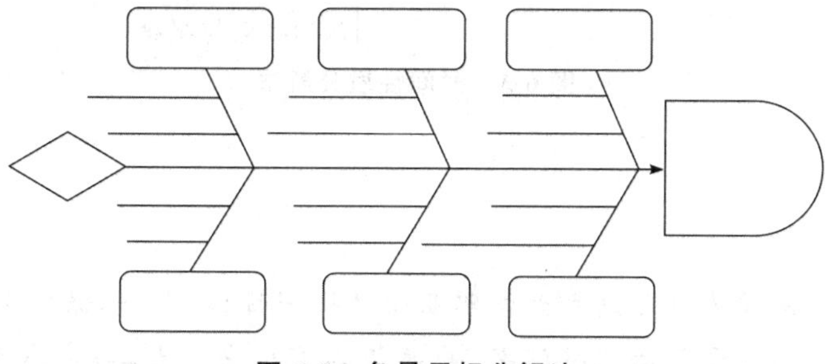

图 6-2　鱼骨目标分解法

【案例阅读】

陈想目前是某大学体育教育专业大学二年级学生,大二阶段已经明确了自己的就业目标是考入福建师范大学体育教育专业研究生,采用鱼骨分解法对其考研目标进行分解。

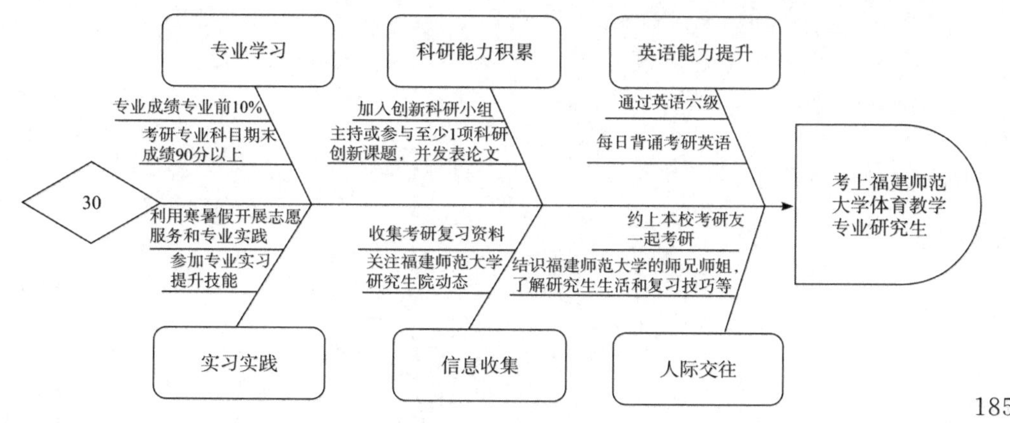

2. 时间性质分解法

目标分解的方法主要按性质分可以将目标分解为内职业生涯目标和外职业生涯目标；按时间可将目标分为人生目标（长至 40 年）、长期目标（5 年以上）、中期目标（3～5 年）和短期目标（1～2 年），短期目标服从于中期目标，中期目标服从于长期目标，长期目标服从于人生目标。对大学生职业生涯规划目标来说，可将其分解为图所示内容，见图 6-3。

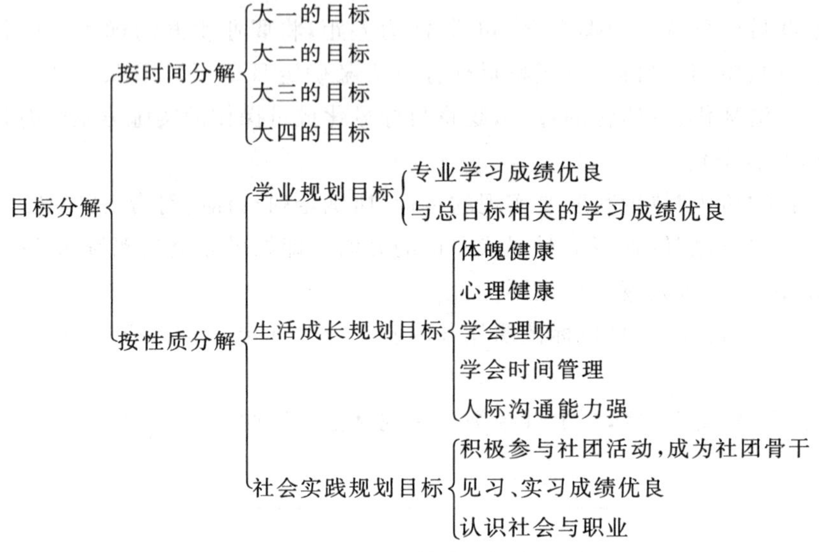

图 6-3　时间性质分解法

【案例阅读】

初入大一的王同学为自己设立大学职业生涯规划目标，大一：保持平均绩点在 4.0 以上，争取学年奖学金，考取英语四级证书、普通话二甲证书。大二：考取英语六级证书，中级会展职业经理人证书，加入中国共产党，争取学年奖学金，争取在国家会展策划专业赛上获得二等奖以上名次，在国家正式期刊上发表论文。大三：考取展会策划师与职业经理人高级证书与教师资格证，争取学年奖学金，争取与导师合作在国家核心期刊上发表论文，并获得发明专利，为考研做充足的准备。希望大学期间完成职业生涯规划。她将这个目标按时间分解：

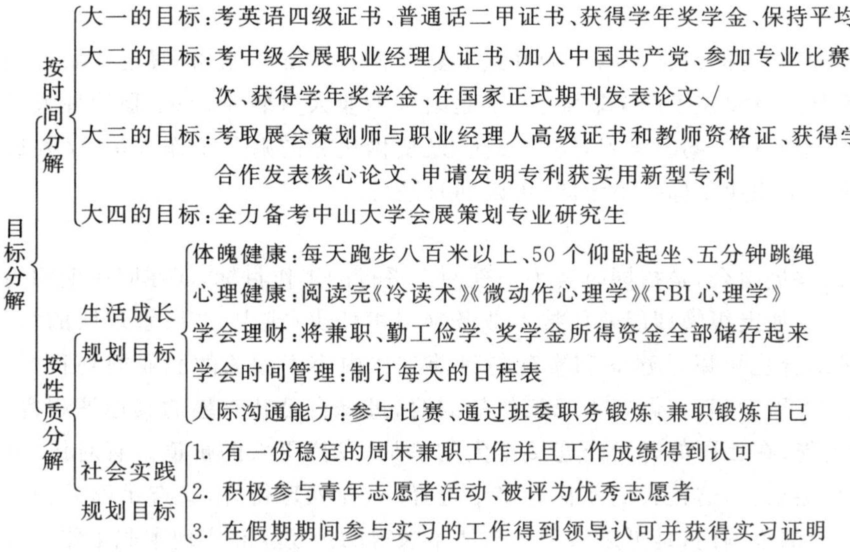

（二）目标的组合

目标组合是将若干阶段性目标按照内在的相互关系组合起来，达成更为可操作的目标。它在对总目标分解后，为了更为有效地处理不同子目标间的相互关系，还应对具有因果关系与互补的目标积极地进行组合。分解后的小目标之间可以进行时间上或功能上的组合，以便我们集中时间、精力和其他资源，去实现最有意义的或最有把握的目标。

职业生涯目标组合有三种方法：功能组合、时间组合和全方位组合。其中全方位组合已经超出了职业规划的范畴，它涵盖了生涯全部活动。

1. 功能组合

（1）因果关系组合

有些目标之间存在着明显的因果关系，如工作能力目标与职务目标和收入目标，前者是因，后者为果。表现为：工作能力提高——职务提升——收人增加。通常情况下，内职业生涯目标是原因，外职业生涯目标是结果。一般因果排序为：观念更新目标——掌握新知识目标——提高工作能力目标——职务晋升目标——经济收入提高目标。因此，要想实现因果组合，就需要我们不断更新知识，树立新观念，然后去实践。这样，我们的实践能力就提高了，随着职务提升，业绩突出，报酬也就会不断增加。

（2）互补作用组合

即把存在互补关系的目标进行组合。职业生涯目标互补关系是显而易见的，例如：一名管理人员希望在成为一个优秀的部门经理的同时得到工商管理硕士（MBA）证书，这两个目标之间就存在着直接的互补作用：实际管理工作为 MBA 的学习提供了实践的经验和体会，而 MBA 学习则为实际的管理工作提供了理论和方法。再者，高校教师往往同时肩负教学和科研两项任务。教学为进行科研提供了理论基础和方法指导，科研实践又促进了教学内容的丰富更新和质量的提高。

2. 时间组合

职业规划目标在时间上的组合可以分为并进和连续两种情况。比如，假定你做的是财务经理，那么它实际上就涵盖了两个职业：一个是财务专业人员职业，一个是管理人员职业。你需要在这两个职业上同时学习，同时提高，既要做优秀的财务工作人员，又要做成功的管理人员，这两个职业目标并不矛盾，可以同时进行。

(1)并进组合

职业规划目标的并进组合，是指同时着手实现两个平行的工作目标，即在同一期间内进行不同性质的工作。如上级管理层兼任技术业务项目责任少；或中、高级管理层的“双肩挑”的情况。并进组合也可以是建立和实现与目前工作内容不相关的职业规划目标。人们为了获得更大的发展空间，在做好本职工作的同时，进修自己感兴趣的其他课程等，有利于开发我们的潜能，在相同的时间内迎接更大的挑战，发挥更大的价值。有时候，外部环境给予我们的机会很多，这让我们面临着多个选择，只要处理得好，又有足够的精力和能力来应对，在一定的范围内，是可以做到鱼与熊掌兼得的。建立和实现本职工作以外的目标是居安思危、具有长远眼光的表现，需要具备较强的时间管理能力和学习上的毅力。

(2)连续组合

连续组合是指一个目标实现之后再去实现下一个，最终连续而有序地实现各个目标。一般来说，职业生涯的阶段目标与职业生涯的最终目标是相关联的，较短期目标是实现较长期目标的支持条件。目标的期限性也是相对的。随着时间的推移，长期目标成为中期目标，中期目标成为短期目标，短期目标成为近期目标。只有完成好每一个近期目标和短期目标，最终目标才有可能实现。

3. 全方位组合

对职业规划目标进行全方位组合是指个人事务、职业生涯和家庭均衡发展，相互促进，它涵盖了人生全部活动。要实现这一目标，就要求我们在建立职业生涯目标时，应当通盘考虑自己在个人发展、家庭生活和职业生涯中的各种愿望。事业不是生活的全部，任何一个人都不能离开家庭和休闲娱乐，完美的职业生涯规划不应把生活中的其他内容排斥在外，而是要在生活中的不同目标间建立平衡的协调关系。

对于大学生职业生涯规划目标来说，可将其组合如图 6-4 所示。

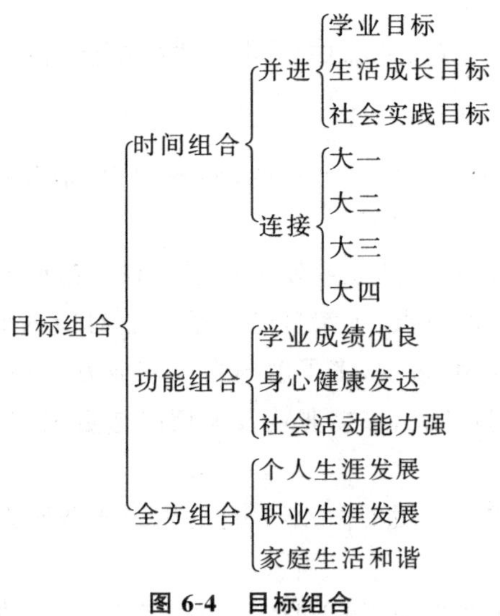

图 6-4　目标组合

三、大学生职业生涯规划的阶段任务

经过了职业生涯规划目标确立的学习，我们将大学生职业生涯做了规划，将职业生涯规划目标落实到大学每一年。

（一）大一年级职业生涯规划探索期的目标任务：从知己到知彼

从职业生涯规划的角度看大一年级的目标任务就是进行自我探索和对所学专业的初步了解。

（1）适应环境、体验大学。利用新生入学教育及大学一年级上学期，完成从高中生到大学生的角色转变。对专业学习、人际交往、素质拓展、金融理财、休闲管理、职业发展与职场规则进行系统探索。

（2）自我探索认知。通过职业倾向测试、参加校园文体活动、担任学生干部工作、社会实践等多种方式，了解并发展自己的爱好、兴趣、性格、能力、发现自己的优势和劣势。同时，培养自己独立的人格。

（3）专业基础知识学习。刻苦学习，尽己所能争取好成绩，至少保证不挂科，以便顺利获得毕业证书和学位证书；熟读学生手册，关注综合测评的测算，以期获得奖学金和评优资格。

（4）本专业职业发展情况与社会职位需求。了解职业生涯规划的必要性，实现生涯唤醒；收集、阅读不同行业和职业的信息，特别是与所学专业有关的行业和职业的基本认识，如该行业是否有发展前景、各种职业应该具备的技能、资格条件等。

（5）对规划进行总结、评估、修正。

（二）大二年级职业生涯规划定向期的目标任务：从知己知彼到初步形成决策方向

大二年级的目标任务主要包括了解职业，储备知识，培养自身综合素质，初步明确职业生涯发展的方向与目标，具体如下。

（1）继续探索自我，明确自己的职业发展目标。利用各种方式、手段了解自己的兴趣、性格和特长，从而根据自身的特点，了解自己所学专业对应的职业发展状况，可积极参加校园内外实践活动，请教老师、校友，多了解与自己职业方向相关的信息，请他们给自己的职业生涯发展规划提出宝贵意见，根据职业发展情况选定主攻方向，明确自己的职业发展目标。

（2）积极参与学生会或者社团工作，培养自己组织协调能力、团队合作能力，提升自身综合素质。

（3）整理与评估你的职业选项，初步明确就业、考研、留学或创业等职业发展目标。

（4）制定行动计划。根据自己的职业发展目标，进行目标分解，确定自己的行动计划，形成自己的职业生涯规划。

（5）对规划进行阶段性总结、评估、修正。

（三）大三年级职业生涯规划提升期的目标：做出决策，付诸行动，提升能力，积累经验

大三年级在确定了就业目标的基础上，要根据行动计划，有目的地提升自己的职业素养，具体如下。

（1）加强专业学习的同时，考取与目标职业相关的职业资格证书；根据自己的发展规划，完成目标职业所需要的相关准备，如出国同学需获得语言能力证明等。

（2）通过校外实践、社会兼职或专业实习，积累对应聘有利的职业实践经验、职业意识和职业素养；明确自己的能力与目标职位要求之间的差距；发现自己理想职业与社会可提供的职位之间的差距。可通过参加培训、加强学习、优化实践等方式，缩小差距。

（3）扩大校内外交际圈，加强与校友、职场人士的交往，通过报纸、网络等更深入了解自己所选职业的发展方向。

（4）如果选择考研，则开始考研复习准备；如准备就业，则开始学会做简历；如想出国留学，则准备托福（TOEFL）、GRE 考试。

（5）对所作规划再次进行有针对性的评估、反馈与调整。包括在实践锻炼后，对自己兴趣、能力、价值观的再次评估，了解自己的潜能，以及自己的目标选择是否合理，需要通过哪些职业联系群体、信息获取渠道、具备怎样的知识结构和学历层次才能达到目标，从而尽可能清晰优化自己的行动计划，为大四年级做准备。

(四)大四年级职业生涯规划冲刺期的目标:落实具体的行动计划,顺利毕业实现就业

大四年级是就业前的准备阶段,也是职业生涯步入建立期的开始阶段。大学生要完成从学校学生到行业职业人的角色转变,应通过校园招聘会、人才市场和网络等渠道确定自己的就业岗位,成功实现就业,期间所要做的准备有如下几点。

(1)阅读求职方面的书籍,或通过就业指导课程,提前准备好求职的个人简历、撰写求职信、成绩单等,了解面试求职技巧和职场礼仪。

(2)了解与就业相关的劳动法规和政策,登录招聘单位网站或通过咨询、访谈等方式,了解招聘单位的相关信息,以便求职面试时有所准备。

(3)在求职中保持良好的心态,不管怎样,坚信自己一定能找到适合自己的好工作。

(4)通过各种可利用的联系渠道寻找工作机会,并争取被推荐;阅读提供就业职位的目录,参加各种校园招聘会或参加用人单位的介绍活动。

(5)与校友联系,了解他们在工作第一年面对的挑战、困惑和感受体会;帮助自己在可能遇到的多个职业选项中做出最终的职业选择。

总之,大学生应该在有限的四年间制订可行的、阶段性的目标,并且采取必要的行动。

第三节　职业生涯规划的反馈与修正

一、反馈与修正的含义、内容、原则

(一)反馈与修正的含义

俗话说:“计划赶不上变化。”我们周围的社会环境(国际环境、国内环境)是在不断变化的,并且在职业生涯规划执行过程中还有许多不确定因素存在,这些不确定的因素大部分是不可预测的,这会使我们生涯规划执行的结果与原来制定的生涯目标有所偏差,这就需要对职业生涯目标与规划进行评估并做出适当调整,以更好地符合自身发展和社会发展的需要。

有效的职业生涯设计还要不断地反省,不断地修正。职业生涯规划的反馈与修正过程是个体对自己的不断认识过程,也是对社会的不断认识过程,是使职业生涯规划更加完善的手段。所以职业生涯的反馈与修正是在实现职业生涯目标的过程中,根据实际情况自觉地总结经验教训,修正对自我的认知和定位,使职业生涯规划、目标更加适应职场的要求,更加适应环境的变化,为下一轮生涯规划做出参考。

（二）反馈与修正的内容

职业生涯规划的馈与修正包括以下五个方面的内容。

1. 自我条件重新评估

即在实践的基础上，重新认识、分析自我，找到自己的不足和优势，进一步对物质自我、社会自我、心理自我进行比较、分析。

2. 生涯机会重新评估

即结合现实的社会、经济、行业及组织环境来分析自己未来的发展空间及可能性。

3. 职业生涯目标重新修正

即根据上面两项重新评估结果，以及现有的情况，重新考虑职业生涯目标是否与自己的人生目标相一致，是否更符合现在的自己，是否更符合社会的现有需求和发展。

4. 生涯实施策略的变更

重新调整、变更生涯实施策略，进一步调整自己的长处、特长，弥补自身的不足。

5. 确立新一轮的目标

反馈修正不仅是职业生涯规划的最后环节，更要确立新一轮的目标，开始下个职业生涯规划的循环。

（三）反馈与修正的原则

1. 评价适度性

评价应该适当。不能矫枉过正，既不要过高的评价自己已取得的成绩，也不能因为某些挫折而过分悲观。过高的评价往往使自己脱离现实，意识不到自己的条件限制，甚至自傲狂妄，由自信走向自负；过低的自我评价，往往忽视自我的长处，缺乏自信，过于自卑。过高或过低的自我评价，对自己都是不公正的，对自己重新选择职业都将产生极为不利的影响。

2. 评价全面性

反馈与修正应当全面。既要看到自己的优点和特长，又要看到自己的缺点和不足；既要对自我某一方面的特殊素质进行具体评价，又要对其他各个因素的整体素质进行综合评价；既要考虑到全面的整体因素，又要考虑到其中占主导地位的重点因素。反之，任何一种片面的、孤立的、不分主次的评价，显然都不可能全面而正确地反映自己的整体素质状况。

3. 评价客观性

反馈与修正还应当掌握客观性的原则。尽管是自己对自己进行观察、分析和评价，但毕竟需要以客观事实作为基础和依据。要努力克服和排除自身种种因素的限制及干扰，才有可能使自我反馈与修正趋于客观和真实。

4. 评价发展性

反馈与修正时，应以发展的眼光看待原先制定的职业生涯规划的目标策略。世间万物都不可能是静止不变的，包括自我条件、生涯目标、生涯实施策略、生涯机会等，所有事物都是在不断地发展过程中,我们的评价也需要具有发展性。

我们不但应当对自己的现实素质、现有的生涯目标、生涯实施策略、生涯机会等做出适当、全面、客观的评价,而且应当着眼于未来的发展变化,预见性地反馈与修正。

二、反馈与修正的方法

职业生涯规划反馈与修正是职业生涯规划中的一项重要环节,它一般可以从两个方法进行着手。

(一)PDCA 循环法

PDCA 原本是美国管理学家戴明提出来的质量管理理论,其实 PDCA 的管理理论不仅仅可以用在质量管理体系中,宏观地看,其实它更是一个很好的方法论,可以运用于职业生涯的管理活动中。在运用时应该遵循 PDCA 的循环体系,即整个过程可以分为计划、执行、检查与行动四个步骤。不同的步骤间紧密相连,形成封闭的循环链条。当一个 PDCA 循环完成时,下一个 PDCA 循环又会开始,从而为职业生涯管理提供一个长期的、持续的支持与反馈活动。它是一个往复循环逐步提高的过程,由量变到质变的一种行动模式。职业生涯规划的实施与评估离不开 PDCA 的循环。PDCA 即是计划(plan)、执行(do)、检查(check)、行动(action)的首字母组合。

1. 计划(plan)

一个职业生涯成功的人,在其每个职业阶段中应该都有明确的目标,才能一步一个脚印,从低阶职位迈向高阶职位。刚毕业的大学生对第一份工作肯定有憧憬,但是造化常常捉弄人,一个看似好的计划其结果证实并不一定成功。计划的制订必须符合实际情况,不能太高也不能太低,太高了打击士气,太低了起不了激励作用,不利于自己进一步成长。如何才能制订一个好的计划呢? 首先要对自己有个全面正确的认识,即所谓的知己知彼百战不殆。

我们在职业规划的时候同样可以借用 SWOT 分析检查自己的技能、能力、职业、喜好和职业机会。如果对自己做个细致的 SWOT 分析,那么就会很明了地知道自己的个人优点和弱点在哪里,并且会仔细地评估出自己所感兴趣的不同职业道路的机会和威胁所在,在此基础上制订的计划就一定能够做到有的放矢。

2. 执行(do)

“讷于言而敏于行”,说的就是行动的重要。行动贵在坚持,这其实是非常困难的一件事,也就是常言讲的“说着容易,做着难”,许多人都懂得这一点,但能持之以恒坚持下来的人很少。我们可以认为,执行不能坚持,很大的原因再于当初制订的计划不切实际,比如自己本身的长处在销售,但偏偏希望在技术方面有所发展,这会让自己非常痛苦,在追求技术的道路上也不能走得更远;再比如一个程序员职业生涯的头两年要求自己熟练掌握 C 语言、Java,这本身执行起来就有困难。因此对职业生涯的某一阶段,我们所制定达成目标的行动必须是让我们感觉到快乐的,有兴趣的,同时也是比较合理的过程,那样我们才能坚持到底。

在人生的每个阶段，只有规划，没有行动是永远达不到彼岸的。只有不惧风险、排除风险、立即行动才能使你拥有理想中的工作和生活。

3. 检验(check)

检查计划实施的结果与目标是否一致。对于检查，需要确定时间点和标准两个因素。通常某阶段生涯规划的大目标下可能分好几个子阶段，其每一个子阶段都可以作为一个检查点。检查的标准以当初设定的计划为标的，如果完成了计划，那么执行是成功的，相反就不成功每个有志于掌握自己命运的人，在工作了一个阶段过后，都会拿现在的自己和过去的自己、拿自己和别人、拿现状和理想做个比较，都会反省一下自己今天所做到的与自己的理想还有多远，也可以了解一下自己的选择和努力是否让自己满意。通过不断地“自检”及时发现问题、解决问题，是走向进步不可缺少的反省过程。

4. 行动(action)

对行动的结果进行检验的基础上，纠正错误，调整方向。对于目标检验不成功的进行判断，是计划有问题还是执行有问题：如果计划有问题，就应当调整计划进入一个新的PDCA 循环；如果执行有问题，应该分析自己在时间、精力、金钱上的投入是否不足，方法上有没有问题。比如子计划中的学习计划没有成功，就得分析花在学习上的时间是否足够、参加专业的培训是否必要、资料是否充足、学习方法是否合理等。深入挖掘导致执行不成功的因素，找到原因后针对问题点加以改进，进入下一个 PDCA 循环。周而复始直到职业生涯有个更好的发展。

当然，PDCA 循环也有其特点及应注意的问题。

第一，PDCA 循环 4 个阶段一个也不能少。计划——执行——检查行动(改进)，这是使职业生涯规划将输入转化为输出的活动或一组活动的一个过程，必须形成闭环管理，4 个阶段缺一不可

第二，大环套小环。大环套小环，一环扣一环，小环保大环，推动大循环。即 PDCA 循环 4 个阶段中，每个阶段都可能有它本身的 PDCA 循环。应当指出，PDCA 循环中的“A”—行动：采取措施，以持续改进过程业绩是 PDCA 循环中的关键环节，没有此环节，已取得的成果无法巩固(防止问题再发生)；没有此环节，人们的问题意识可能不会有明显的提高；没有此环节，提不出“遗留问题”或新的问题，循环将就此搁浅，无法持续下去。所以要特别关注“A”阶段。

第三，循环前进，阶梯上升。按 PDCA 循环前进，就能达到一个新的水平，在新的水平上再进行 PDCA 循环就可以达到一个更高的水平，实现持续改进。在职业生涯规划体系中，PDCA 循环是一个动态的循环。它可以在职业生涯规划体系的每一个过程中展开，也可以在整个过程的系统中展开。

(二)目的意识、问题意识和改善意识

为保证工作的顺利进行和职业生涯目标的实现，职业工作者还必须具备明确目的意识、问题意识，这也是评判其工作方法是否有效的重要标准。

1. 目的意识

目的意识就是行为主体对行动目的的认知。我们经常会看到某些人所做的很多事情与最终目标没有多大关系。这样的人工作可能很卖力,但是在衡量一个雇员的工作业绩时,要看其目标的实现程度与其投入成本的比较,而不是只看他的工作量。比如安排一批人出去参加培训,学习国际工程合同管理方面的知识,那目的是什么?目的就是要通过学习,完善我们自己的工程合同管理。如果这样的话,那对培训结果的监控就非常重要,大家回来不仅要写培训心得报告,而且报告中要注明你根据学到的内容准备下一步怎么改进你的工作,改进哪些方面的工作。做到这点还不够,因为写报告心得是个人行为,必要的时候要把它变成一种组织行为,要沉淀落实到组织的制度和流程层面。

2. 问题意识

问题意识是个体在认识活动中经常遇到一些难以解决或疑难的问题,并产生怀疑、困惑、探索、焦虑的心理,这种心理又促使个体积极提出问题、解决问题。这个就是说,要不断地反思自己工作当中的问题,哪些做法有欠缺、有不足。必须具备问题意识的前提基于以下两个方面原因:一方面,你收集的资料不可能完全准确、齐全、客观。此外,判断本身就是一个主观行为,有可能存在偏差。另一方面,事物总是在发展变化之中,有些突发因素不是出现在你制订计划之前,而是在你实施计划时影响目标的实现。

当前的职场环境也使具备问题意识变得十分必要。职场竞争日益激烈,生涯机会来之不易,而且市场千变万化,如果没有问题意识可能就要付出沉重的代价。凡是可能出现的问题一定会出现。而且事物的发展有其必然性。如果具备问题意识,也许就能够预先发现问题,并预测它的严重性。以便及时修正计划。如果在做准备工作的时候,具备强烈的问题意识,会让你做更缜密地思考,督促你采取预先防备的步骤。

(三)改善意识

改善意识是指找问题相对比较容易,但问题找到后,一定要去改善。特别强调一点,那就是企业的持续改善的能力。专家说,有以下五个方法,可以帮助你不断改善你手头的工作。

(1)简单化。是否能用更简单、更省力的方法进行?

(2)替代化。能否用机器、用别的途径进行代替?

(3)整合化。能否将二项工作合并处理?

(4)分散化。是否能分开做,更有效率?

(5)废止化。这项工作是否真的有必要?可不可以不做啦?

【案例阅读】

什么是问题意识和目的意识

(1)一位客人在某一高级酒店用餐时,服务员递上一本菜单,换去桌面上原本放着的一本。为什么要换呢？她解释说："后一菜单是新的，加了一些新的菜肴。"同一餐厅使用两种菜单，给宾客的信息不一致，这显然是不恰当的，但为什么新菜单已经出来一周了，这家高级酒店还会有这种现象呢？员工意识到问题了吗？

(2)一个领导要下属帮他找出打字稿和原稿不一样的地方，当下属发现原稿字错，打字稿也字错的时候，就不去改。显然，他就没弄清楚这个工作的目的，这个工作的目的其实是希望打字稿能正确无误。

上面第一个案例是个显而易见的问题，但为什么长达一周没有将新菜单换好？这就是酒店员工缺乏问题意识。没有问题意识，企业迟早会因平常小问题未解决、未发现而出现大问题。所以在个人职业生涯规划中，我们每一个个体都应该有问题意识，去解决各种因素对职业生涯的影响。请记住：发现不了问题，才是最大的问题。

第二个案例是表明下属没有目的意识。作为职业生涯规划的主体，我们在衡量自己是否有业绩时，要看自己是否有目的意识，而不是只看他的工作量。

（资料来源：道客巴巴，网址：http://www.doc88.com/p(7804232902356.html，2015年1月4日。）

三、大学生职业生涯的反馈与修正

大学生要使职业生涯规划行之有效，就需要对其规划进行反馈与修正。修正的内容包括：自我重新分析；职业生涯目标的修正；职业生涯路线和职业的重新选择；实施措施与计划的变更等。

大学生为了对自己的职业生涯规划做出有效的修正与评估，通常要更深一层地回答下述问题。

(1)这个工作将给我提供一个测试自我的机会吗？我真的能干这项工作吗？我能顶住有关的真实情况所造成的压力吗？我将如何应付这个工作给自己带来的焦虑和紧张？我擅长这项工作吗？我喜欢它吗？

(2)人们认为我值得这么干吗？我有机会显示自己的长处吗？我能做出一定的贡献吗？我的才能会受到赏识吗？

(3)我会取得一种均衡生活吗？我有时间满足家庭和个人的乐趣吗？职业会向我提出力不从心的要求吗？

(4)我在组织中的成员资格会符合自己的理想、强化个人的自我意向吗？我会为自己与这种职业或组织结构融为一体感到骄傲吗？

当然，职业生涯规划一旦制定，就不要轻易改变，在遇到一些不确定因素的影响时，我们一般只对短期规划和中期规划做些调整，人生规划与长期规划的调整一定要慎重地考虑。

四、大学生职业生涯规划的修正对策

(一)树立成功意识

在职业生涯规划中,大学生成功的愿望非常重要,只有愿意成长、希望成才、渴望成功的人才有可能自觉地规划自己的人生,并走向成功。

(二)积极参加探索、实践、实习

自我探索、自我规划、自我成长、自我完善的理念至关重要,在这种理念指引下,大学生才能够积极、主动地投入到各种成长活动中。

社会实践和职位实习是大学生了解社会的有效途径,通过社会实践和职位实习,大学生能够对社会的政治、经济发展趋势有直观了解和理解,对社会、对人才的素质要求有直接地认识,有利于大学生根据社会需要有计划地塑造自己避免了学习的盲目性。通过职位实习,大学生还能够更加清楚社会职业分类及职位变化,清楚不同职位对自己的意义所在,有利于大学生在就业过程中正确定位,顺利毕业、成功创业。

(三)做好成长规划并积极参加训练

大学生在大学阶段的成长是顺利就业、成功创业的基础,合理地规划自己的大学生活,制订切实可行的大学期间成长计划对每一位大学生而言都非常必要。有计划地成长会加快大学生在校期间的成长速度,有利于职业竞争力的快速提升,要尽可能多地参加各种层次的成才、成长培训和训练,从而不断提高自己多方面的能力。

(四)寻求有效帮助

在必要时寻求有效支持和帮助。这些支持和帮助可以来自亲朋好友,也可以来自老师、学校,还可以来自一些专业机构的专门人员。

五、大学生职业生涯规划成功的评价

大学生职业生涯成功与否,意味着个人才能能否最大限度地发挥以及为人类社会做出多大的贡献。大学生职业生涯成功有 5 种判断标准、4 种评价体系。

(一)大学生职业生涯成功的 5 种判断标准

(1)进取型——使其达到集团和系统的最高地位。

(2)安全型——追求认可、工作安全、尊敬和成为“圈内人”。

(3)自由型——在工作过程中得到最大的控制而不是被控制。

(4)攀登型——得到刺激、挑战、冒险和“擦边”的机会。

(5)平衡型——在工作、家庭关系和自我发展之间取得有意义的平衡，以使工作不至于变得太耗精力或太乏味。

(二)大学生职业生涯成功的4种评价体系

按照人际关系范围，可以将职业生涯成功标准分为自我评价、家庭评价、组织评价和社会评价4类评价体系，见表6-5。如果一个人能在这4类体系中都得到肯定的评价，则其大学生职业生徙规划必定是成功的。

表6-5 职业生涯成功评价体系

评价方式	评价者	评价内容	评价标准
自我评价	本人	(1)自己的才能是否充分施股； (2)对自己在企业发展、社会进步中所作的贡献是否满意； (3)对自己的职称、职务、工资待遇等方面的变化是否满意； (4)对处理职业生涯发展与其他人生活动的关系的结果是否满意。	根据个人的价值观念及个人的知识、水平、能力
家庭评价	父母、配偶、子女等家庭成员	(1)是否能够理解和肯定； (2)是否能够给予支持和帮助。	根据家庭文化
组织评价	上级、平级、下级	(1)是否有下级，平级同事的赞赏； (2)是否有上级的肯定和表彰； (3)是否有职称、职务的晋升或相同职务责权利范围的扩大； (4)是否有工资待遇的提高。	根据组织的文化特质及组织成效
社会评价	社会舆论、社会组织	(1)是否有社会舆论的支持和好评； (2)是否社会组织的承认和奖励。	根据社会文明程度、社会历史进程

第七章

职业生涯规划书的撰写与修订

第一节　职业生涯规划书的内涵及其本类型

一、职业生涯规划书的内涵

职业生涯规划书的含义是指求职者对自身主客观因素进行分析和测定，对外部世界进行分析与权衡，确定自己最佳的职业奋斗目标，并为实现这一目标进行规划而使用的专用文书。职业生涯规划是一个动态的过程。

撰写职业生涯规划书遵循的主要原则：目标导向性原则；关联性原则；可操作性原则；时间坐标原则。

二、职业生涯规划书的基本类型

职业生涯规划书的类型在遵从一般应用文写作规律的前提下，可以不拘一格。职业生涯规划书的常见类型有表格式、条例式、复合式、论文式。

1. 表格式

表格式的优点是如果设计得当，可以很好地包含所有分析与论证的全部过程，且清楚明白、一目了然。但不足之处在于采用表格式的职业生涯规划书只是作为日常警示使用的个人发展计划实施方案表，只包含最简单的目标、分段实现时间、职业机会评估和发展策略等有限项目，无法体现出系统全面的规划全貌，规划的持续性、发展性也不强。

2. 条例式

这种格式的规划书具备了职业生涯规划的主要内容，但大多数只有简单的精炼表述，缺乏详细的分析和评估，逻辑性和说理性不强。

3. 复合式

复合式的规划书就是将表格式与条例式二者综合。综合运用了表格式和条例式的优点，使规划书具有较好的适应性和实用性。但复合式的规划书结构比较复杂，如果设计不好，容易给人凌乱的感觉。

4. 论文式

最完整的职业生涯规划书通常采用论文式。论文式的职业生涯规划书能够对一个人的职业生涯规划做全面、详细的分析和阐述，是一份研究自己未来发展道路的可行性分析报告。

第二节 职业生涯规划书的基本内容组成

1. 封面

封面注明作品的名称，还可以在封面插入图片和警示格言，以优美大方为主。

2. 扉页

包括个人姓名、籍贯、年龄、性别、学历层次、专业、所在单位、通信地址、联系方式等，也可以在扉页放入个人照片。

3. 目录

介绍职业生涯规划书的整体框架，反映出自己的分析思路。

4. 主体内容

包含但不限于图 7-1 所展示的内容。

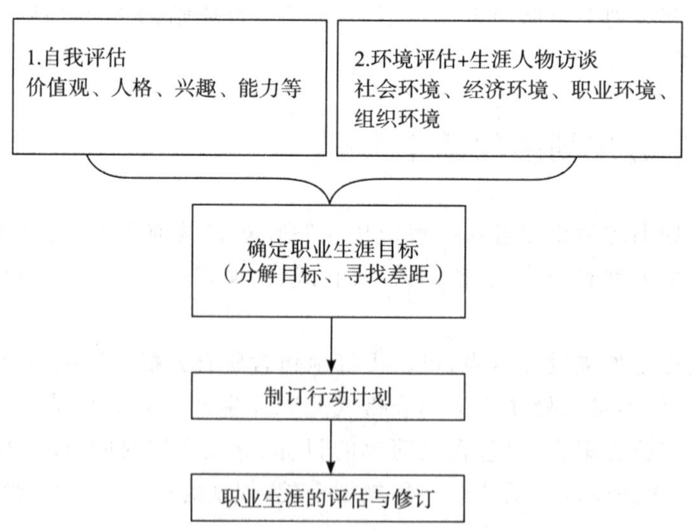

图 7-1 职业生涯规划书主体内容

5. 结束语

第三节　撰写职业生涯规划书的内容要求

一、自我评估

结合前几章节的测评工具以及他人和本人对自我的了解，进行自我梳理。包括对家庭因素、学校因索、自身条件及个性、兴趣爱好、能力特长、价值观及发展潜力等方面的测评结果。在自我分析过程中，应该有对自己职业生涯产生影响的一些人的评价和建议，也应结合专业测评工具的数据结果。

兴趣：我喜欢干什么？

性格：我是个什么样的人？

能力：我能做什么？

价值观：我看重什么？

……

二、环境评估

包括对宏观外部环境分析（政治环境、经济环境、法律环境等）、微观外部环境分析（职业环境和组织环境分析等）。对外部环境的分析可以适当地取舍、突出职业环境和组织环境分析部分，且分析完成以后应该把自我评估和环境评估进行结合认识，得出一个简单的总结。

目标取向：我想往哪一条路线发展。

能力取向：我能往哪一条路线发展。

社会取向：我可以往哪一条路线发展。

资源取向：如何利用我的资源找到最短路径。

岗位要求：向往的目标职业需要具备什么条件。

生涯人物访谈：我需要做哪些准备才可以获得这份工作；在这个工作（岗位）上，都做些什么；这份工作哪部分让你最满意，哪部分最有挑战性；本领域初级职位和略高级职位的薪水分别是多少。……

三、明确分解目标

在完成对外部环境分析和自我分析的基础上，可以确立职业发展方向，结合自己可能面临的职业发展机会并进行评估，做出职业选择和职业决策。值得注意的是，大学生由于缺乏工作经验，想确定一个非常明确的目标职业难度还比较大，因此可以采用“先定向再定位”的职业目标确定法。先定向就是指在大一、大二阶段确定目标对应的职业群，根据当前所学的专业，确定未来的职业方向。在确定职业方向后，可在大三、大四阶段通过专业实习、社会实践、人才招聘等方式进一步体会自己是否适合所选择的目标职业，并从确定的职业群中缩小范围，确定 2～3 个比较明确的职业定位。

目标定位明确后，为了顺利开展实施，就需要在可操作性原则上，进行目标分解。也就是要明确在哪个时间段要完成什么任务，实现什么可量化的目标如图 7-2 所示。

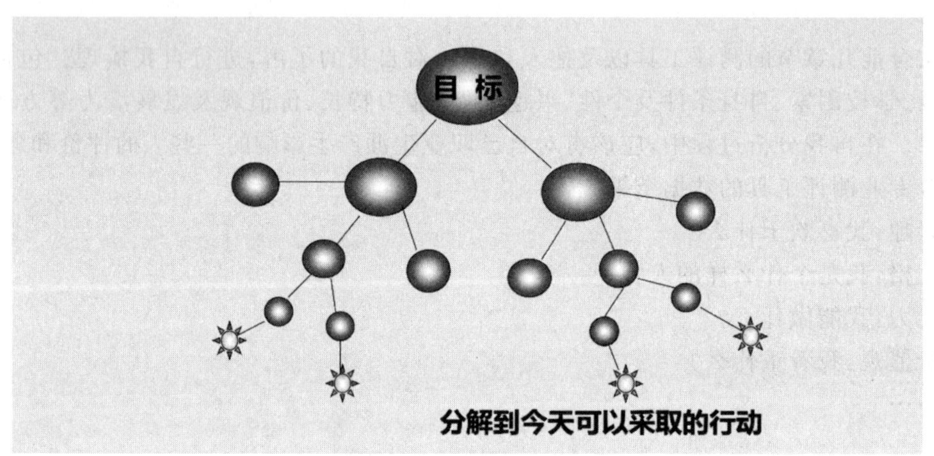

图 7-2 明确分解目标示意图

例如，要“提高管理能力”，可根据图 7-3 所示进行目标分解。

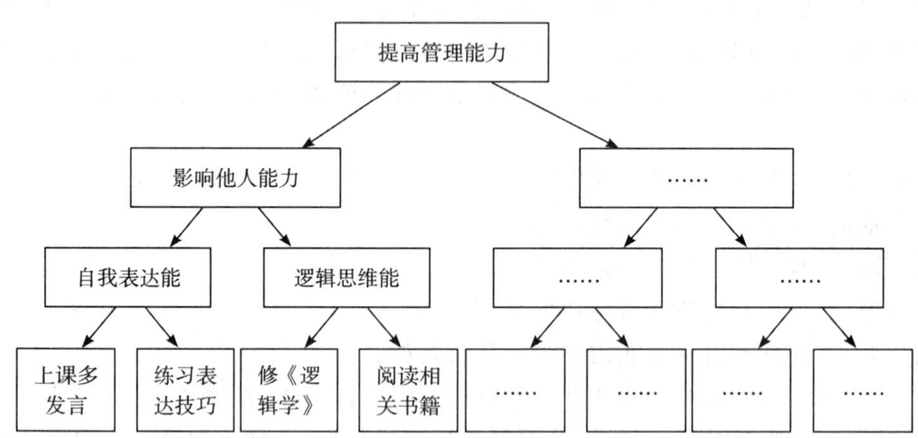

图 7-3 明确分解目标示例

四、制订行动计划

对比明确的目标和自己现阶段所拥有的知识、能力和行为习惯等，找出两者之间的差距并制订相应的行动计划。

差距分析：职业目标确定之后，个人职业素养现实条件与职业生涯实现目标之间必定存在着差距。因此，为了缩小理想与现实之间的差距，首先需要进行差距分析。主要的差距类型包括以下四种。

(1)观念差距：思想是行动的先导。观念反应的是人的一种价值观。不同的观念会影响人们产生不同的行为方式。在职业生涯规划中，人的思想观念可能暂时落后于理想中的职业发展目标，形成观念差距。

(2)知识差距：学历层次、知识面、知识储量、经验积累等。

(3)能力差距：包括自我管理能力、可迁移能力、专业能力，以及三种能力距离职业理想目标的差异。

(4)心理素质差距：心理素质涉及一个人的毅力、面对变故、挫折时心理承受能力、情绪智力(EQ)等。与外界竞争的激烈性，加之个人应对能力的差异性，使部分人在心理素质方面表现出了不符合职业生涯发展需求的素质差距。

可供用于缩小差距的方法主要包括教育培训法、交流法、实践法。

教育培训法，主要是指依据目标分解和能力差距分析，职业者制订教育培训的内容、时间、地点、方式等。如考级考证、参加进修、参加辅修专业学习等。

交流法，是指为缩小差距而选择与家人、老师、同学等对象的交流，依据差异的内容，设定多层次、多类型的交流主题，正式或非正式的交流方式，其目的在于通过交流获得新的信息和知识。

实践法，指在实践中着重强化提升自己能力较弱或经验较缺乏的部分工作任务的训练，或在实践中优化工作方法等，以缩小目标职业与现状之间的差距。

例如，某大学生弥补差距的行动方案(大二年级下)，见表 7-1。

表 7-1　弥补差距的行动方案示例

某大学生弥补差距的行动方案(大二年级下)		
	知识方面	能力方面
达到的效果	1. 通过英语六级； 2. 提高英语听说能力； 3. 每门专业课程不低于 85 分； 4. 对经济学、管理学有所了解。	1. 提高领导和组织能力； 2. 与专业老师，同学建立良好关系； 3. 锻炼社会实践能力； 4. 锻炼口头和书面表达能力。
具体措施	1. 早上 7 点出门读英语半小时，晚上练习听力半小时，做六级试题； 2. 每周五去英语角； 3. 定期看英语电影(两周一次)； 4. 课前预习、课堂认真听讲，积极思考，课后复习整理； 5. 阅读专业书籍 2—6 本； 6. 选修经济学、管理学公选课。	1. 多与专业老师、周围同学交流； 2. 积极参加青协组织的社会实践活动； 3. 课堂积极发言，会上勇于发表意见； 4. 报课题、撰写学术论文。

五、职业发展路径

职业发展路径是将职业目标按照时间段进行划分而做的层层分解，并根据差距分析的结果，结合每个阶段的特点，提出缩小差距、实现职业目标的具体可行的实施办法。

例如，某在读本科生，想实现"人力资源总监"的职业目标，可按图 7-4 进行分解。

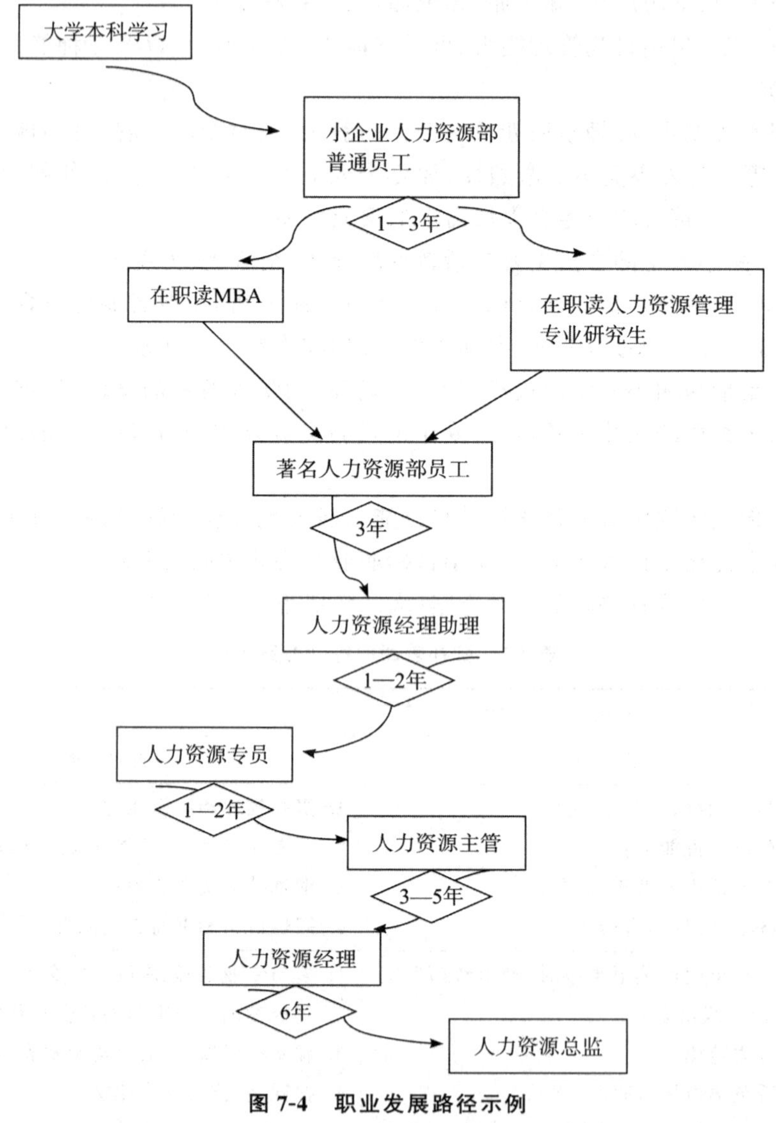

图 7-4　职业发展路径示例

六、实施动态调整

在职业目标实现过程中，由于自我认知、家庭状况、环境变化、经济状况、新的机遇、新的潜力的发掘等因素，都会对我们的职业发展产生影响。这时，会发现我们之前所制订的目标或者行动计划等存在着不完善的地方，这就需要我们循环回来，对自我的定位，或职业目标，或职业路径，或行动计划做出调整，才能让职业生涯规划在理想与现实中成功对接、使自己的目标与外界环境相符合，如图 7-5 所示。

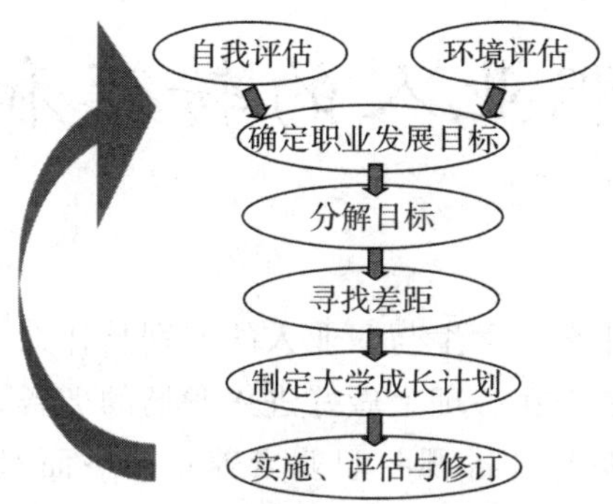

图 7-5 职业生涯规划动态调整

七、结束语

最后对职业生涯规划的整个过程进行总结，对未来进行展望，同时坚定个人发展的信心。

八、撰写职业生涯规划书评分点

撰写职业生涯规划书并设置评分点，如表 7-2。

表 7-2 职业生涯规划书评分点

评价维度	评价内容	评价标准	分值占比(%)
格式部分 (20%)	封面设计	大方、美观	5
	整体风格	协调一致	5
	排版质量	规范、美观	10
内容部分 (60%)	内容完整	符合模板要求	10
	内容翔实、数据正确	篇幅不少于 3000 字	20
	条理性、逻辑性	条理清晰、有说服力	30
职业测评 (10%)	职业测评种类	覆盖范围是否齐全	10
规划合理 (10%)	目标制订是否合理	长期、中期、短期目标是否一致	10
有下列情况作 0 分处理： 1. 抄袭网上的、或别人的职业生涯规划； 2. 不是个人职业生涯规划，而是其他类型的文章。			

第八章
从学生到职业人的转变和成长管理

学校与职场的差别是什么？学生与职业人的差别是什么？面临就业后的工作环境是否能有客观合理的期待？是否在心理上做好进入职场的准备，能尽快融入职场，实现从学生到职业人的转变？学生需要具备哪些职业素养？……面对从学生到职业人的角色转变，我们需要做好自己的成长管理。

第一节　从学生到职业人的转变

一、什么是职业人

职业人是指参与社会分工，自身具备较强的专业知识、技能和素质，为社会创造物质财富和精神财富，实现自我价值最大化这样一类群体。

二、学生与职业人的差别

(1)承担的责任不同。大学生在学校主要承担学习和探索任务，在学习和生活上有老师、家长和同学可以依靠，面对生存的压力较小，而职业人需要承担犯错的成本和风险的责任，要有独立面对生存压力的担当。

(2)人际关系的不同。大学生在学校主要存在师生关系和同学关系，人际关系比较简单，而职业人需要处理与领导关系、同事关系、客户关系甚至更加错综复杂的社会关系。

(3)面对的要求不同。大学生在学校有自由分配的学习时间，有明确的学习内容和任务，有较浓厚的学术研讨氛围，而职业人更多需要以经济利益为导向，按规定完成任务。

三、学生到职业人转变的问题

心理学认为，个体的社会角色在发生变化时，新旧角色的转换过程必然伴随不同的角色之间的互相冲突，这种冲突是普遍存在的，因此，从学生角色转换为职业角色，就不可避免会出现或多或少的问题，如，依赖和恋旧心理、自负或自傲的心理、浮躁心理、自卑或畏缩心理等。

四、学生与职业人的转变

1. 自我心理调适

在做好职业生涯规划的前提下，学会自我心理调适是入职前主要的工作。当毕业生刚入职时，可能会面临找不到合适的工作和择业不顺时的痛苦，可能会面临多份优秀工作的抉择而踌躇徘徊，或者可能会有面临各种不公平待遇的挫败感，面对如上种种困难和挫折，刚毕业的大学生都要学会自我心理调适。

2. 人际关系管理

大学生人际关系处理需遵守以下几个原则。

(1)平等尊重原则。古语有云："己所不欲，勿施于人。"双方交往的基础就是平等和尊重。当别人对我们表示出友好，我们也应该对别人报以相应的友好。而每个人也都有自己的人格和尊严，都希望被尊重。

(2)互惠互助原则。人与人之间的交往关系本质是一个社会交换过程。当一方需要帮助时，另一方要力所能及地给对方提供相应的帮助。在自己需要帮助时，也要善于进行求助。人们就是在你来我往的互助中，结下了更为深厚的人际关系。

(3)真诚诚信原则。真诚是保持一个良好的人际关系的基石，如果没有真诚，那么，双方的关系将无法长期维系，无法建立信任感。交往的过程中，应该坚持真诚诚信的原则，用真心，说真话，办真事，才能让交往走得更长远。

3. 打造个人职业精神

首先要树立正确的职业理想：主动培养自己的学业意识；职业期望值应该从实际出发；主动进行职业生涯规划。其次要自觉养成敬业的好习惯：时刻养成勤奋好学的好习惯；勇于创新；养成遵纪守法的好习惯。最后要有主动培养学习中的职业精神：主动培养自己的责任心；逐步培养自己的承受力；培养自身的集体主义精神。

第二节　成长管理

一、目标管理

目标管理(management by objective)，也被称为成果管理、"管理中的管理"，是美国管理学大师彼得·德鲁克(Peter F. Drucker)在1945年首先提出来的概念。目标管理是以目标为导向，以人为中心，以成果为标准，而使组织和个人取得最佳业绩的现代管理方法。

【推荐阅读】

青年志存高远，就能激发奋进潜力，青春岁月就不会像无舵之舟漂泊不定。正所谓“立志而圣则圣矣，立志而贤则贤矣”。青年的人生目标会有不同，职业选择也有差异，但只有把自己的小我融入祖国的大我、人民的大我之中，与时代同步伐、与人民共命运，才能更好实现人生价值、升华人生境界。离开了祖国需要、人民利益，任何孤芳自赏都会陷入越走越窄的狭小天地。

——2019 年 4 月，习近平在纪念“五四运动”100 周年大会上的讲话

(一)目标管理的特点

1. 重视人的因素

目标管理是一种参与的、民主的、自我控制的管理制度，是人制定目标、进而通过一定的管理来完成目标。目标的实施，由目标责任者自我进行，通过自身监督与衡量，不断修正自己的行为，以达到目标的实现。

2. 构建目标体系

目标管理通过专门设计的过程，将组织的整体目标逐级分解，转换为部门和个人的分目标。设置一个大目标，然后再把大目标分解成多个小目标，细化到每一学年，每一个学期，每一个月，每一个周，大学生只要通过大量行动完成每一个小目标，小目标的实现既是大学生成长的过程，也是大目标完成的重要基础。对大学生进行成才培育，就需要发掘大学生的自身需要及社会需要，挖掘他们的激励动机，运用目标管理理论，共同设置大学生目标，并通过高校学生工作者与大学生的相互沟通与协作建立目标锁链与目标体系。

3. 重视成果

目标管理以制定目标为起点，以目标完成情况的考核为终结。工作成果是评定目标完成程度的标准。目标管理将评价重点放在工作成效上，完成目标的具体过程、途径和方法并不做太多要求，在目标管理制度下，监督的成分很少，而控制目标实现的能力却很强。

(二)目标管理的分类

大学生就业压力的日益增大，让大多数高校和大学生意识到大学生职业生涯规划和目标管理的重要性。学会目标管理有助于激发学生学习的积极性与主动性，帮助大学生发现并解决存在的问题。而目标管理主要是根据目标的三个方面进行分类。

1. 根据目标周期进行目标管理

大学生的目标可以分为短期目标、中期目标、长期目标和人生目标。短期目标一般为

一至二年，又分为日目标、周目标、月目标和年目标。中期目标一般三至五年。长期目标一般为五至十年。大学阶段，从大一至大四，每一位学生都应该根据自己的需求，分析自己的优势、劣势和可能的机遇来勾画自己的短期、中期目标，甚至确定自己的人生目标，从而进行目标管理。

2. 根据目标需求进行目标管理

大学生的目标还可以再细化进行分类。如根据学习制定学习目标；根据大学生活的方方面面，又可以分为能力目标、素质目标、工作目标、健身目标、交往目标等；根据社会实践，制订职业目标、创新创业相关目标等等。根据不同需求进行目标管理。

3. 根据目标价值进行目标管理

大学生的目标还可以分为主要目标、次要目标。主次目标大多数时间交叉存在。但是重要性和价值有很大的区别。如某位同学用自己 90%的精力完成主要目标，用 10%的精力管理次要目标，次要目标需要解决，但是可能远没有主要目标有价值。

（三）实行目标管理的意义

哈佛大学在 1953 年做过一个著名的“目标威力”实验，实验是关于目标对人生结果影响的调查。一群智力、学历、环境、条件都相差无几的学生在走出校门之前，哈佛大学对他们进行了一次关于人生目标的调查，他们中 27%的人没有目标；60%的人目标模糊；10%的人有清晰但比较短期的目标；3%的人有清晰且长期的目标。25 年后，哈佛大学再次对这群学生进行了跟踪调查，结果是这样的：3%有清晰且长远目标的人，一直朝着同一个方向努力，成为社会各界的顶尖成功人士，他们不乏白手创业者、行业领袖、社会精英。10%有清晰但比较短期的目标的人，他们生活在社会的上层，他们的短期目标不断达成，成为行业专业人士，有很好的工作，比如医生、律师、公司高级管理人员等。60%目标模糊的人，他们生活在社会的中层或下层，尽管能够安稳地生活，但是没有取得什么成绩。27%没有目标的人，他们生活在社会底层，生活得十分不如意，不断抱怨社会和他人，经常失业，家庭也不幸福。这说明目标对人的成功很重要。

1. 有利于提高自我发展的积极性

规范管理自己的目标可以给自己产生一个持续的动力。美国心理学家弗鲁姆(Victor H. Vroom)在 1964 年出版的《工作与激发》一书中首先提出。期望理论，主要研究需要与目标之同的规律。弗鲁姆认为，人总是渴求满足一定的需要和达到一定的目标，此目标又对激发人的动机有影响。这个激发力量的大小，取决于目标价值（效价）和期望概率（期望值）。期望理论揭示了这一规律：个人对目标的理解和重视程度直接影响到他的实现目标的动机和行为。可以说个人的这种理解和重视程度要比管理者设计者的理解和重视程度重要得多。因为目标是靠每个成员去达到的，从目标管理的特点来看，由于目标是个人自己亲自制订的，对其有充分的理解，个人主观上认为达到目标的概率很高，同时足够重视，这样个人总是希望通过一定的努力达到预期的目标，就会很有信心，并激发出很强的工作力量，产生强大的内在动力。

2. 有利于评估自我发展的可行性

在目标确定后，由于它能使人明确方向看到前景，因而能起到鼓舞人心、振奋精神和激发斗志的作用。同时，在目标的设定和修订的过程中，也可以评估该目标是否是自己想要的状态。大学阶段，想要完成自己的目标，首先要管理好自己的目标，而影响目标完成的因素和变化，有时难以预测。这时就必须不断地对自己的目标规划进行评估与修订。修订的内容包括：短期目标的更正，中期目标的选择，职业目标的变更等等。这些目标管理方法都有利于重新评估自我发展的可行性，以及将自己的规划重新进入正轨，以便顺利完成目标。

3. 有利于把握自我发展的机遇期

在大学阶段，可以说已经较为固定了每个年级应该做好的事情，也就是说，到了某一时间点，大学生应该完成哪些事，如果没有完成，那么可能在机会来临时很难把握。大体上，大一阶段打好基础，了解自己所学的专业。大二阶段自我提升，培养兴趣提升能力。大三阶段增加砝码，通过普适性考试。大四阶段实习实践，把理论学习努力结合在实践中。那么，除了完成专业相关的日常学习，也有一些考试的可以帮助同学证明自己的能力，为未来的求职加分。如普适性的考试，通过普通话考试、大学英语四六级考试、计算机考试，也有和专业相关的考试，如教师资格证考试、计算机二级考试、英语专业四级、八级考试等等。这就意味着，当有一个工作在你面前时，需要某个资质，而你已经提前规划好并很好地完成了这个目标，拥有这个资质，那就能更好地把握住这个自我发展的机会。除了考试，也可以参加各类比赛、各类实践，如，“互联网＋”创新创业大赛，各类专业相关比赛，从比赛中锻炼自己，从实践中提升自己，也是一个很好的方法。

（四）大学生目标管理策略

到大学阶段，一些大学生保留着高中的学习、生活习惯，仍喜欢有老师、家长的督促，进而完成相应的目标。还有一些大学生摒弃了高中的学习、生活习惯，急于摆脱束缚，寻找相对自由的天地。没有尽快地完成角色转换，让大学生在大学阶段普遍缺乏目标意识。没有目标，或目标设置不合理，也让许多大学生面临着目标管理问题，导致大学宝贵时光流逝。这会对大学生的成长成才产生一定的影响。因此，合理设置目标，管理目标十分关键。这时，大学生可以通过三个阶段，完成相应的目标管理。

（1）第一阶段：设定可行性目标，设定一个可行的目标是目标管理的第一阶段，这一阶段可细分为三个步骤：

①设定目标。设定一个目标，是进行目标管理的第一步。这一步可以按照目标管理的分类，根据目标周期、目标需求、目标价值来设定目标。

②管理目标。在设定目标后要了解目标数量，并评估完成目标的可行性，同时确定主要目标，删除不合理目标，避免目标模糊不清，影响目标完成度。

③制订计划。制订进一步详细计划，并设定时间期限，避免拖延。

（2）第二阶段：观察进展情况在设定目标后，观察目标的进展和完成情况是目标管理的第二阶段，也是十分重要的阶段。虽然目标管理重视结果，强调自主、自治和自觉，但并不等于设定目标后就可以放手不管。因此，在目标进行一段时间后，首先要主动进行观察，确定检查点，针对相关问题进行梳理，并确定定期回顾的时间；其次要适时调整方案，即懂得根据目标的进展情况，通过分解目标等具体手段，让目标的实现更为可行。在分解目标后会使目标更为清晰、可操作，也更容易使目标管理者有效进行下一步跟踪。此时，目标管理者也应该进行必要的修改和记录，使目标的进程走到正轨上。

(3)第三阶段：进行评估反馈达到预定的期限后，目标管理者应该进行自我评估，反馈目标完成情况。如果这一阶段的目标完成质量较好，就可以及时制订下一阶段目标，开始新的循环。但是，如果目标没有完成，也应该及时进行问题分析，通过构建清晰的问题描述，提出可能存在的原因，提取相关问题的影响因素，最后逐一对问题进行因果关系的分析，挖掘目标管理过程出现的根本问题。在进行完这一流程后，相信目标管理者对所有目标也会有一个更清晰的认识，这样也可以更好地修改目标或进入到下一个阶段的目标。

二、时间管理

【推荐阅读】

《论语·子罕》中有这样一句关于时间的名言，原文是："子在川上曰：逝者如斯夫！不舍昼夜。"意思是：孔子在河边说道："奔流而去的河水是这样匆忙啊。白天黑夜不停地流淌。"这句话常被形容时间像流水飞逝，一去不返。

一天的时间是 24 小时，每小时 60 分钟，每分钟 60 秒，一天总共 8.64 万秒。时光飞逝，分秒不停。时间永远向前，保持着永远为正的增量，人们无法追随着时间抵达永远，但正是因为有限的时间，才让时间更加可贵。而时间管理的意义和时间对我们自身生命的意义，才如此重大。

人生只有一次，应该好好珍惜。为学之要贵在勤奋、贵在钻研、贵在有恒。鲁迅先生说过："哪里有天才，我是把别人喝咖啡的工夫都用在工作上的。"大学阶段，"恰同学少年，风华正茂"，有老师指点，有同学切磋，有浩瀚的书籍引路，可以心无旁骛求知问学。此时不努力，更待何时？要勤于学习、敏于求知，注重把所学知识内化于心，形成自己的见解，既要专攻博览，又要关心国家、关心人民、关心世界，学会担当社会责任。

——2014 年 5 月 4 日，习近平在北京大学师生座谈会上的讲话

(一)时间的概述

时间是物质的运动、变化的持续性、顺序性的表现，是事件过程的长短和发生顺序的度量。它是一种重要且特殊的资源，作为一种特殊的资源，想了解时间，就要了解时间的特点，才能更有效地利用时间。

(1)绝对公平性。每个人每天都有 8.64 万秒，无论你的财富、地位、年龄、健康、外貌

等因素，时间都不会受此影响，时间的供给完全无弹性(8.64 万秒)。

(2)无法存储。时间的路径是单向的，不能暂停，不能后退，没有结余，没有存储。

(3)无法取代。时间作为一种特殊的资源，具有不可替代性。任何一项活动都必须消耗一定的时间，都不可缺少时间这一基本资源。

(4)无法失而复得。逝去的时间不会回头，用掉的时间无法复原。一天接着一天走，不可以回到从前的某一时间重新获得时间。时间是有限且不可再生的，不能失而复得，因此十分珍贵。

(二)时间管理的概述

时间管理是指，为提高时间的利用效率和有效性而对时间进行合理计划与控制，有效安排与运用的管理过程。时间管理的对象不是时间而是“自我管理”，自我管理就是改变习惯，以使自己效率更高。

有效的时间管理是让自己更有效地安排时间，让自己更好地利用已有的有限时间，从而减轻工作和学习压力，享受自主支配时间的自由感。

有限的时间相对于无限的需要而言显得非常捉襟见肘，如何优化配置和合理利用好自己的时间，对于大学阶段的学生来说尤为重要。

(三)时间管理的意义

一个人是否能获得成功，取决于他的态度和思维方法，态度决定行动，思维方法决定方向。一个人朝着正确的方向行动是一定能成功的，也就是有效的行动和正确的思维方法是成功的保障。如果想要成功，管理自己的时间是一个很重要、很关键的因素，一个人的成就跟他时间管理得好坏是成正比的。

(1)科学的时间管理，有利于节省时间。培根曾说：“合理安排时间，就等于节约时间。”进入大学阶段，校园生活完全不像以学习为主的高中阶段。专业学习、学生工作、社团活动的时间分配都成为每一个大学生需要解决的问题。我们只有把有限的时间加以管理，才能把有限的时间更大化，才能更好地完成校园生活中的各项任务。

(2)科学的时间管理，有利于未雨绸缪。时间是挤出来的，更是安排出来的。如果没有提前预留时间，那么遇到棘手的工作，或者需要大量时间完成的学习，是无法顺利完成的。根据时间管理的优先顺序，科学地进行时间管理规划，能够提前有效地预留相应的时间来完成重要但并不紧急的事情，不紧急并不代表不需要规划。反而，不紧急的事情为了避免拖延和没有目的地进行，更需要未雨绸缪。

(3)科学的时间管理，有利于完善自我。科学的管理时间，而不是被时间所控制，能够最大限度使用时间，从而完善自我，形成良性循环。如果在一定时间内安排的事情太多太满，就会导致学习和工作缺乏动力，完不成目标的时间管理也就失去了管理本身的意义。因此，一个科学的时间管理应该是一个合理的时间安排，而这个安排将更有利于时间管理者自己的发展，一切管理都是为自我发展服务。

(四)时间管理常见的问题

刚从高中进入大学，比较常见的大学生时间管理方面的主要问题有以下三方面。

(1)缺乏目标。较多大学生在刚进入大学前并没有明确的目标，一旦进入有较多自由分配时间的大学，加之欠缺时间管理的能力，学生们缺乏目标就缺乏了行动方向。

(2)计划性弱。有些大学生没有计划，有些大学生虽有计划，但因拖延无实施行动，导致计划变成“空头支票”，进而时间平白无故浪费，对自己的时间管理满意度低。

(3)管理方法失当。没有时间管理的方法，导致即使让自己非常“充实”的日子，到最后的收获成效很不理想。

(五)时间管理的方法

世界上最快而又最慢，最长而又最短，最平凡而又最珍贵，最易被忽视而又最令人后悔的就是时间。但是，时间并不是不能管理的，也就是说，懂得利用时间，意识到时间花费在哪，运用一定的策略管理时间，能够节约时间，也许也能让你更加接近你的目标。研究显示，善于科学地管理时间者相对没有进行时间管理的人的生活质量有显著的差异。而时间管理技能可以通过训练，在掌握一定方法后得到提高。

学会管理时间的技巧，可以更好地提高计划制订的有效性。

1. 运用 SMART 目标管理法

S(specific)：明确性。制定的目标要明确。

M(measruable)：可衡量性、即量化性。制定的目标要尽量可衡量和可量化。例如：早上要早点起来早读，不如计划成，早上 6:00 起床，6:30 开始早读。

A(attainable)：指可实现性。结合自己的实际情况制定，不宜过高也不宜过低。

R(relevant)：相关性。制定的计划跟目标有相关性。

T(time-based)：时限性。规定目标完成的时间。

2. 运用“四象限”管理法

做事要有技巧，把事情分出轻重缓急、有主有次、按照一定规律去顺序完成。

建立一个二维四象限的坐标体系。根据重要性和紧迫性，把所有的事件分成四类：“重要且紧急”的事，“重要但不紧急”的事件，“不重要但紧急”的事件，“不重要且不紧急”的事件。如图 8-1 所示。

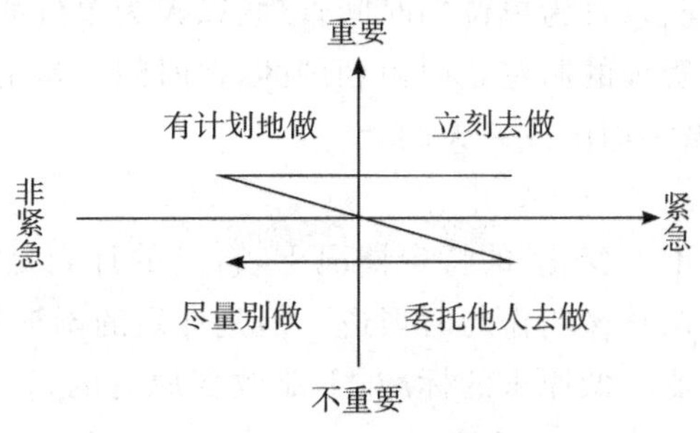

图 8-1　时间管理四象限

如果经常处在重要又紧急的状态下，就会觉得整天都很忙碌；若是经常处在重要但不紧急的情况下，就可以有计划地去完成并能提高效率；紧急但不重要的事情，尽量避免出现；既不重要又不紧急，最好不去做，避免浪费时间。

3. 运用 ABC 分析管理法

根据任务的重要程度，按顺序完成。

A：表示重要的任务。

B：表示一般重要的任务。

C：表示不太重要的任务。

4. 运用最佳效率时间法

学习时间和学习效果是成比例的，但并不意味学习时间越长，学习效果就会越好。根据自身效率高低的情况，安排计划完成事件。

（六）大学生时间管理十法则

1. 确立明确的目标

时间管理的目的是让自己在最短时间内实现更多自己想要实现的目标，所以做好时间管理的第一步是要有明确的目标。若是有多个目标，此时，你可以把 4 到 10 个目标写出来，找出一个核心目标，并依次排列目标重要性，之后，依照你的目标设定一些详细的计划，接后，你的关键就是依照计划进行。

2. 明确时间管理的目的

时间管理的目的不是要把所有事情做完，而是更有效的运用时间，是要让自己通过最短的时间，实现自己想要达到的更多目标，以求时间利用的最大化；是要让自己做好多项事情（或多个方面）的平衡，也就是说提高时间利用的质量，保障各项事情做得顺畅，以求达到多赢的效果；除了要解决自己该做些什么事情之外，还要决定什么事情不应该做。

时间管理的目的是要讲时间投入与自己的目标相关的工作达到“三效”，即效果、效率、效能。效果是确定的期待结果；效率是用最小的代价或花费所获得的结果；效能是用最小的代价或花费，获得最佳的期待结果。

3. 要有一个明确的个人计划

明确的个人计划依据个人目标制定，需要把每年、每学期、每月、每天、每小时所要做的每一件事情都罗列出来。从这个意义上讲，时间管理可分为：以年为单位的时间管理、以学期为单位的时间管理、以月为单位的时间管理、以天为单位的时间管理和以小时为单位的时间管理，这些时间管理的制定是由粗到细的，在时间上是由长到短的，如：以天为单位的时间管理你可以只做一周的或一天的。

4. 计划的修改

在一些例如“计划赶不上变化”的特定情况下，自己的计划是需要依据客观情况进行调整的，适时做好计划的调整又叫作与时俱进。但是计划的调整是有原则的，计划修改的原则是刷新和升级，是不能降低原来的标准，不能改变原有的目标，时间只会变得更紧一些，目标只能是变得更大一些，如果自己给自己一次又一次的松动机会，那是很可怕的事情。在自己经过反复思考，经过与自己所信任的朋友商定后，确认原有的目标确实是不切合实际，是跟着别人凑热闹而盲目制订的，这时是可以知难而退的，知难而退并不是就此终结，而是要重新制订新的计划，以新的、更切合实际的计划来代替原来的计划，而且这个新的计划是不可再反复了的；当自己遇到所达到的目标比预期计划的要好时，如果再做下去存在很大的困难，经过反复认证后确实如此，这时见好就收也不失为一种好的选择。

5. 分辨轻重缓急

在时间管理理论中有一个重要观念就是把较多精力集中地放在处理那些重要而不紧迫的任务上，这样做可以做到未雨绸缪，防患于未然。我们大学生中往往会有很多同学更关注于第一象限的任务，却常常没有及时地去完成第二象限的任务，随着时间的推移，等到第二象限任务变成了第一象限，只能临阵磨枪，使完成的效果和效率都不是很高，还导致身心疲惫，生活质量下降。

6. 每天给自己一个不被干扰的时间

专心做自己的事情，想想自己该做的事情，这个时间应该是质量最好的时间，一般以早上起床后的时间为最好，这不是自私，把好的时间留给自己，因为这时的头脑是最清醒、最清静的时候，容易把事情想好、办好、想全、办全，这样时间安排是比较合理的。因此，作为大学生，养成每天早起床的习惯对于学习的帮助也是很大的。

7. 要和你的价值观相吻合

自己一定要确立正确的价值观，假如价值观不明确和不正确，自己就很难指导什么对自己最重要，并进行时间管理。时间管理的重点不在于管理时间，而在于如何自我管理。你永远没有时间做每一件事情，但你永远有时间做对自己来说最重要的事情，这样能保持个人较好的情绪，做起来效率也会高一些。

8. 严格规定完成期限

帕金森(C-Noarthcote Parkinson)在其所著的《帕金森法则》(*Parkinsons Law*)中，写下这段话："你有多少时间完成工作，工作就会自动变成需要那么多时间。"如果你有一整天的时间可以做某项工作，你就会花一天的时间去做它。而如果你只有一小时的时间可以做这项工作，你就会更迅速有效地在一小时内做完它。

9. 做事果断不拖拉

任何事情，争取一开始就要把它做对、做好；能一次做完的事情一定要一次做完，绝不拖拉，重复和反复做同一件事情是很浪费时间的。除了不果断、办事拖拉是明显的浪费时间的现象外，还必须控制你的电话时间、上网时间、手机时间，这是不经意中，最容易浪费时间的。

10. 学会向他人学习

学会向知名人士学习，向专业内的顶尖人士学习，向学长学习，拷贝他们成功的经验和失败的教训，保存自己值得学习的地方，删除不适合自己的方面，这也是一种学习方法，是一种节省时间的学习方法。

三、人际关系管理

人际关系，又称为人群关系，是指人与人之间，在精神交往与物质交往过程中发生、发展和形成的情感联系，是通过交往形成的心理关系。人际关系是一种社会化历程，一种影响力作用，也是一种行为模式，也可以通过学习、训练来强化、塑造和改变。影响人们人际关系的因素很多，包括性别异同、社会地位、经济基础、教育背景、性格爱好、社交技巧、宗教信仰等等。

在大学阶段，大学生通过在一段关系中充当着支持、协调、关怀、激励等人际角色，来持续培养多种未来职场所需要的能力，比如团队合作能力、表达与沟通能力和解决问题的能力等等。一个良好的人际关系，一定是在诚信、友善的前提下，在彼此交往的过程中逐渐建立和发展起来的。而诚信、友善不仅是社会主义核心价值观在个人层面的价值准则，更是中华传统文化中的宝贵财富。本节基于人际关系的理论，重点介绍大学生应如何进行人际关系管理。

【推荐阅读】

今天，我们提倡和弘扬社会主义核心价值观，必须从中汲取丰富营养，否则就不会有生命力和影响力。比如，中华文化强调“民唯邦本”“天人合一”“和而不同”，强调“天行健，君子以自强不息”“大道之行也，天下为公”；强调“天下兴亡，匹夫有责”，主张以德治国、以文化人；强调“君子喻于义”“君子坦荡荡”“君子义以为质”；强调“言必信，行必果”“人而无信，不知其可也”；强调“德不孤，必有邻”“仁者爱人”“与人为善”“己所不欲，勿施于人”“出入相友，守望相助”“老吾老以及人之老，幼吾幼以及人之幼”“扶贫济困”“不患寡而患不均”等等。像这样的思想和理念，不论过去还是现在，都有其鲜明的民族特色，都有其永不褪色的时代价值。

——2014 年 5 月 4 日，习近平在北京大学师生座谈会上的讲话

(一)人际关系的含义

人际关系具体包含以下三层含义：第一，人际关系属于社会心理学的范畴，主要是指人与人之间的心理关系。第二，人际关系是由一系列心理成分所构成。首先是认知成分，反映个体对人际关系状况的认知和理解，其次是情感成分，最后是行为成分是双方实际交往的外在表现和结果。第三，人际关系是在彼此交往的过程中建立和发展起来的。所以，积极地进行交往，是建立、巩固和发展良好人际关系的重要条件。进入大学阶段，大学生之间，大学生与老师或其他人之间进行沟通、交流和互动的过程，就是大学生的人际交往。丰富的校园活动、充实的专业学习、沟通日常信息、交流联络情感，都使大学生需要进行人

际交往。良好的人际关系对大学生的个体生长发展有着直接的影响。

(二)大学生人际关系的主要类型

1. 同父母家人的关系

大学生进入大学校园虽然暂时离开父母,但并不意味着割断与家庭的联系。不过,因为此时的大学生与同龄人的交往上升到了主要地位,血缘型人际关系不是大学生的主要人际关系。

2. 同校园生活的关系

大学生的主要任务仍然是学习,所以大学生人际关系首要的是和学习相关的人际关系,主要包括师生关系、同学关系和宿舍关系等。

校园生活充实丰富,因此还可能有同乡关系、互动关系和合作关系等等。不过,因为大学生的宿舍关系,近年来已经成为校园里的热门话题,并成为大学生非常重视的人际关系之一。中国青年网曾经对全国958名大学生进行调查,调查显示,宿舍关系的融洽程度与自己的生活和学习有着微妙的联系。

3. 同情感生活的关系

因情感需要所形成的朋友之间的关系也是大学生常见的关系类型。大学生活不同于高中生活,相对有更多自由的时间,使得大学生们能够更为自由地结交朋友。这时大学生人际关系表现为朋友关系和恋人关系。

(三)大学生人际交往的主要原则

1. 平等尊重

古语有云:"己所不欲,勿施于人。"双方交往的基础就是平等和尊重。当别人对我们表示出友好,我们也应该对别人报以相应的友好。而每个人也都有自己的人格和尊严,都希望被尊重。

2. 互惠互助

人与人之间的交往关系本质是一个社会交换过程。当一方需要帮助时,另一方要力所能及地给对方提供相应的帮助。在自己需要帮助时,也要善于进行求助。人们就是在你来我往的互助中,结下了更为深厚的人际关系。

3. 真诚诚信

真诚是保持一个良好的人际关系的基石,如果没有真诚,那么,双方的关系将无法长期维系,无法建立信任感。交往的过程中,应该坚持真诚诚信的原则,用真心,说真话,办真事,才能让交往走得更长远。

(四)进行人际关系管理的意义

1. 有利于大学生实现社会化

人的本质属性是社会性,社会性就意味着我们要在社会中和他人进行交往、交流。人如果没有朋友,那将进入到一种孤独的状态。而这种状态绝不是一种良性的状态,它将使人慢慢地去社会化，无法融入这个社会。习近平同志曾说：“每一代青年都有自己的际遇和机缘，都要在自己所处的时代条件下谋划人生、创造历史。”大学生是社会主义建设的主力军，必须培养合作共赢的精神和人际交往能力，适应经济社会发展的需要，才能更好地实现社会化。而人际关系管理就可以有效的帮助大学生梳理人际关系，并掌握一定的人际交往技巧，从而更好地享受大学生活，完成学业。

2. 有利于大学生的身心健康

良好的人际关系对一个人的身心都是有益的。学习时有一起学习的伙伴，游戏时和志趣相同的人同行，这都将使大学生的情感有效的抒发出来。难过时向朋友倾诉，开心时同朋友分享，甚至和室友同吃一份点心，和老师讨论一道专业问题，都是大学生需要的交往。但是，现代大学生中，不乏不敢交往、不善交往和不愿交往的同学，如果长期没有正常的人际往来，将严重影响大学生的身心发展和综合素质的提高。顺利时，看山是山，看水是水。遇到挫折，便看山不是山，看水不是水。这时，一个好的人际关系，将帮助大学生分析抉择，让大学生在稳重自持中不断磨炼自己，在合作互助中共同担当起社会责任。

3. 有利于大学生的成长成才

与谁同行常决定了一个人的高度。当遇到困难时有师长帮助、朋友协助，那么这个困难常常也会因为一个良好的人际关系而得以解决。大学阶段，“恰同学少年，风华正茂”，有老师指点，有同学切磋，把所学知识内化于心，把守望相助外化于行。良好的人际交往是大学生综合素质的体现，在学习处理人际关系的过程中，大学生学会了合作，学会了沟通，学会了职场所需要的优秀素质，结伴而行，行之更远，在人际交往中，大学生可以通过不同类型的人际关系锻炼自己，努力把社会主义核心价值观的要求变成日常的行为准则，将使自己在踏入社会时多几分自信，在人际关系管理中更游刃有余，在时代大潮中建功立业，从而成就自己的宝贵人生。

（五）大学生人际关系管理策略

每个成长中的大学生，都希望自己能够拥有良好的人际关系，保持良好的人际关系状态，不断提升自己的人格魅力。其实，建立良好的人际关系，需要真诚、需要积极主动交往，更需要通过一定的人际关系技巧来完成交往目的。

1. 诚信友善是首要策略

诚信友善不仅是社会主义核心价值观在个人层面的价值准则，更是中华优秀传统文化的传承。真诚待人是友好交往的开端和基石，也是人际交往得以延续和深化的保证。“精诚所至，金石为开”，用一颗真心交换一颗真心，才能彼此理解，彼此信任。平等是人与人之间建立感情的基础，是协调双方、多方关系的前提，交往必须平等，平等才能深交。另外，还要去乐于帮助他人。到了大学，离开了家庭，要过起大学生活，结交可以信任，能够互相帮助的伙伴十分重要，难过时与朋友一起分担，开心时和朋友一起分享，能够帮助别人的人，自己也会得到更多帮助。

（1）真诚诚信。说话要说真话，才能取得别人的信任。如果说了假话最后被拆穿，那么关系即使不会破裂，也会产生裂缝。

(2)平等待人。交往双方要相互尊重、相互理解。大学生来自不同地区,即使家庭背景、性格能力存在着一定差异,但是在人格上,大家都是平等的。

(3)友善助人。热情是最能打动人的,是对人最具有吸引力的特质之一。一个愿意帮助他人的人,常常也有着乐观、积极的心态,也能使关系更为融洽。

2. 学会赞美能拉近距离

正所谓:"良言一句三冬暖,恶语伤人六月寒。"想要拥有一个良好的人际关系,首先就要学会赞美他人,而赞美绝对不应该是阿谀奉承。首先,赞美的态度要真诚。只有发自内心的赞美才能引起别人的好感。其次,赞美的内容要具体。要善于发现别人的长处,赞美别人确实存在的优点,能拉近彼此的距离。此外,赞美的时机要适宜。赞美是有时效的,当某人做某事时,适时地赞扬他人能够起到一定的激励作用,肯定作用,超过一定的时间,可能会影响到赞扬的效果。那么,如何进行赞美呢?

(1)赞美新的变化。人通常在改变之后特别期待他人的赞美和鼓励,这时适当地赞美能够起到良好的效果。如:"你最近锻炼效果很好啊,人精神了很多。"

(2)赞美优秀品质。当某人确实存在某种优秀的品质,适当的赞美能够让他人坚持这种优秀品质。如:"你做事真的很认真负责啊,和你一起做事很放心。"

(3)赞美一件小事。小事虽小,但是如果你能注意到这件小事,则更能够拉近彼此之间的距离。如:"你的桌子收拾地真整齐,我得向你学习。"

(4)间接进行赞美。如果和对方并不熟,可以用第三者口吻进行赞美,拉近距离。如:"听小陈说,你唱歌特别好听,之前还拿了新生歌手赛的一等奖呢。"

3. 懂得拒绝是第一堂课

人际交往中,赞美可能人人都会。但是拒绝确是一大难题。比起赞美,拒绝可不是所有人都能开得了口的,因此,在大学生活中,学会拒绝也是大学生在校园生活中的第一堂课。真诚地表达想法和顾虑,委婉地表达歉意和遗憾,可以避免直接拒绝带来的情感伤害,避免忙没帮成,又破坏了原本良好的关系。有些同学,担心得罪对方,在拒绝了别人之后,总要说出一些安慰的话,或找一些理由再次强调。但是,有时理由越多,越会让对方感觉你在敷衍。话无须太多,恰当地表达歉意即可。有些忙没帮上,原因可能比较复杂,为了保持彼此良好的关系,事后要寻找合适的时机,获得对方的理解。那么,我们应该如何表达拒绝呢?

(1)谢绝法。谢绝是相对直接的拒绝方式。但是只有真诚地拒绝,相信对方也能理解自己的难处。如:"不好意思呀,这样可能不太合适,你再想想其他办法呢。"

(2)婉拒法。委婉地进行拒绝可以让当事双方更容易接受。如:"嗯,这个问题我还没有想好,我考虑一下再聊。"

(3)借力法。借力是指借助他人的力量,或者将此事转移到有能力帮助解决此事的人。如:"这个问题我好像不太擅长,我帮你找个擅长的人,你看行吗?"

(4)补偿法。补偿法作为一种补偿,虽然没帮你做这件事,但是我可以帮你做其他的。如:"真抱歉,这件事情我没能帮上忙,不过你的另一件事,我好像可以做。"

4. 努力化解冲突

每个人都是在交往中生活,尤其在大学中,很多活动是群体性活动。然而有活动,就有交往，有交往就难免会发生冲突，但是，遇到冲突不让矛盾激化，努力化解冲突才是我们应该去学习的。首先，情绪要稳定，如果双方都在气头上，那么冲突很难避免。其次，双方要学会换位思考，感受对方的感受。最后，要学会进行沟通，如果没有沟通，双方都不理解对方，就不了解对方的想法，体会不到对方的难处。那么，我们可以试着这样去做。

(1)稳定情绪。当发生冲突时，不要急于责怪。可以等情绪平复之后，再表达自己的想法。如："我们现在先平复一下心情，等一下我们再好好聊聊。"

(2)换位思考。当发生冲突时，避免情况进一步恶化，一定要从对方角度好好思考问题。如："这件事我确实没有从你的角度想，我现在想了，感觉我做的也不对。"

(3)进行沟通。在发生冲突后，要努力进行沟通。沟通是一剂良药，人是独立的个体，如果没有沟通，人不可能真正了解对方的想法。如："那么，你对这个问题是怎么想的呢？你的经历是怎样的呢？"

5. 避免无效社交

初入大学，一切都是新鲜的。而且，比起高中多了许多自由的时间。很多同学热衷参加各种校园活动，结交人脉资源。殊不知，很多人只是吃过一次饭，就没了联系。只能在一起吃喝玩乐，却带不来半点精神鼓舞，学习进步，生活愉悦的社交活动，只会让人感到辛苦，因为占用了过多的时间和精力，也让人越来越迷茫。当你遇到一个人，他能理解你的想法，尊重你的观点，给予你些许建议，在失意时鼓励你，在成功时赞美你，才是社交的好的方向。一起努力的人，才能一起奔跑。那么，在大学生活中，如何避免无效的社交呢？

(1)找学习的同伴。大学生，最主要的任务还是学习。进入大学，不是终于摆脱了高中的重担，而是拥有了一个新的自由学习的途径。在大学，除了学校安排的学习任务，更多的是要同学们去发现自己的兴趣、爱好，自己想获得的一技之长，学有所长，学有所专。学习的路上需要有人鼓励。

(2)找锻炼的同伴。身体是革命的本钱。大学阶段，每年都要参加体能测试，但体能测试绝对不是简单的一次考试。应该是同学们坚持锻炼的结果。一同锻炼，一同比赛，有一个良好的身体状态，才能有一个良好精神状态，以便更好地投入到学习、工作和生活中。锻炼的时间需要有人鼓舞。

(3)找合作的同伴。进入大学，有人乐于参加校园活动，也有人喜欢创新创业，将自己的想法努力付诸实践。但是，无论是活动还是实践，一个人单打独斗是不行的，要找到和自己想法类似，敢于拼搏的同伴，这样才能在活动中博得更多掌声，在创新中获得更多灵感，在创业中取得更多支持。

青年人的故事

一位青年满怀愁绪地去找一位智者，青年大学毕业后，曾豪情万丈地为自己树立了许多目标，可是几年以来，依然一事无成。青年找到智者时，智者正在河边的小屋里读书。智者微笑着听完青年的倾诉，对他说："来，你先帮我烧壶开水！"青年看见墙角放着一把极大的水壶，旁边是一个小灶，可是没发现柴草，于是便出去找。他在外面拾了一些枯枝干草回来，盛满一壶水，放在灶台上，在灶内放了一些柴便烧了起来，可是由于壶太大，那捆柴烧尽了，水也没开。于是他跑出去继续找柴，回来的时候那壶水已经凉得差不多了，这回他学聪明了，没有急于点火，而是再次出去找了些柴，由于柴准备充足，水不一会就烧开了。智者忽然问他："如果没有足够的柴，你该怎样把水烧开？"青年想了一会，摇了摇头。智者说："如果那样，就把水壶里的水倒掉一些！"青年若有所思地点了点头。智者接着说："你一开始踌躇满志，树立了太多的目标，就像这个大水壶装了太多水，而你又没有足够的柴，所以不能把水烧开。要想把水烧开，你或者倒出一些水，或者再去准备一些柴！"青年恍然大悟，回去后，他把计划中所列的目标去掉了许多，只留下最近的几个，同时利用业余时间学习各种专业知识。几年后，他的目标基本上都实现了。

只有删繁就简，从最近的目标开始，才会一步步走向成功。万事挂怀，只会半途而废。另外，我们只有不断地捡拾"柴"，才能使人生不断加温，最终让生命沸腾起来。

（资料来源：瑞文网，网址：http://www.ruiwen.com/zuowen/zheligushi/2049052.html，2020 年 4 月 11 日。）

【案例阅读二】

董夏琦：对目标的执着追求，把生活过成甜奶茶

董夏琦，土木工程（建筑工程方向）16 级学生，上海交通大学暑期夏令营优秀营员，同济大学、湖南大学预推免拟录取，现已保送至同济大学。研究方向：结构工程，其三大力学（理论力学、材料力学、结构力学）成绩平均分为 98.4。广西大学学生国学会宣传部部长，曾获中南地区结构力学竞赛二等奖、自治区人民政府奖学金、"酷玩宣传班"海报设计二等奖；并多次获得"校优秀学生""校优秀学生干部"和"优秀共青团员"荣誉称号。偏瘦的身材，高高的个子，棱角分明的脸庞，戴着一副圆框眼镜，身着灰黑色系的羽绒衣的董夏琦正安安静静地坐着戴着耳机听音乐。看到我来，他赶忙站起来招呼着我坐下，正是眼前这位彬彬有礼的文静大男孩儿被国内名列前茅的同济大学土木工程专业录取。

1. 大一树立目标，推演公式是效率的关键

"一收到被同济大学的土木工程专业录取的信息，我真的是兴奋极了，因为这是我一直以来的追求目标。"谈起刚收到被录取信息时的感受时，董夏琦的激动之情溢于言表。树立目标，稳扎稳打，步步为营让董夏琦离梦想更近一步。"西大离家很远，奶奶年纪大了，平时忙着课设、期考和论文都没有空回家，研究生就想离家近一点多陪陪奶奶。"董夏琦是浙江嘉兴人，2016 年 9 月刚进入西大的董夏琦就已在心中默默地种下了一定要保研回江浙沪地区的种子。所以从大一开始，董夏琦一直保持着高强度的学习。在他的朋友

圈里，经常可以见到他学习到深夜，就连大三时元旦的深夜他都是在自习室里度过的，工作日每天基本上只睡五六个小时是他的常态。董夏琦认为，想要保研还是想要工作，一定要在大一的时候就有明确的目标，一旦有了目标就等同于有了要争取更好的生活的一个动力源，这一非做不可的动力源就会一直推动着你前进。效率第一是成功的关键。众所周知，结构力学、钢筋混凝土和钢结构等土木专业的课和作业是出了名的多且难，那么课表满满当当的董夏琦是如何做到脱颖而出的呢？效率的诀窍就在于他一遍又一遍的推算公式之中，正是因为对于每一条公式定理的熟练掌握才打牢了自己专业的基础。董夏琦每次写作业前，都会把课本的公式先自己推演出来再开始做作业，这让他在节省时间和提高效率上事半功倍。“任何公式，任何定理都是自己推的，像材料力学公式很多，但是千万不能背，而是要去理解它。只要理解了公式，题目怎么变都没有问题”。董夏琦说。工科生想要做到三大力学平均分 98.4 的高分，就在于一定要把所有的公式都自己推一遍出来，如果公式是靠背下来才记住的，那就证明自己其实并没有理解这公式其中的含义。

2. 将挫折的苦酒喝干，调整目标重新再战

董夏琦在大学遇到的最大的挫折是在中南地区的结构力学竞赛上。他为了这次竞赛准备了很久，指导老师李秀梅每周都会专门找两个下午开义务辅导班，给他强化训练。这时候的董夏琦没有发表的论文，没有专属的项目，绩点排名也不靠前，当时的他把所有的希望都寄托在这次结构力学的竞赛上。擅长结构力学的董夏琦在做了前几年的赛题后，发现自己基本每套题最多就错一道，所以赛前董夏琦的期望是保底一等奖，最好能冲上特等奖。但是在比赛前的那个晚上，董夏琦由于路途劳累没休息好，结果最后只拿了二等奖。得知这一消息的那天晚上，董夏琦自己还一个人去农院路点了一条烤鱼三瓶啤酒，打了一通电话给奶奶哭了一场，那时候的董夏琦真的觉得自己在保研这条路上已经没有任何竞争力了，开始产生了自我怀疑的情绪。“不要给自己太大压力，没事的，在哪个大学读研究生都可以啊。”奶奶在电话那头的安慰很快让董夏琦意识到，自己不能再这么沉沦下去了。很快，董夏琦及时进行了调整，在此后的学习里，他少了一点对竞赛的后悔埋怨，多了一点正确评估自己的能力。在那之后，董夏琦开始将眼光瞄准保研难度稍微低一些的高校，而不是将目标一直“死盯”在那几所国内顶尖的土木工程高校，这一方法让他迅速地找回了自信。当他在上海交大的夏令营因笔试分高，特别是结构力学部分表现突出而获得优秀营员时，他又一次对自己重新进行了评估，真正地认识到不能仅仅因一次竞赛的发挥失常而否定自己。拿了上海交大夏令营的优秀营员后，董夏琦就大胆地参与了同济大学的九推，最后靠笔试高分成功得到了免试录取资格。

3. 保研之路，充满波折与惊喜

大三下学期起，全国各大高校的夏令营都已经开始陆陆续续报名了。董夏琦准备好充足的材料了之后投了好几所大学，这其中就包括上海交通大学。在准备上海交大的笔试的时候，董夏琦只准备了一个星期，这都得益于上文所提到的高效率的学习方法——公式推算法。“保研和考研最大的不同在于，保研需要非常扎实的基础，所以之前每个公式都演算推理一遍真的就帮了我很大的忙。”就这样，在一个星期的准备过程中，董夏琦迅速回忆起之前所学习到的知识，在面对上海交大的结构力学、土力学、材料力学和专业英语论文撰写时就显得游刃有余了，取得了很不错的笔试成绩。同济九推的笔试题更是魔鬼式的竞赛题，八月份才开始复习的他，用了将近一个月的时间准备笔试。在两个半小时内，他考了整整五门竞赛级难度的试题，同样也取得了很不错的笔试成绩。但是保研之路并不是一帆风顺的，过了笔试这一关，还有更大的一关面试等着他。由于董夏琦没有项目，在面试的时候难免会被老师考察一些很尖端的专业性学术问题。特别是在上海交通大学的面试的时候，董夏琦被问及最前沿的海洋混凝土的知识的时候答得不是很好，导致面试的分数比其他人低，但最终凭借着自己的笔试高分，还是获得了上海交大的夏令营优秀营员。在波折面前，效率第一让董夏琦的保研之路充满了惊喜。

4. 热爱美食、出游和文学，将生活过成甜奶茶

"生活太苦，所以必须要喝甜甜的奶茶续命。"董夏琦在谈起自己最大的爱好就是美食时忍不住哈哈大笑起来。在忙碌的工作日之后，他给自己定下了一条周末必须出去走走的规矩。大一时，董夏琦的目标是吃遍火炬路和农院路的所有美食。当时火炬路和现在完全不一样，那时整条街都是美食店，然而现在的火炬路已经俨然成了奶茶一条街，所以董夏琦开始改变策略。他沿着地铁线，基本上地铁的每一站他都去过。现在的董夏琦给自己定下了一条新的目标，那就是在大学毕业前把南宁的大街小巷都走一遍。每当压力大时，他会选择到邕江边走走。看着水天一色，吹着轻柔的风，闻着大自然清醒的空气，整个人的状态都得到了很好的放松。"其实我真的挺享受这份自由的，我能在出来走走喝杯奶茶的过程中找寻到自己的那份小欢喜。"董夏琦说。虽说董夏琦是一个地地道道的工科男，但是在他的内心深处还埋藏着一块文学的自留地。因热爱国学，大一时董夏琦便参加了广西大学学生国学会。在他担任国学会宣传部部长的时候，通过不断地学习宣传的知识，现在的他已经熟练掌握摄影、PS和写稿等技术，还在"酷玩宣传班"海报设计比赛中获得了二等奖的好成绩。尽管在社团的工作很忙，但是热爱让他乐在其中。最近，董夏琦还在图书馆里找到了一本《西方文化史》的书，有空就会去看看。正是对生活充满的热爱，让董夏琦的大学时光美好而充实。谈及将来的研究生道路，董夏琦希望自己的科研之路越来越顺利，能出更多的科研成果。他说："有成果就有兴趣，就更有动力，如果自己有能力，希望还能继续留在同济读博。希望读研的时候我也能像读本科时那样掌握生活，享受生活，让日子有目标有计划地过下去，而不是被迫适应生活。"

（资料来源：西大团学小微公众号，2020年1月5日。）

大学生淘宝开店卖时间

电影《顽主》，讲述了三位无业青年在北京开了一家"替人排忧、替人解难、替人受过"的三T公司。公司经营中，他们曾上演了许多令人啼笑皆非的事情。而在淘宝网上，也有这样一家名为"重庆时间杂货铺"的店铺，店铺内出售的不是物品，而是店小二的时间。

店铺的店主，是一位马上大学毕业的“90 后”学生。昨日下午，重庆晚报记者联系上这位大学生店主。关于店铺、关于大学生就业，他又有怎样的想法？

1. 时间杂货铺出售时间

22 岁曹磊，河北人，就读于重庆电子工程职业技术学院，今年大三。“我希望利用空余时间找些兼职，赚钱同时也可提升社会阅历。”曹磊告诉记者，父母在老家经营淘宝店，自己也考虑开店。“起初和父母一样出售医疗器材，后来发现网上有许多帮人代办的生意，我也开始考虑。”

曹磊称，他发现网上的代办公司都是全国性的，自己则希望只针对重庆开设一个店铺。“我们有许多空余时间，为何不好好利用这些时间，帮助一些需要时间的人。”曹磊说，目前许多大学生都在找兼职，而召集大学生出售剩余时间，正是一个机会。“起初是我和同学三个人在做，后来又有许多同学加入。”曹磊说，2012 年 12 月左右起，自己将店铺命名为“重庆时间杂货铺”，正式开始出售时间。店铺如何经营？曹磊告诉记者，自己负责与客户联系，并将任务发到工作 QQ 群上。“第一个回复我的，这个任务就交给他。”曹磊称，如果有争抢任务的，则由谁出价低谁去做，劳动所得便归完成该任务的店员。

2. 亲身体会挣钱不易

曹磊告诉记者，出售时间价格分为短时间与长时间，五个小时以内的工作，则为 20 元每小时，车费等另算；而大于 5 小时的，则双方协商价格。

“去年时间要多一些，一个月可赚 1000 元左右。”曹磊说，让他印象很深的，是 2013 年 4 月 5 日自己接到的一个订单。

“武隆一位客户让我去南坪长途汽车站接货，然后再拿到四公里外的长途汽车站，给他发到武隆。”曹磊回忆，当天一大早，他从大学城辗转来到南坪，帮客户运这五六十斤的货物。“后来实在累得不行找了个棒棒搬了一段。”曹磊说，他一直忙到下午三点才回到学校。

曹磊说，那个订单价格为 80 元，也是自己接过最累的一个单。“以前我们都是在父母保护下生活，那一次突然感觉到，赚钱并不是一件容易的事情，而且真的是深有体会。”

3. 时间留给有需要的人

据了解，在店铺出售时间一年多来，店铺中店小二从最初三人发展到了 17 人，除了一人已工作外，其他成员均为在校大学生。

“我们不是所有订单都会接，同时也要进行筛选。”关于店铺经营类型，曹磊说主要是帮助主城区客户代办证件、送礼物等。曹磊说，他认为自己和一般代办公司最大区别，是希望客户能珍惜时间。“我们希望的就是把时间留给真正需要时间的人。”

曹磊回忆，去年他们接到一位沙坪坝客户的电话，以天热不想出门为由，希望他们代买麦当劳套餐，“这个订单我拒绝了，我当时给他说，我们帮忙需要钱，自己能做的事情为什么还要浪费金钱呢？”

一些违法乱纪、有悖道德的事情，曹磊他们都会拒绝。曹磊称，一般订单会提前两天预约，“店员有许多女生，不安全的订单都会拒绝”。

4. 客户评价都很高

昨日下午，记者从淘宝网站看到，该店铺近一个月好评为 4 条，其中店小二“小菊子”30 天内，已成功出售 15 次时间。

客户“edosdddr”表示，店主服务很好很贴心，感觉不错，下次再合作。客户“释清明是留传”称：“在人海中有你，生命更加给力。生活更加精彩，谢谢你们，正能量开发无限。”

合川的陈先生告诉记者，一年前曾让店员在重庆购买鹦鹉送到合川。“我工作很忙，很少有机会到重庆，这种出售时间方式，可以帮助到我，也让我节约了许多时间。”

“这样可以锻炼她与人沟通能力，同时加强社会经验。”店小二“小菊子”母亲刘女士告诉记者。

5. 关于未来的看法

本月 25 日，曹磊即将大学毕业，目前，他已在大学城找到一份工作。曹磊说，时间杂货铺是他的第二职业，会一直努力干下去。

随着店铺时间增加，曹磊和他团队也在不断壮大。对于将来，他们有什么想法呢？

曹磊表示：大学除了学知识，还能学会善于发现、利用机会。有人说大学生就业难，其实我觉得，工作机会很多，就看你能否愿意吃苦受累。所以不需害怕担心，现在我们所承受的一切都是为自身沉淀，为了以后更好地生活。

20 岁的在校生“小菊子”：以前，我所有事情都是父母包办，而开始出售时间以来，我第一次帮人买火车票、第一次接送外地来重庆的客户，这个工作让我学会与人沟通，处理解决一些以前无法触及的事情，这份工作，能让我学会成长。

26 岁的女职员“风灵瑞”：专业学习并不是唯一，社会大学也是我们需要学习成长的，兼职可以让我更多触及社会。服务于人，收获于心。以心对人，人可皆友。

19 岁在校生“趴趴熊”：我们面对的是需要帮助的陌生人，这样的兼职让我学会如何与他们交流沟通。现在许多大学生才毕业时，心态没有调整好，有些心高气傲、好高骛远。我觉得应把心态放低，一切慢慢来。

（资料来源：重庆晚报，记者：任梦，2014 年 6 月 16 日。）

李开复：我的时间管理秘诀

你的身边有没有这样一群人——永远精力充沛、永远有用不完的时间，工作、社交、生活、兴趣什么都不落下……他们的妙招是什么呢？

我整理了一些管理时间的小秘诀，希望能帮助大家更好地管理时间。

1. 事分轻重缓急

每天管理时间的一种好方法是，早上确定今天要做的紧急事和重要事，睡前回顾一下，这一天有没有做到两者的平衡。

建议每天对该做的事排好优先次序，并按照这个次序来做。

在《高效能人士的七个习惯》一书中，作者史蒂芬·柯维提出，“重要事”和“紧急事”的差别是人们浪费时间的最大理由之一。因为人的惯性是先做最紧急的事，但这么做会导致一些重要的事被荒废掉。

每个人都有许多“紧急事”和“重要事”，想把每件事都做到最好是不切实际的。建议大家把“必须做的事”和“尽量做的事”分开。必须做的事要做到最好，但尽量做的事尽力而为即可。懂得用良好的态度和宽广的胸怀接受那些暂时不能改变的事情，多关注那些你能够改变的事情。此外，还要注意生物钟的运行规律，按时作息，劳逸结合，这样才能在学习时有最好的状态。

要保护自己的时间，尤其需要有足够的时间做那些“重要事”。

潘正磊是微软总部产品部门中以效率和执行能力著称的总经理。她大学毕业后就加入微软，是晋升最快的经理之一。这是她讲的自己刚进入微软时学习“保护时间”的故事：

“我刚加入微软时，职位是软件开发工程师。我所在的小组开发的产品成长很快，几个月内就生成了三个版本，每个版本又需要支持六种语言。这18个组合的要求都略有不同，而且我还需要和很多其他不同的组打交道。每天，我办公室里总是人来人往，每个人都带来不同的问题。他们一来，我总是停下我正在做的事，先解决他们的问题。”

“我每天忙得不可开交，却做得十分不开心。我觉得每天工作时间很长，却没有学到更多的知识，也没有提高。在与我的老板沟通后，我清楚地意识到我的时间是最宝贵的，我需要提高效率。在老板的指导和支持下，我先设置了‘回答问题时间’，其他人只有这时才能来找我，其余时间我则可以专心编程。这样一来，我就拥有整块时间来有计划地完成我想做和需要做的事。”

“另外，我们设立了一个目标，就是要让其他组能自力更生，不能事事都来找我们。经过一段时间‘授人以渔’的训练，我终于能够腾出时间去学习新的技术和管理经验了。”

如果不是有这个经验，潘正磊不但不会有现在的成就，而且可能还在同一间办公室里每天回答着各种问题直到精疲力尽为止。

2. 列待办或完成事项清单

管理时间也可以使用一些管理方法，比如，有名的GTD(Getting Things Done)时间管理法。

总结起来，管理时间的两个很重要的步骤就是列待办事项清单和完成事项清单。待办事项清单用来提醒你做事情，完成事项清单用来审视你的时间安排。待办事项清单强调目标，而完成事项清单重在展现成就。

列待办事项清单，你会知道什么时候该做什么事，这样你做事就会更加有条不紊。而每日列完成事项清单时，你会看到自己一天做了什么事情，哪些事情有必要做，哪些事情可以稍微推后等等。此外，当看到一天完成的事项很多时，你的满足感会提升，你就越有可能坚持下去。

关于怎么列待办事项清单，可以如前所述，每天把该做的事情列出来，并对该做的事排好优先次序。

那么要怎么列完成事项清单呢？可以参考以下步骤：

第一组，认真回忆并记录今天都做了什么，并注明花费的时间。

第二组，先坚持一个星期，每晚记录时间开销，再往后坚持。

第三组，每周或每个月总结这段时间做了什么，进行反思。

可以根据个人时间和需要选择不同的记录时间段。

在记录过程中或记录完之后，看着这些内容，你就知道时间都去哪儿了。这样，你会知道如何更有效地管理时间。

3. 注重提升效率

当大脑疲于工作的时候，对着任务就开始犯困，于是拖拖拉拉地做着，也不一定做得了多少。这个时候反而不如放松或者稍微休息一下。可以参照番茄工作法进行调整：想要有效率，可以在身体和精神两方面做好准备。

①提高体力。有没有发现动脑子的时候饿得快？脑力工作也是相当耗体力的哦。所以体力是大脑与身体能持续高效工作多久的基础。腾出时间，去健身房吧。运动运动，工作起来你会更有效率。

②做事专注。大多数人在专注时会把事情完成得更快更好，所以尽量一次只做一件事情。可以设定一段时间，在该段时间内专心做一件事情。在这个过程中，如果大脑中冒出其他未尽事项或一些点子，不妨先写到纸上，继续专注做你手头的事，做完后再找时间处理记录下来的那些事项。

在工作，被电话、客户、邮件、同事等打扰的情况非常多，这时可以采用记录工作法，在被打扰后迅速回到工作状态当中，具体措施如下：

①如果手头的工作任务重要而紧急时，可委婉说不：告知对方自己有重要而紧急的工作任务需要完成，完成后会过去找他。

②如果对方任务不紧急，而且只是短时间打扰你时，可以在交谈之前先把正在进行的工作任务记录到手边的本子上，短时间交谈后继续回到当下任务，完成到一定阶段后，再去完成同事交代的工作任务，并主动更新状态给对方。

③如果对方的工作确实比较紧急并且无法拒绝，可让对方给自己几分钟的时间，把手头上的工作和思路做个简要的记录，再马上配合同事完成他的工作。回到位置后，查看之前记录的工作进度，继续完成。

4. 利用高效时间

在时间管理中，必须学会运用二八法则，即让20%的投入产生80%的效益。也就是说，要把握一天中20%的精华时间（对有些人来说是早晨，对另一些人来说是下午或夜里），将它们用于最为关键的思考、学习和工作。

每天的时间不可能安排得满满当当，其中一定会有许多空闲的时间碎片。无论是等车的时间、两个会议之间多出的时间还是等电话的时间，都不可轻易浪费。你可以随身带一本你想读的书，或者带一张“To Do List”（工作备忘）或“To Think List”（思考备忘），有时间时，就把它们拿出来。每天如果能挤出20分钟，一年就有7300分钟的多余时间呀！

5. 给自己一个合理的最后期限

如果一个任务规定一个月完成，人们通常会等到月末才加班加点。如果一个任务没有期限，人们往往会无限期拖延，直到有一天这个任务确定了完成期限为止。因此，在管理时间的时候，最好能给自己设定一个合理的、略微紧迫的、可以刺激自己不断努力的时间期限。

苹果公司开发 Mac OS8 操作系统时，本来计划两年内完成，但每次认为还差半年就可以完成时，总会有人发现新的问题，以至于这个项目看上去永远都是半年以后的事情，结果，苹果公司花了十年时间才真正完成该系统的开发。

在微软，Windows2000 操作系统的研发起初也拖延了两年多，直到微软请布莱恩·瓦伦汀(Brian Valentine)来拯救项目为止。布莱恩·瓦伦汀一上任就制订了一个合理的最后期限，根据这个限，Windows2000 的开发团队砍掉了将近一半的功能特性(包括比尔·盖茨最在乎的结合 Windows95 和 WindowsNT 的源代码的计划)，然而产品却及时推出了。

完成一项艰难任务的正确打开方式是：从截止日期往前推—分解目标到每一天—每周一小节确保跟上时间进度—最终完成任务。

从现在开始做第一步。

(资料来源：李开复微信公众号，作者：李开复，2017 年 10 月 23 日。)

【案例阅读五】

只关注 1 个亿的人，肯定成不了下一个王健林

上午我随手点开朋友圈，赫然发现大家都在发王健林的照片。我大吃一惊，以为这位“国民公公”是不是做出了什么改变世界的事情，值得大家如此顶礼膜拜。

结果点开一看，照片中的王总轻描淡写地说：“先定一个能达到的小目标，比如说我先挣它一个亿。”

1

我忽然想到了我大学时的一个同学，标准的“富二代”。有一天夜聊时我们聊起年少轻狂时曾捅下的娄子，他说他初中时曾在寒假过后顺手带了些过年时没放完的鞭炮去学校，恰好路过小卖部时看见窗户是开的，于是就顺手点着了扔了进去。结果鞭炮引燃了货物，他赔了小卖部老板两万块钱。“害得我当时一整个月都没有零花钱可以用。”他轻描淡写地感慨。

我相信大家看到王健林图片时的心情，和我当时听到那句话时的心情有异曲同工之妙。但其实你或许不知道，王健林在别的采访中还提到过：“我当兵 17 年，每天 5:30 起床，现在也是 6 点前一定要起来。”起床后没有特别安排，早上 7 点王健林就会坐到万达集团的办公室，直到晚上七八点钟下班。而我那位富二代朋友，去基金公司实习每天加班到

晚上10点回来还不够，利用晚上回家的“闲暇”时间，“随便”看了会儿书，就考过了CFA。

我的偶像乔布斯在1999年接受《时代》杂志采访时，称自己每天6点醒来，会一直工作到孩子们起床为止。

但我钦佩这些成功人士的努力和毅力时，有一点我曾经一直想不明白：为什么这些人已经赚到了十辈子都花不完的钱，开创了全人类皆知的事业，即便急流勇退，也能成为传奇，却还要坚持在工作岗位上，而且还这么玩命？

简而言之，就是为什么越是有能力悠闲生活的人，越是选择忙呢？

而看着王健林说着“先挣它一个亿”的那张冷漠的“霸道总裁”脸，我似乎找到了答案。

2

知乎上有个很著名的问题：“上班时老板和我谈理想应该如何应答？”结果赞同数最高的答案是：“别跟我谈理想，我的理想就是不上班。”说实在的，这话也是我的心声。

因为我并不是什么斜杠青年，上下班的分界线十分明确，而上班所带来的工资便是我生活的全部依靠。但这工资本身离北京之房价又是遥不可及，不过能勉强满足日常的吃穿用度与社交。说难听点，就是上班不过是为了满足眼前的苟且，而下班不过是苟且之后的片刻欢愉。马斯洛的需求层次理论将人的需求从低到高依次分为“生理需求”“安全需求”“爱和归属感”“尊重”和“自我实现”。如果用这个理论来解释我的上班与业余生活，那就是上班是为了满足我的生理和安全需求，下班后的娱乐和社交满足了我的爱和归属感需求。

显然，下班时间所满足的需求要高级一些，所以我会觉得自己的理想就是不上班。

3

但我们似乎都忽略了一点，即便不上班，也就只能到达需求层次的第三层而已，上面还有两层呢。

对于那些成功人士而言，即便不工作，也能够实现前4层的需求，但自我实现的需求，却不是任何一种下班后的休闲与娱乐能够实现的。

所谓自我实现，不过是在自己最擅长的岗位上，创造出最大的价值。所以，李嘉诚、巴菲特等人于80多岁高龄依然还忙碌于“挣钱”事业。他们真的还想“挣钱”吗？

事实上，他们仅仅是希望从做事中得到乐趣和成就感罢了。

比起普通人，他们有更清晰的目标，有更宏大的理想，他们通过征服一座座山峰来进行自我实现乃至自我超越，以求将个人的理想、抱负和能力发挥到最大限度，这才是他们选择忙碌的最大动力。普通人在工作的劳累中迷失自己，希望能够不上班去追寻诗与远方。成功人士早已遍尝诗与远方，然后通过工作找回自己。这就是差距。

4

看过了很多职场秘籍以后，我发现最受欢迎的一个词是“格局”。“格局”被塑造成了职场上无往不利的成功秘方，拥有了它，你迟早都能升职加薪，走向人生巅峰。但究竟什么是“格局”，不同文章的定义却又大相径庭。有人说，格局是对时代潮流的把握，站在风口上，猪也能飞天。也有人说，格局是对人生的规划，一步一个脚印，终能走向人生巅峰。但从王健林轻描淡写的表情中，我似乎看到了格局的另一种定义：比起工作能够得到什么回报，他们似乎更关心自己的工作能够做到什么。

所以，当王健林说“先定一个能达到的小目标，比如说我先挣它一个亿”的时候，他这句话的侧重点，其实是“小目标”。意思就是，结合他当时的能力和资源，他觉得他当时能够很快地实现这一目标。而我们看到这句话的时候，重点便全都放在了“一个亿”，因为我们的第一反应就是，哇，回报这么高。

你看，这就是差距！

5

比起不能挣到钱，那些成功人士似乎更难忍受能力的闲置。乔布斯当年被董事会赶出一手创办的苹果，换作是我们遇到这种事，第一反应十有八九是借酒浇愁感叹命运不公，或是拿着这些年赚到的钱“回归生活”，写写自传，安心当一个成功人士。结果，乔老爷子转手 1000 万美元收购了个动画工作室创办了皮克斯，然后拍出了全球首部全 3D 立体动画电影《玩具总动员》。

2006 年，迪士尼用 74 亿美元收购了皮克斯。我们感慨，哇，从 1000 万到 74 亿，翻了 740 倍。但乔布斯买下皮克斯时，想的肯定不是“如何让这家公司的价值翻个 740 倍”，他可能只是单纯的无法忍受什么都不能干的状态而已。你看，这就是格局，第一反应不是想回报，而是想自己能够创造的东西。如果在乔布斯创办皮克斯的时候采访他，他也许也会说，“我先定个小目标，挣它一个亿”。

但只关注一个亿的人，肯定成不了下一个乔布斯。所以从今天起，我们是不是也可以给自己定个小目标呢？

（资料来源：人民日报微信公众号，作者：陈昌、蔡垒磊，2016 年 8 月 30 日。）

【案例阅读六】

把平凡的日子堆砌成伟大的人生

有一个故事说，能够到达金字塔顶端的只有两种动物，一是雄鹰，靠自己的天赋和翅膀飞了上去。另一种动物就是蜗牛，一点点爬上去的。我相信蜗牛绝对不会一帆风顺地爬上去，一定会掉下来、再爬、掉下来、再爬。但只要爬到金字塔顶端，蜗牛所看到的世界、收获的成就，跟雄鹰是一样的。到今天为止，我一直认为自己是一只蜗牛，一直在爬。只要你在爬，就足以给自己留下令生命感动的日子。我常常说：如果我们不为自己留下一些让自己热泪盈眶的日子，那你的生命就白过了。今天，我想和大家分享的就是：人的进步是一辈子的事情。

就我本人而言，我觉得只要有两样东西，我们就能成就自己的人生。

第一样叫理想。我从小就有一种想法，希望穿越地平线走向远方，我把它叫作“穿越地平线的渴望”。我有个邻居，也是我终生的榜样，徐霞客——当然是 500 年前的邻居——我们都是江苏江阴的。我下定决心，如果徐霞客走遍了中国，我就要走遍世界。我现在正在实现这一梦想。所以,只要心中有理想、有志向,你终将走向成功。你所要做到的就是在这个过程中要有艰苦奋斗、忍受挫折和失败的能力,不断扩大自己的心胸。

第二样叫良心。什么叫良心呢?就是要做好事,对得起自己、对得起别人,要有和别人分享的姿态,要有愿意为别人服务的精神。良心,会从你做的事情中体现出来,而且你所做的事情一定会对你的未来产生影响。我来讲两个小故事。

有一位企业家和我讲过他大学时的一个故事,他们班有一个同学,家庭比较富有,每周都会带6个苹果到学校来,他自己一天吃一个。尽管苹果是他的,但从此他给同学们都留下一个印象:太自私。后来这位企业家成功了,而那个吃苹果的同学希望加入企业家的队伍里来。但企业家和同学们一商量,都说不能让他加盟,原因很简单,因为在大学时他就没有表现出分享精神。在大学时代的第一个要点,就是你得跟同学们分享你所拥有的东西,感情、思想、财富,哪怕是一个苹果也可以分成6瓣大家一起吃。这样做你将来能得到更多,你的付出永远不会是白白付出的。

我再来讲一下自己的故事。做学生时,我的成绩一直不怎么样,但我从小就热爱劳动,从小学一年级就一直打扫教室卫生。到了北大以后我养成了一个良好的习惯,每天为宿舍打扫卫生,这一打扫就是4年。我每天都拎着宿舍的水壶去打水,把它当作一种体育锻炼。大家看我打水习惯了,最后还产生这样一种情况,有时候我忘了打水,同学就说:"俞敏洪怎么还不去打水?"但我并不觉得打水是一件多么吃亏的事,同学互相帮助是理所当然的。

又过了10年,到了1995年年底的时候,新东方做到了一定规模,我想找一些合作者,就跑到了美国和加拿大去找我那些同学。我为了诱惑他们回来,还带了一大把美元,想让他们知道在中国也能赚钱——我想大概这样他们就会回来。

后来他们回来了,但给了我一个十分意外的理由。他们说:"俞敏洪,我们回去是冲着你过去为我们打了4年水。我们知道,你有饭吃肯定不会给我们粥喝,所以我们一起回中国。"这才有了新东方的今天。

人的一生是奋斗的一生,但有的人一生过得很伟大,有的人一生过得很琐碎。如果我们有一个伟大的理想,有一颗善良的心,我们一定能把很多琐碎的日子堆砌起来,变成一个伟大的生命。但是如果你每天庸庸碌碌,没有理想,从此停止进步,那未来你一辈子的日子堆积起来将永远是一堆琐碎。所以,我希望,在座的同学们都能把自己每天平凡的日子堆砌成伟大的人生。

——2008年9月21日,俞敏洪在北京大学2008级新生开学典礼上的发言

【推荐阅读】

新生如何适应宿舍和大学的学习生活

在四年的大学生活中,同一屋檐下的室友可能是与你相处时间最长的人。融洽的室

友关系，不仅使你心情舒畅，有利于学习，也有利于身心健康。反之，若关系不和，甚至紧张，就会给生活抹上一层阴影。那么，如何处理好宿舍关系，使宿舍真的成为一个温馨的家呢？参考各方资料在此给出以下十条建议。

①尽量与室友统一作息时间，在日常起居生活中给予包容和理解。

②不搞“小团体”，应当以平等的态度对待每一个人，不要和一部分人打得火热，而对另一部分人疏远不理。

③不触犯室友的隐私。尤其注意的是，未经室友同意，切不可乱翻其衣物。

④积极参加宿舍集体活动。宿舍活动不单纯是一个活动，更是室友之间联络感情的重要形式。

⑤给予别人关心，有难要帮。自己有事也要求助室友。良好的人际关系是以互助为前提的。

⑥适当接受零食和宴请。倘若不论零食或宴请，你都一概拒绝，时日一久，别人难免会认为你清高孤傲，就对你“敬而远之”。

⑦不要逞一时之快。你夸夸其谈，想处处表现得比别人聪明，最后只会引起别人反感。

⑧维护共同的生活环境，完成该做的杂务。

⑨学会赞美，不吝啬对别人的夸奖。

⑩用合理的方式解决日常矛盾。

以上10点，虽都是日常生活中的小事，倘若都能做到，对处理好宿舍关系能起到事半功倍的作用。反之，小小“蚁穴”也能够将良好宿舍关系的“千里之堤”给毁了。班级迎新聚会上，环顾你的四周，你会发现同班同学来自全国各个地方，大学的班级简直就是一个“小中国”。

大学的班级已经不是大家中小学那种熟悉的班级概念。没有固定的教室，上课就像打游击，上完一门换一个教室；班内同学来自全国各省市，不再像中学时大家都是同乡或近邻；班主任或者班导师对班级的管理不再和高中老师一样跟前跟后。

简而言之，在大学班级变成一个相对自由的集体。正因为大学班级的特点，所以我们在班级交往方面给大家提出如下建议。

1. 积极参加活动

积极参加班级活动，班级旅行，野外郊游，节日聚餐，联谊晚会，大一的班级活动尤其丰富，意在让大家尽快熟悉，形成一个团结紧密的班集体。因为平时上课位置不固定，大家多是与宿舍同学坐一起，除去个别积极分子外，大部分同学的交流机会不多。所以班级活动就是班级大融合的最佳途径，因为是以“玩”为主题，气氛欢快，同学们都比较能放得开，都是年轻人很快就能玩到一起。

“好的开始是成功的一半”，这句话用在大学班级建设上恰如其分，如果没有在大一开始时就形成团结的班集体，同学们没有归属感，由于大学是一个开放的环境，学生的自主独立意识逐渐增强，那班级越往后走班级会越松散。所以每一位新生都应该有集体意识，以实际行动促进班集体的团结。

2. 各司其职

如果你有幸成为学生干部的一员，一定要联合其他伙伴共同做好班级的建设工作。班主任，辅导员事务繁多，一般只能履行指导，建议的职责，真正班级的组织，管理，维护等各项工作其实是落在班委的身上，班委就是班级的核心，是全班同学的领导者和服务者。大学里一个班级的团结与否，常常是班委起着决定作用。

3. 找准自己的位置

非班委的同学要积极配合班委的工作，做老师、院系和同学之间的传话筒，管理班级日常学习生活中的各项杂事，组织开展班级活动。除了这些常见事务，有的班委在期末整理考试复习课件放到班级共享上，方便大家复习使用；有的为班内困难的同学举行募捐活动，这些都是发生在校园里的真事。一句话，班委的工作远非想象中那么轻松，他们默默为同学们做了很多事，如果还得不到同学们的支持和配合，怎能说得过去。

4. 尽心尽力

当需要你为班级出力的时候，一定要挺身而出。例如，校运会，班级文艺演出等，千万不要因为怕苦怕累，甚至是不想“抛头露面”的原因而拒绝，作为班级的一员，对班级要有一种责任感。而且在你为班级荣誉而战的时候，会收获掌声与欢呼声，而你也会为自己的行为感到自豪。

5. 调整心态

有个别同学因为不适应大学这种新的班级模式，或者是过度留恋中学班级和同学，难以融入新的班集体，这样对于自身的发展其实是有消极影响的。因为大学同一个班级的同学是同一个专业，大家成为同行的可能性非常大，而且毕业后许多同学都会留在本市发展，在大学时建立起良好的关系则将来毕业出来工作也能够互帮互助。无论着眼于现在，还是放眼看未来，良好的班级关系都是必需。

大学的学习方式和高中不同，有些同学把高中的学习模式全套照搬却没能取得很好的成效，在大学的学习过程中，要结合自身的优势，在之前好的学习习惯保留的基础上，积极调整自身状态，在新的学习环境中摸索出适合你的学习方法，从而取得优异成绩。另外，天道酬勤是何时都适用的道理，所以不能因为学习压力减小而松懈，大学的学习仍然需要刻苦和努力，在更宽阔的书海中遨游。一个成功的大学班级必然是团结的，班级的凝聚力会让每个身在其中的同学找到归属感，就像一首歌唱到的那样：“因为我们是一家人，相亲相爱的一家人……”九月是新生入学的季节，校园里又会多了一批洋溢着青春活力，张扬着梦想，憧憬着未来的年轻面孔。大学生活是丰富多彩的，多去尝试，你的生活将会变得更加充实！

刚到大学的“小鲜肉们”，希望你们入学后能尽快适应新环境的学习和生活，大学生活是异彩纷呈的，希望你们去感受，去融入，去创造！保持一个良好的心态，积极调整自身状态，在学习和生活中遇到问题可以寻求老师和家长的帮助，适应新环境需要一定时间，但当你真切进入其中，你就会去享受属于你自己的大学时光！

（资料来源：福建师范大学学生工作处，作者：杨雯曦，2015 年 9 月 7 日。）

参考文献

[1]钟谷兰，杨开.大学生职业生涯发展与规划[M].上海：华东师范大学出版社，2016.

[2]刘越，兰敏利，邓文全.大学生职业生涯规划[M].上海：上海交通大学出版社，2017.

[3]廖美玲，许振珊，张桥.职业生涯与发展规划[M].厦门：厦门大学出版社，2015.

[4]孙鑫，李华.大学生职业生涯规划与就业指导[M].北京：中国电力出版社，2016.

[5]张玉波，楼稚明.大学生职业规划与就业创业指导[M].上海：上海交通大学出版社，2017.

[6]万辉君.大学生就业指导与职业生涯规划[M].武汉：华中科技大学出版社，2017.

[7]赵麟斌.大学生职业生涯规划与就业指导[M].北京：北京大学出版社，2011.

[8]苏文平，叶心宇，孙丽霞.大学生职业生涯规划与就业创业指导[M].北京：中国人民大学出版社，2018.

[9]曲振国，杨文亭，陈子文，等.大学生就业指导与职业生涯规划[M].北京：清华大学出版社，2015.

[10]金德禄.大学生职业生涯规划与就业指导[M].南京：东南大学出版社，2020.

[11]金树人.生涯咨询与辅导[M].北京：高等教育出版社，2007.

[12]沈之菲.生涯心理辅导[M].上海：上海教育出版社，2014.

[13]王清春，孙景福，王国辉.大学生职业生涯与发展规划[M].天津：南开大学出版社，2019.

[14]彭聃龄.普通心理学[M].北京：北京师范大学出版社，2019.

[15]汤海滨，王克进.职业规划——理论、测评与分析[M].北京：清华大学出版社，2017.

[16]章达友.职业生涯规划与管理[M].厦门：厦门大学出版社，2012.

[17]饶泽欢.论高校理想信念教育中职业生涯规划的嵌入[J].亚太教育，2016(28).

[18]李忠东.做你喜欢做的事[J].青年博览，2012(14)

后　记

当你即将步入社会,就说明你站在了人生的重要分岔路口。踏入职场的第一步就是要在事前给自己制定职业生涯规划,如果一个人对自己的目标不清晰,那么无论他的学历有多高,知识面有多广,在求职时也会感到十分迷茫,就像一只迷失在茫茫大海里的小船,没有前进的方向,只好随波逐流。在漂泊的同时,时间也在一分一秒地流逝,这可谓是虚度光阴,浪费青春。由此可见,职业生涯的规划对于一个有着远大理想的人来说是人生中一件具有转折意义的事情。众所周知,想要获得成功既需要拿出勇气、付出努力、顽强拼搏、但同时,成功更离不开一个具有个性化、具有现实意义的奋斗目标和人生规划。成功与失败的区别在于,成功者选择了正确的航道并在这条路上挥洒汗水,而失败者往往从一开始就偏离了适合自己的航道,偏偏选择在狂风暴雨中经历惊涛骇浪。就像我们常常能够看到些天赋相差无几的人,由于选择了不同的方向,人生却迥然不同。由此可见先要成为一名成功者,就要选好自己的奋斗方向。毫无疑义,一个科学的职业生涯规划就像灯塔一般给个人的发展带来更明确的方向,照亮前进道路。

虽然制定职业生涯规划十分重要,但更重要的是在于计划的具体实施并取得成效。任何目标,只说不做到头来都只会是竹篮打水一场空;制订了目标却不付诸行动就好似在原地盘旋,这也是毫无意义的。然而,大家都听说过这样一句话:计划赶不上变化。的确,现实是未知多变的,先前制定的目标计划随时都可能受到各方面因素的影响,这一点,每个人都应该有充分心理准备。因此,在遇到突发情况或是外界干扰时,要注意保持清醒冷静的头脑,不仅要及时面对、分析所遇问题,更应快速果断的拿出应对方案,对所发生的事情,能挽救的尽量挽救,不能挽救的要积极采取措施,争取做出最好矫正。相信如此一来,即使将来的作为和目标相比有所偏差,也不至于相距太远。其实,每个人心中都有一座山峰,雕刻着理想、信念、追求、抱负。每个人心中都有一片森林,承载着收获、芬芳、失意、磨砺。但是,无论眼底闪过多少刀光剑影,只要没有付诸行动,那么,一切都只是镜中花,水中月,可望而不可即。

俗话说得好:“理想很美好,现实很骨感。”的确,梦想与现实之间总是存在着差距,也就是说,我们给自己制定的目标、发展道路与现实之间存在着差距,而且这种差距有时让你觉得是一道无法越过的鸿沟,但是这种差距是可以通过自己的努力来消除的,这个过程也就是梦想实现的过程。同时,大家也要意识到实现梦想的过程不会是一帆风顺的,遇到挫折,遇到困难是在所难免的,但重要的是我们不能退缩,要坚定自己的信心,相信通过自己的努力可以克服一切外在因素来实现自己的目标，就像屈原先生所言："路漫漫其修远兮，吾将上下而求索。"

此外，我们不得不承认想要制定一份科学的职业生涯规划实属不易，由于要考虑到各方面因素，因此制定生涯规划的难度和复杂程度就随之提高，这也让很多人望而却步。其实这项工作也没有看上去那么可怕，大家首先需要对自己的能力或是就业方向有个清晰、客观的认识，然后上网查阅或是向前辈咨询关于心仪职业的工作前景或是行业现状，这样一来，我们就可以形成初步的生涯规划。在制定生涯规划事宜推进的过程中，我们亦可查阅相关书籍，或是向职业规划导师寻求帮助，换句话说就是要充分利用各项有利资源来帮助自己制定科学的职业生涯规划。

总而言之，职业生涯规划的目的，绝不只是帮助个人按照自己的资历条件找到一份工作，达到和实现个人目标，更重要的是帮助个人真正了解自己，为自己订下事业大计，筹划未来，进一步详尽估量主客观条件和内外环境优势和限制，在"衡外情、量己力"的情形下，设计出符合自己特点的合理而又可行的职业生涯发展方向。每个人都有自己的奋斗目标，既然已经制定了，就要勇敢的去向它迈进，这样才能不负青春，笑傲职场。

心在远方，路在脚下，未来是属于你们年轻人的。大家要脚踏实地，一步一步实现自己的人生理想，为社会的发展做出自己的贡献，不负新时代对你们的期望！